哥伦比亚大学"毅荻书斋"存藏

张学良口述历史

(访谈实录)

6

张学良 / 口述
张之丙 张之宇 / 访谈
《张学良口述历史》编辑委员会 / 整理

当代中国出版社
Contemporary China Publishing House

本 卷 目 录

第五十次访谈　东北旧事　评说吴佩孚 …………………… 1653
  1. 奉天土话 ………………………………………………… 1653
  2. 身上总要带着洋火 ……………………………………… 1655
  3. 逼得老百姓当共产党 …………………………………… 1656
  4. 到吉林剿匪 ……………………………………………… 1658
  5. 保安队和红胡子 ………………………………………… 1664
  6. 窦尔敦和黄天霸 ………………………………………… 1668
  7. 军队有军队的纪律 ……………………………………… 1670
  8. 吴佩孚这人我并不佩服 ………………………………… 1672
  9. 种树不必自己吃果子 …………………………………… 1677
  10. 杨宇霆的死与郭松龄事情有关 ……………………… 1680
  11. 你不能说没有鬼 ……………………………………… 1681

第五十一次访谈　外籍友人　蒋氏父子 …………………… 1687
  1. 老帅的俄国宝刀 ………………………………………… 1687
  2. 慈善公益的事情我都参加 ……………………………… 1690
  3. 我认识很多外国人 ……………………………………… 1691
  4. 蒋先生一斧两砍 ………………………………………… 1709
  5. 蒋氏父子的思想、用人差异 …………………………… 1710
  6. 宋氏三姐妹 ……………………………………………… 1712
  7. 蒋氏衰微的根源 ………………………………………… 1713
  8. 我认为周恩来厉害 ……………………………………… 1718
  9. 再谈西方友人 …………………………………………… 1723

第五十二次访谈　领袖　辅弼　部属 ……………………… 1733
  1. 我跟青年会的关系很大 ………………………………… 1733

2. 端纳与蒋夫人 1736
3. 蒋先生与政治包围 1738
4. 蒋先生认为共产党是他的主要敌人 1740
5. 我总还有一两个人可以谈谈 1743
6. 部下主要干将 1746
7. 古今的首领与辅弼 1747
8. 日本人欺人太甚了 1754
9. 我很喜欢我的部下 1759
10. 与部下一块拼命 1760
11. 有名的人我认识的很多 1765
12. 社交礼仪、服饰及生活习俗 1766
13. 书画、古玩、娱乐 1781

第五十三次访谈 子承父业 痛恨内战 1785
1. 杨宇霆之死原因在郭松龄手里 1785
2. 瞒过戴笠会见共产党 1787
3. 我真不愿意对付共产党 1789
4. 我跟父亲的关系 1790
5. 不把生死看得那么重 1792
6. 身边的副官 1793
7. 日本战犯 1794
8. 我反对我父亲当大元帅 1802
9. 从家塾教育到讲武堂教育 1803
10. 家人、朋友 1806
11. 办报和宣传 1808
12. 老帅丧事 1813
13. 子承父业感觉孤独 1814
14. 张宗昌其人 1818

第五十四次访谈 郭松龄之变 1823
1. 陪老帅打麻将 1823
2. 我这个人讲人情的 1829
3. 婚姻自主问题 1831
4. 我知道郭松龄早晚要有变 1833

5. 我反对他当大元帅 ·················· 1835
　　6. 带兵、待人从不耍手段 ············ 1836
　　7. 郭松龄之变的若干细节 ············ 1839
　　8. 我认识蒋夫人比认识蒋先生早哇 ·· 1851
　　9. 郭松龄反奉的原因与影响 ········· 1852

第五十五次访谈　杨常事件　戒毒出洋 ········· 1857
　　1. 奔丧和易帜 ·························· 1857
　　2. 赵四小姐及《北洋画报》 ··········· 1861
　　3. 周恩来是很恭维我的 ··············· 1862
　　4. 我把杨、常请来就枪毙了 ········· 1863
　　5. 我小时候很顽皮 ···················· 1865
　　6. 学医未成却学军 ···················· 1867
　　7. 初涉世事 ···························· 1869
　　8. 烟、酒、色、毒 ···················· 1871
　　9. 戒毒与出洋、回国 ················· 1874
　　10. 我的名字很多 ····················· 1881
　　11. 我写字还行，画画不像样 ······· 1882
　　12. 钓鱼是一门很大的学问 ········· 1884
　　13. 喜欢玩照相、听京戏 ············ 1885

第五十六次访谈　东北文教　杨常事件 ········· 1887
　　1. 政治婚姻 ···························· 1887
　　2. 年轻时买了好多书 ················· 1890
　　3. 曾想翻印《四库全书》 ············ 1892
　　4. 捐资兴教 ···························· 1893
　　5. 日本的侵略政策 ···················· 1894
　　6. 日本的武士道精神 ················· 1894
　　7. 共产党还是有思想 ················· 1897
　　8. 蒋先生有什么贡献 ················· 1898
　　9. 政治上哪有朋友 ···················· 1900
　　10. 政治道德与钱能通神 ············ 1901
　　11. 劝老帅保境安民 ·················· 1903
　　12. 早看出杨宇霆别有用心 ········· 1904

13.《金瓶梅》及山东人 ……………………………………………… 1908

第五十七次访谈　西安事变 …………………………………………… 1911
　　1. 阎锡山保守 ………………………………………………………… 1911
　　2. 联共与申请入党 …………………………………………………… 1916
　　3. 不要钱和地盘 ……………………………………………………… 1920

第五十八次访谈　性情　信仰 ………………………………………… 1923
　　1. 做人做事不容易 …………………………………………………… 1923
　　2. 唯一的长处不作伪 ………………………………………………… 1924
　　3. 毛泽东我们佩服得很 ……………………………………………… 1925
　　4. 跟日本打仗没有投降的 …………………………………………… 1927
　　5. 从佛教到基督教 …………………………………………………… 1928

第五十九次访谈　英雄　书画　兰花 ………………………………… 1931
　　1. 英雄是人家称出来的 ……………………………………………… 1931
　　2. 张宗昌是个怪杰 …………………………………………………… 1932
　　3. 溥仪一脑袋皇帝思想 ……………………………………………… 1933
　　4. 书画收藏 …………………………………………………………… 1934
　　5. 养兰花 ……………………………………………………………… 1937

第六十次访谈　平生情志　佑国福民 ………………………………… 1939
　　1. 订正口述细节 ……………………………………………………… 1939
　　2. 戏谈国民党 ………………………………………………………… 1941
　　3. 大帅遇害是杨宇霆先告诉的 ……………………………………… 1943
　　4. 关于《答蒋公书》 ………………………………………………… 1944
　　5. 不喜欢耀武扬威 …………………………………………………… 1946
　　6. 与周恩来的见面 …………………………………………………… 1950
　　7. 国家不强到哪儿都丢脸 …………………………………………… 1953
　　8. 知足者常乐 ………………………………………………………… 1954

附：张学良生平大事年表 …………………………………………………… 1959

第五十次访谈
东北旧事　评说吴佩孚

访谈者：张之丙（简称"访一"）
　　　　张之宇（简称"访二"）
被访者：张学良
同座者：赵一荻
访问日期：1993 年 6 月 18 日

1. 奉天土话

访　一：唠嗑，是哪两个字？

张学良：嗑，是说话。

访　一：哪个嗑呀？

张学良：我不知道。

访　一：我不是跟您借一本《白山黑水》吗，上面有介绍奉天土话，我一看和北京的土话很相像。

张学良：北京的土话是由东北去的。

访　一：唠嗑、遛弯儿、差劲儿等。

张学良：差劲儿就是你不够资格，在东北很多。

访　一：很多了，三十九个。斗蛐蛐在这篇文章中也被当成土话。

张学良：这个也可以是一种赌，当年有的好蛐蛐值很多钱。我玩过蛐蛐，但不是内行。看它旁边的牙就知道厉害不厉害。我们斗蛐蛐分两种，一种是山东来的，一种是我们当地的。我们当地的没有山东大，不能和它们斗。

访　一：我们小时候见过很多蛐蛐罐。

张学良：那各种各样的。还有房子什么的。

访　一：您养了多少只。

张学良：我养的不多。那个蛐蛐罐要自己打泥巴，要用城墙边的旧土和泥。如果泥巴太潮湿了，蛐蛐会掉腿。如果太干了，太干它就完了。它会死。养个好蛐蛐很讲究，有蛐蛐把式吗。于世岩就有蛐蛐把式。从前做什么都有把式。

访　二：就是专家。

张学良：从前我爸爸养金鱼就有把式。

访　一：养金鱼也有把式。

张学良：很可惜，有一次鱼一宿就都死了，把那个把式吓坏了。是养鱼的水变质了。

访　一：那后来呢，老帅知道吗？

张学良：他吓死了，我爸爸不知道，给他养他也不去看。我父亲也喜欢养鹿。我们养狗鹿。那玩意儿很好玩。你那屋要放音乐，它就来了。它也不怕人。给它买野草吃。你知道割下来的鹿茸不值钱。戴脑壳的值钱。

访　一：哦，那要牺牲整头鹿。

张学良：所谓戴脑壳的，是打死的野鹿。那很有意思，打鹿的时候很不容易得到鹿茸的，你把鹿打伤了它会先把鹿茸撞折。它知道你是为了它的鹿茸而来。那獐子也是。要是被打伤了它就把肚子咬开了。就没用了。那兽好聪明啊。它知道你为这个而来。在内蒙打麇子，要是打伤一个，其余的抬着它就跑哇。

访　一：这些事情再没有……

张学良：我不是打猎的人，但是我很喜欢［打雁］。有一次我打大雁，打死之后天上的孤雁跟着船叫，我没有办法就把打的雁扔到江里了。雁都是成双的。所以后来不打大雁嘛，很多打猎的都不打雁。

访　一：这也算是你年轻时候的户外运动了。

张学良：也不能说是运动了，就是随便走哪我都带着枪。还有一种玩法，估计现在没有人玩了。我们在松花江上，当时涨潮啊，我们用枪打鱼。这么大的鲤鱼呀，多得很呐。我们不是把鱼打死，我们用步枪向江里打，就浮上好多鱼。都是震得晕了。过了一段时间鱼又可以游了。后来人家说那个地方很危险啊，土匪都是从那儿来劫船。第二个那里是陷沙，很危险。江岔子里的都是陷沙，你踩进去就上不来了。

2. 身上总要带着洋火

访 一：那很危险啊。

张学良：我给你讲这个故事很好玩的。

张学良：我们剿匪呀，附近的老百姓教我们。他们跟我们说可小心啊，小心晚上土匪用火攻你呀。

访 二：噢，用火攻！

张学良：因为它那都是草呀，他逮着了你，你没处跑啊，怎么办呢？他们就告诉我们，第一个，你身上总要带着洋火（即火柴）。

访 一：带着洋火？

张学良：你到哪儿要休息，你在附近要烧一大片。

访 一：烧光了？

张学良：烧一片，他来火，你不怕了。

访 一：噢，有个小范围。

张学良：你晚上睡觉，睡到哪儿，你最好把附近的草烧了。因为他晚上用火攻了，你可以出来打。要不他们用火攻你，你出不来了。你出来了，可是他们用火攻击你，你怎么跑？你怎么打？

访 一：那您后来真的每次都带着洋火？

张学良：那都是带着的，知道是规矩了。老百姓教的。还有一样，冬天……你们大概没看见，现在日本的枪上有一个盖子。

访 一：什么枪？

张学良：步枪。现在，中国后来做的枪也有盖子。到冬天，步枪没那盖就开不开栓。枪冻得开不开栓，冻的，冷的。

访 二：哎哟！这是一定在东北方面。

张学良：那步枪，你打不开栓。那冷呀，冻着了。钢冷了，它们自己就待住了，你开不开栓的。那怎么办呢？

访 一：烧！

张学良：最好的办法，比方说，一会儿，过一两点钟很可能要跟土匪打仗。我们就叫大家不要撒尿。在没打以前撒泡尿。搁热尿滋枪栓。

访 一：噢，不能用火烤！

张学良：不能烧它！

访 一：噢，是这么回事啊！假如您要不知道的话，那不就很糟糕了！（笑）

张学良：这都是小故事，都要知道的。

访 一：非常要紧的消息。

张学良：虽然是小事，但都要知道。

访 二：对，这至少是体温嘛！

张学良：用火攻，很要紧。你不知道火攻你来了，所以到哪儿都要在自己住的附近烧掉一大片，你的房子［才安全］。

访 二：就不会着起来了！

张学良：就是晚上有站岗的，如果他们用火来了，你也没有办法，你往哪儿跑？

3. 逼得老百姓当共产党

访 一：您说剿匪的事儿，那您要到这么一片地方去，起初要没有房子的话，您住在什么地方？

张学良：那不是，你得分几样。我剿匪是到吉林剿匪，那就不同。我刚才说的到吉林，后来就是剿共产党，这是两件事。我分开说，那我就伤心透了。

访 一：您这是到后来的。

张学良：不是，那个他们坚壁清野不是胡说八道的。那真是把老百姓都给逼到山上去了，逼得老百姓当共产党。

访 一：您说是政府的军队把老百姓逼的。

张学良：那我是在后头。前头的军队呀，我也出去视察了，归我管。我一看伤心透了。那房子都给人家烧了。

赵一荻：坚壁清野嘛。

张学良：坚壁清野呀！事实用不着烧，为什么他烧？

访 一：嗯！

张学良：因为烧，他可以占便宜，可以把好东西都拿走了。

访 一：噢，连烧带抢。

张学良：把老百姓逼到山上当土匪，跟共产党一块堆儿去。

访 二：全没了！

张学良：那老百姓怎么办呢？老百姓不是说，"红军也好，绿军也好，反正就老百姓倒霉"。

访　一：您怎么会碰到这些人呢？

赵一荻：那时听见这个话。

张学良：出去走了。

访　二：去，到前线去？

张学良：不是前线，出去看看去。

访　一：换句话说，这军队连烧带抢，也就是说，他们的军饷也不足啦！

张学良：有啊！那个杂牌军没有军饷咱不说，正规式的军队也是一样啊。我承认，这是官逼民反！那是不好的军队，没有纪律的军队干这事儿！

访　二：您说坚壁清野对作战有用吗？应该有用，是不是？

张学良：意思是有，坚壁清野。历史上有很多的，比如拿破仑作战……那你看怎么做？你看是对谁？你看怎么回事，这问题在这儿呢！你自己内陆的事情搞坚壁清野，把老百姓的房子都给烧了。那我跟你讲，不人道的事太多了。我看了伤心透了。

访　一：陕西那个……

张学良：剿匪那事后来归我管，我去巡察。可是，那个真厉害呀，你一不小心，共产党就来袭击你了。我一个部下带着一个营的人让共产党给袭击了。是这样的，他出去，好像为什么事情出去考察去。你怎么会小心她呢？一个老太婆坐在门口缝鞋呢。我并不是说都是老太婆啊。哈哈，她是共产党的侦探。

访　二：眼线。

张学良：眼线。军队来了，你知她怎么办。

访　一：她怎么啦？

张学良：在高地上立有一个杆子，她那个门上有个绳子。她一拉门上的绳拴，杆子就倒下来了，共产党看到了就知道有军队来了。

访　一：看到了，这么厉害的？

张学良：后来，我们都知道了。那你不能说把老太婆抓起来呀！你也不知道老太婆是谁，你又不知道她是什么人。那一个小孩，十五六岁的小孩跑来玩了。他把军队都数了，然后他出去，就去报告了。有多少炮，大概有多少兵，他都给你数了。那共产党的玩意儿可多了。那后来我们都知道了，你也没法子对付老百姓呀！

访　二：您分不出来呀！分不出来。

张学良：你上哪儿知道是谁？你也不能怎么分，所以你没法。

访　一：也分不出来！

张学良：不能看见老百姓就抓起来，他们后来就要……我说不能。

访　二：怎么样？

张学良：他们后来就想看见老百姓走过，就抓起来。这没有道理，不能这样！这个没道理，你也没办法。所以后来我就说，那个刘殿华的军队。人家好心啊，到那个地方欢迎他呀，放鞭炮，给他摆上酒席表示欢迎。但是鞭炮里面带了个炸弹，结果把那个军队的首长给炸死了。那里面有个炸弹，炸弹响了，把他炸死了。所以后来我们都坚持不要受这一套，不要跟他们接近，换句话说，不知道这老百姓究竟是好的还是坏的？我们说，怎么讲呢，就是共产党有关系的地方，那你可小心，你怎么样知道他们跟共产党有关系没关系？你不能这么办，他们可以。到这地方有危险，可以弄死、打死，可是军队不能这样讲啊！

访　二：他知道！

张学良：他知道，他怎么知道？因为他底下有眼线。他知道这地方哪一家人跟政府有勾结的，那一家人就要倒霉了。所以地方人不保护你的军队，不跟你军队……那时，我到吉林剿匪，跟他们一样。你得讲理呀！你不讲理……那个老百姓就讲，"我们不是跟土匪要勾结，可是你不能保护我们"。

访　一：这话说得对呀！

4. 到吉林剿匪

张学良："你不能总在这里住着，我们总在这里住着，你走了，谁来保护我们。我们不能把事情告诉你，我不是不告诉你呀，假使我们把土匪的行动，要是他们知道是我们说出来的，谁家里就完了。"我就跟你说这样一个事情，这个人是吉林的一个坏透的、姓曹的，叫曹跃虎，也是个旅长。那个地方有个叫前刁翎、后刁翎的，是很大的两个村子，是怎么样来着。刁翎的人保障……大概是。有一帮土匪来了，他好像给土匪作保，跟军队……等于是投降啦，后来他把投降后的土匪杀了。

访　一：呦！
张学良：他把土匪杀了好多，他回来就报功了。那个土匪另外还有他自己的朋友。过相当一段时间把前刁翎的人都给杀了。
访　一：人，人民都给杀了。
张学良：那人民，土匪来了，你刁翎保障土匪来投降。你已经保障好的，又介绍了，完了，把土匪都给枪决了。你刁翎的人是不会都走的。你们不是跟军队勾结，骗我们吗，结果土匪就把前刁翎的人差不多全给杀了。我们奉天有个姓阚的，我们还有亲戚关系。姓阚，外号叫小铡刀①。他这个人拿杀人当开玩笑。他进了这个地方叫亚布利后堵。
访　一：这个地名叫亚布利后堵？
张学良：怎么叫后堵呢？这个地方就叫亚布利。亚布利后堵就是山里面有一块，这叫后堵。他进去，他说人家是匪民，当然是匪民了，也不能说他说的是假话，他们当然跟土匪勾结了，如果他们不勾结，他们怎么活？我跟你讲，土匪去了，他把人家男的都给杀了。那时候他去哪里都带着我那个军队。我带的军队中一个排的排长，他调去用了，是带机关枪的排。那排长那时候对我说你可不要领着上，你可不要。我在那儿还得了个勋章，他说你可不要领队，他说这个简直太没道理了。人家来欢迎他，他用铡刀把人的脑袋都给铡了。
访　一：这人叫什么？
张学良：姓阚，外号叫小铡刀，他把每家每户男的都给杀了。
访　一：那后来这不是引起别的报复了。
张学良：有什么报复？老百姓拿什么报复？
访　一：那您是说这是在吉林啊。
张学良：在吉林。我跟你讲，中国那个军队不讲道理的事，我看见太多了。这还就是国家正式的军队呀，不是杂牌的军队呀！

---

①　此人即阚朝玺。阚朝玺，一名朝洗，字子珍。奉天盘山（今辽宁盘锦）人。早年投靠张作霖，充巡防队队官。后任奉军团长、旅长，吉长镇守使，第四方面军副军长等职。1920年，兼任吉林省清乡会办和一面坡剿匪司令时，以残忍手段滥杀匪徒及无辜百姓，时人称之为"阚铡刀"。1924年为热河都统。不久与张作霖反目，辞职寓居大连。"九一八"事变后，投靠日本，先后任四民维持会委员长，伪满洲国中央银行监事、副总裁、总裁。抗日战争胜利后，匿居沈阳。1951年4月被捕。次年8月病于狱中。

访 一：您知道那个长沙大火①，那也是……

张学良：长沙大火我不知道，我没有参加。中国的事的确……

访 一：您能说这个军队，要是如此的……就是他们的行动是这种情况。当然，就等于说是官逼民反，人民看见官兵是连躲带跑的，也不给他们做情报，也不保护他们，应该怎么整顿呢？基本问题您认为是什么？

张学良：这个问题是这样。因为吉林剿不了土匪，向奉天请求派兵帮忙。奉天就把我派到吉林去了。剿匪后我从吉林回来了，我写了一个很大的条陈给我父亲。这得从头说起，地方很富庶。这得分几种，为什么会有土匪，第一个问题是当时那个时代，交通不便，那么当地产的东西不能出去。那个土匪——我是说一部分土匪的起因啦——产的东西不能出去，他干什么？他就种鸦片烟。为什么种鸦片烟？鸦片烟熟了，把烟熬成膏土，可以揣在腰上把它带走啊，到外头值钱。鸦片烟这个法子有规矩的，劳动者呀，就是种的人分几成；那个地主分几成；那个当地的驻军分几成。明白？所以才会有官逼民反。这个吉林出了一个大的土匪叫焦作宽。这个土匪是个地主。为他这件事情吉林才把我调过去的。吉林出了两个大土匪，一个叫焦作宽，这个焦作宽帮大概有上千人，另一帮大概有七百多人。反正两帮都有上千人。这两个土匪都叫我给剿了。那个焦作宽被抓住后，临杀他的时候，他说："少帅呀，我不是土匪呀！"我说："你不要讲了，你的情形我已经都知道了！你也没办法了，我也没办法，已经走到这个地步上，无论如何你确实带着土匪抢了，而且那一帮还杀了一个日本领事。我是剿匪的，你这个事情不要跟我讲，我已经全都知道。"他呢，他是怎么样？这个焦作宽是怎么当了土匪的呢？从吉林回来我也不能说是怎么样了。我跟我父亲说，那时吉林督军鲍大爷是我姐夫的爸爸鲍贵卿。他也不是靠着我父亲，人家也是自己爬起来的。他带来的军队有一部分是自己的军队。那真是官逼民反，因为他那个地方种鸦片烟土。鸦片烟土收成的时候，我简单说，我

---

① 长沙大火，又称文夕大火，指 1938 年 11 月 13 日凌晨发生在长沙的一场人为毁灭性火灾。因应日寇的进犯，国民党当局采用焦土政策，制订了焚烧长沙的计划。但在计划正式实施之前，一系列偶然因素让这场火灾变得完全不受控制，最终导致长沙两万余人丧生，全城 90% 以上的房屋被烧毁，经济损失约 10 亿元。

还说不太清楚。那就是种的人——这种鸦片烟土的工作人大多数是山东的劳工，那么，这种劳工当年是怎么来的呢？我这个人做事都要考察的。他们当年来的时候呀，是给中东路［当劳工］，所以我说俄国人坏透了。我最恨俄国人了！这个中东铁路他不烧煤的。

访 一：那烧什么？

张学良：烧木桦子！

访 一：什么是木桦子呀？

张学良：烧木材。烧木材不要紧呀，但是他们需要的都是黄花松。什么叫黄花松呢？就是沙木啊。把最好的沙木都劈成一段一段的，那沙木林子烧了多少啊！你算算要烧多少呀！真可恶透了！我为这件事，当然我说他们俄国人认为那也不是他们的地，所以就烧呗。这个烧木桦子问题就来了。伐木，砍这个木桦子的工人都是山东来的，他们把一块木桦子打成四块。这些人慢慢地就在那儿种鸦片了。

访 一：落户了！

张学良：种鸦片烟呢，他们种什么……我跟你说，我自己去，这跟那个不太联络。富庶的地方，他们种的黄豆啊，就是我们吃的大豆，除了自己用之外，其余的都烧了。晚上睡觉，那个炕热乎乎的，我说，"烧这么热，怎么这么好啊？"他说炕底下烧的是黄豆。黄豆没处用，干什么？运输不便没法出啊，我们烧黄豆可以肥我们的土呀！

访 一：对，等于肥料。

张学良：我用多少，不用的全烧了。你们吃那个红菜①头，那么粗的。

访 一：噢，那个荸荠。

张学良：那个长得有这么大。

访 二：噢，大萝卜一样。

张学良：我很喜欢这个，长这么大！差不多这么大。

访 一：甜的！

张学良：那没办法。所以后来我写个条陈，主要问题第一个问题是交通不便。你要是交通方便，可以解决一大部分。他也不愿意那样，可他怎么办呢？

访 一：这些人都是劳工来砍树了，为俄国人砍树就住下了。

---

① 即甜菜，可以制糖。

张学良：后来，跟日本打仗的游击队都是他们山东来的。有一个叫王什么的，他就是一个劳工的头啊！砍木桦子的头啊。他后来就带……那个势力都在他们手里，不说势力，大部分的势力都在他们手里。那些人都是他们山东的。

访　二：他们在那儿种鸦片。

张学良：也不是种，他挣不到钱，没多少钱，他砍木桦子挣的钱不多。那么，他种鸦片有什么好处呢？他就是分鸦片烟带到哈尔滨去卖。他不是分钱啊，分鸦片烟，把熬成的鸦片烟带到哈尔滨可以卖好多钱。

访　一：那您的意思是说，他们本来是劳工分一部分，地主分一部分，驻军分一部分。

张学良：问题就在这儿了。

访　一：焦作宽怎么就做成了土匪头了？

张学良：他这个军队——这个焦作宽，就是他起来的原因。军队来查鸦片土，把这烟土又拿走了。他们认为，"我们来查鸦片土啊"。军队有这个责任。

访　二：所以又把人家的抢去了。

张学良：这个焦作宽自己家里，原来就有差不多上百条枪啊，所以他就这样起来了。好家伙，他拉出来的人就有七八百到上千啊。

访　二：就开始[当土匪]。

张学良：就是土匪了。吉林就剿匪剿不了，所以就请求奉天调军队援助，奉天就把我派去了。

访　二：那您把他们怎么办呢。

张学良：杀头了。

访　一：您怎么可以给他们……他们剿不了，您去了怎么就[能剿了]。您大概用了些什么策略？

张学良：什么策略，就是打呀！我们部队就是真去打呀！我那个鲍大爷就因为那样把督军给丢掉了。我们把土匪围到一个城里头，那打的不简单。土匪不完全是我们围的，我们围了一部分，黑龙江派来的军队也围了一部分，吉林军队也把他们围了一部分。可是打了一天一宿，土匪就没了。

访　二：他们跑了？

张学良：走了！

访　一：（笑），他们怎么可以走呢？

访　二：人家有后遁之路。

张学良：不是，给开城门就走了，平平安安地走了！

访　二：那是放了！

张学良：当然啦，所以把我都气死了！

访　一：那您剿匪，谁开的门呢？谁让他们走的？

张学良：吉林军队。城门开着走了，那大车什么也都走了，飞出去了，我就不管了。可打死了我的一个团长，把我都气死了！

访　一：您自个人伤亡也有？

张学良：我伤亡很厉害，我气死了！真把我气死了！我回来，我那个鲍大爷就把督军丢掉了。

访　一：是您条陈的？

张学良：真不是个玩意儿，那个军队都是我鲍大爷自己的亲戚，还有他的……什么玩意儿，后来我就调黑龙江督军，把他撤了，不是撤，把他免职了。

访　一：那为什么叫鲍大爷呀？

张学良：他是我姐夫的爸爸。

访　一：噢，对！对！

张学良：我大姐大是他的二儿了［的妻子］。

访　一：那这个鲍大爷不气您吗？

张学良：他跟我父亲过去没关系。人家是王占元第二师，人家在关内自己爬起来当旅长的，他也是有地位的。那么后来到奉天来往得多了，……他自己，他是奉天的人。同时，我的姐姐嫁了他的第二个儿子。早年，人家是东北人啦，那是孩子很小的时候就做了亲戚。父母之命，没见过面，就是这么做亲了。后来我父亲也就跟他有关系了。亲家嘛，我父亲就帮他忙。他在关内也有他的地位，他也帮我父亲的忙，帮了不少。双方都有关系了，我就喊他鲍大爷，那天我不是和你说笑话嘛，我爸爸骂我。

访　一：骂您什么？

张学良：我这个人到现在嘴巴都好开玩笑。爸爸打听鲍大爷今年情形都怎么样？我说："咱们不是三十二送小年嘛。"

访　二：是二十三。

张学良：嗯，二十三送小年。我说："今年二十二送小年。"我爸说："奇怪，怎么二十二就送小年？"我说："我鲍大爷刮地皮刮得太厉害了，天高三尺，灶王爷早走一天。"我爸骂我说："你小子嘴里就不说好话。"

访　二：吉林是很富庶的一个地方，很阔的一个省吗？

张学良：东三省，当然黑龙江也是那样。奉天并不富庶。

访　二：奉天是南边了吧？

张学良：不是这样，奉天是已经开发的地方了。吉林、黑龙江富庶。吉林有一个地方。我到那里看到，矿产、农产齐全，产金。我自己估计，那个地方都能做一个小国家，那么富庶。可惜那个时候也不开发。那个，你知道所谓的安福派的森林借款，就在吉林——森林就是吉林。那个地方叫夹心子，是一个江里——三江的一个口，三江汇合的地方。我们叫土岛子。那岛上有座树林子，就拿这树林就可以森林借款。我给你讲，那个树林子有多大，都是沙松啊！我们的军队进树林里去，进去走，之后还在树林子里住的，你说这树林子有多大呀！

访　二：您一直走，走。

张学良：进入树林去呀，晚上还睡在树林子里。

访　二：走一天都走不完的，这个地方叫夹心子。

张学良：夹心子它是这么样的。东北叫夹心子的地方太多了。夹心子就是三角的地方。夹的东西，夹馅儿一样。

访　一：您说的那个森林，都是天然林，对不对？

张学良：对，天然林。那一眼望去，进去望不到天的。那个树好大，那个树呀，我照了张相给我父亲看。怎么样能表示这个树大呀！

访　一：嗯。

张学良：这个树多，没法子……我们军队站了一排，就等于是树的直径，差不多三十几个人。这树就这么粗。还有一个玩意儿就是野葡萄，满山都是。俄国人采完做酒。

访　一：那他们有权利采摘。

张学良：那都是野生的。

5. 保安队和红胡子

访　一：您从吉林剿匪回来，上了个条陈给老帅，是不是？您那里面都，有没有建议应该怎么样地解决这个问题?

张学良：第一个就是要办交通，运输啊。后来吉林就是孙烈臣吧！他去了以后就好多了，他真是这样办的。他这个办法很好，他后来地方的警察局局长，不是全体啊，有一大部分他都是用的是土匪。

访　一：（笑）您说这警察局长用土匪啊?

张学良：都是当年的土匪头被收降，他给收降的。

访　二：归正了?

张学良：归正了，收降了。他用他们当警察局长。那时候警察局长到哪儿，那个地方就安全了。

访　二：就很安全了，自己管自己了！

张学良：他这个政策，实行得很好！

访　一：您知道这让我想起一件事情来。就是那个拉铁摩尔，美国一个很有名的中国专家。拉铁摩尔就说："大家都以为东北所谓的土匪和红胡子……这是大家都有错觉，这些是人民自己保卫自己的。"

张学良：是，是，是！

访　一：这等于说是民兵呀！Militia，咱们叫什么?

张学良：什么? 你说一遍，英文名字。

访　一：是叫 Militia，就是说自己保卫自己。全国武装，各种设备，也有武器的训练。

张学良：是，是，是。我父亲当年就是干这个的。

访　一：那，所以他就极力地解释……

张学良：有一种是人民自己保卫自己，有一种是人民请来保护他的，就是"我来保护你，你给我钱。"

访　一：就是保安队的意思。

张学良：保安队，就是这个。

访　一：所以他就在他那本书上写了差不多有两三章，都是有关于对这个的解释。让人了解红胡子不是我们西方人所想的土匪，而是要跟西方的这个 Militia 一样。他就先解释东北的社会、环境……

张学良：那红胡子是真的红胡子。

访　二：胡子是红的?

张学良：不是，他戴个面具呀！

访　一：噢，对，这您说过。

张学良：戴着一种胡子，他不让你认识他是谁呀！

访　二：噢，所以红胡子确实是……

张学良：真是有的，他是戴着一种东西——一个红面具，就是避免你看见他。

访　二：怕人认出来。

张学良：都是他本地的人嘛！

访　一：那后来，当老帅来做这个帅领时，先是一小组人，后来人越来越多来保护这个地区安全，那也都戴着红胡子吗？

张学良：那就不戴了。

访　一：那就不戴了，那是老早以前。

张学良：他这个戴红胡子，都是单独活动的人。

访　一：噢，没有组织。

张学良：属于所谓红胡子的这种人，那个时候，有一个人，那就是咱们唱戏唱的，"此山是我开……"那你走过就给这个人钱，你不给他钱，他……

访　二：占山为王。

张学良：专门劫什么东西呢？东北交通不便，到了冬天啊……我有个老姨，就是我叫什么？我妈妈的第四个妹妹。

访　一：姨，四姨。

张学良：嗯，我的姨父——老姨父，他姓安，他就是专门干这个事的。他最不容易的，我们到冬天的时候啊，这农家就没事啊！

访　一：对呀！

张学良：他没有事啦，他的车、马同大家的集合在一起，就出去做生意。

访　二：噢，这等于运东西。

张学良：等于运输队。

访　一：运输队。

张学良：我这个老姨父……他多数的时候，还有旁人也做这个，当那个车队的队长。

访　二：（笑），噢，运输队。

张学良：那……那也很不容易啊！

访　一：那，这是保镖吗？

张学良：不是保镖。他是，你听我讲。这么讲啊！假若谁会写书，我现在还弄不太清楚。那个时候，他有，我们叫老把儿，就是赶车的。

访　二：噢，把子，对，对，叫老把儿。

张学良：那赶大车的很有意思。他回来讲他们出去啊，这个车队啊，就是老百姓家的联合起来——你出一个车，我出一个车。那么带什么呢？大部分是把当地的什么玩意运出去啊，那是什么呢？我还弄不清楚。而他带回来的最多就是瓜子。

访　二：瓜子？

张学良：瓜子。

访　二：嗑的瓜子？

张学良：为什么呢？我们那边不叫西瓜，叫打瓜。

访　二：打瓜就是说里头那个小瓜，那个籽多的瓜。

张学良：籽儿大又多，那么，那个玩意儿随便你吃，没人管你。不吃的话把那玩意儿烂了。

访　二：烂了，就收瓜子。

张学良：对，他回来就带瓜子，还带什么？来回做这个生意。那他很有意思啊！碰到土匪他们也带着枪啊！

访　二：碰见土匪。

张学良：碰见土匪，跟土匪可以讲条件。

访　一：讲条件。（笑）

张学良：讲条件。

访　二：给多少好处。

张学良：不是给多少钱，就是讲不好，就打呀！我小时候很喜欢听他们回来讲故事，我也就像给你们讲这个故事一样。那个老板儿呀，就是那个赶车的，他把这车赶到一个地方围上。其他人与这个没关系，老板儿就打着鞭子在那儿坐，他不加入。那个他讲，如果那些人讲不好，就开枪打。

访　二：跟那西部的电影一样，噢，弄了一圈，然后大家……

张学良：讲讲条件，大多数都是他去讲条件，他不要钱。

访　二：那要什么？要武器？要枪？

张学良：要子弹，枪。枪他是不给他的，我把子弹送过去。

访　二：就谈好了，就是放过去了，谈不好就真打。

张学良：你们打你们的，你们谈你们的。他们不打这个赶车的，也不打这个车队。

访　二：（笑）噢，那这倒挺好的。

张学良：那讲好的，那非常像西部一样，很讲义气的。

访　二：那，这也是当时的一个运输的职业呀？

张学良：当时就是这种情况。差不多，你不这样就把规则破坏了，破坏了这种情况，那这个队就完了，就乱七八糟了。

访　二：他也蛮有系统的。

张学良：嗳！蛮有系统的，蛮有系统的。我就说我这个老四姨夫，每回都是他，他是专门干这个事的。

访　一：那也就是说，他都认识这些路上的人，交往过。

张学良：那个当时路上有个姓韩的，我现在也弄不清楚，叫什么，好像叫韩半大天。他差不多就是哪一个地方的王。

访　二：就是占山为王的。

张学良：你把他打通了，那什么事都好办了。叫韩霸天。

访　一：那有点像那个窦尔敦①，这个？（笑）是吧，他自己有手下的人。

6. 窦尔敦和黄天霸

张学良：窦尔敦的事情是真的，窦尔敦的部下后来在黑龙江，他的后人叫窦连喜当黑龙江的警务处长。他就是窦尔敦的后人。那是真的，黄天霸②是被杀头的。

访　一：噢，到后来死了？

访　二：不是自杀，太太也被杀了吗？

张学良：张桂兰？

访　二：黄天霸的太太也是被杀的吗？

张学良：张桂兰大概也被杀了。

访　一：政府给杀的？

访　二：他们还说把人头挂在通州的一个庙的两个旗杆上，好像号令，挂人头这代表犯大罪的。

---

① 窦尔墩，原名窦开山，乳名二东，排行第二故又叫窦二墩。直隶河间府窦三町人。为清代侠义公案小说《施公案全传》、《彭公案》中的豪侠。其为人忠厚，性格直爽，讲究义气，侠肝义胆，虽身怀绝技，却并不欺人作恶，而是扶危济困、除暴安良，因而深受武林人士拥戴，推举他为山东绿林道八大处总头领。

② 黄天霸，小说《施公案》里的主角，京剧《连环套》、《恶虎村》等中有此人。是金镖黄三太之子，黄三太是南七北六十三省的总镖头，在绿林很有名，曾经救过康熙皇帝，被御赐过黄马褂。

访　一：犯什么罪呢？
张学良：事情大概是这样，那时候，考生啊，就跟现在的学生一样。当时黄天霸啊是那个地方什么来着？
访　二：总兵？是不是总兵？
张学良：不是北京。
访　一：不是，是叫作什么总管还是总领兵啊？
张学良：什么地方的，是总兵啊！是什么地方的总兵。这些考生啊，淘气，就要看他老婆张桂兰。他们就爬人家的那个后墙，从厕所去看人家老婆。后来黄天霸抓住考生，打他们的屁股。这下子可出毛病了，考生罢考。
访　二：（笑）哦，那时候就有罢考。
访　一：罢课，学生运动。（笑）
张学良：那就跟现在一样不考了，这下糟了。这个问题严重了，所以后来他们都被杀了，两人都杀头了。
访　一：那我觉着这也不对呀！
张学良：啊？
访　一：不应该杀他们呀！
张学良：因为他打考生嘛！
访　一：但是，考生去偷看人家女的去，那也不对呀！
张学良：可是即使那样，他也不能随便去打考生啊，你没这个权呀！
访　一：噢，是这么回事！
张学良：那，你没这个权，你不能随便打人啦，你不能打考生啊！换句话，那考生就像现在学生的罢课，你就没办法了。这个事情太大了，惊动政府了。
访　一：那这件事是在北方发生的？
张学良：那就是在什么地方把他杀头的。
访　二：在通州。
张学良：在什么？
访　二：是在通州吧！
张学良：在哪？
访　一：通州，河北的那个……
访　二：北京旁边的那个。

访 一：就北京旁边的那个通州，通县。

张学良：通州啊？在什么地方我忘了，他是那的总兵，那一查就查出来了。黄天霸的后人还有呢！他的刀还有呢！

访 一：噢，金刀。

张学良：他那刀还有呢！

访 二：所以这个……

张学良：他后人还有呢！

访 二：他死时很年轻啊！

张学良：那就不知道，他后人还有呢，那实在是……不过那唱戏传的，不过实在是有这个人，像窦尔敦什么的。那黄天霸是真的，黄三太也是真的，黄三太是有名的家伙。

访 二：甩头义子。

张学良：啊，不是甩头义子。他是这样的，这个黄三太怎么出的名呢！北京的这个南苑啊，北苑啊。所谓南苑、北苑是什么地方？你知道吗？为什么南苑、北苑叫这个苑字？那是皇上的猎场。

访 一：噢，打猎的地方。

张学良：他那里头放的有野兽。这个好像乾隆吧！他那个时候，谁呀，皇上去打猎去了，碰上老虎了，这个黄三太打虎救了皇上。

访 二：救驾？

张学良：救驾！那是相当危险的，他把老虎打死了！

访 一：所以就救驾了！

张学良：因为这样，黄三太出名了，黄三太怎么出名的？皇上赏了他一个黄马褂。那个时候，黄马褂不得了。

访 一：噢。

张学良：给了他一个黄马褂，反正是这种情形。

访 一：所以您说在北方和东北，也没有什么法律的规范，也没有什么条文。但是大家有一个规则，就是说怎么样做人，怎么样……

张学良：那是，那是！

7. 军队有军队的纪律

访 一：您说，这些东西是从哪儿来的？

张学良：我跟你讲，那个时候土匪啊，不能说是土匪，就是那个时候，哎呀，他们纪律严得很！

访 一：噢，他们自己有……有很严的纪律。

张学良：噢，那纪律严得很，那个张作相跟我父亲他们的部下，那个时候，比军队纪律还严呢！

访 一：噢，他管理他的一帮管得都很严啊？

张学良：头一样不能强奸女人呀！

访 一：噢，不能玩女人。

张学良：强奸，强奸啊，不能强奸女人。

访 一：那他们练兵呢？也有他们自己的一套？

张学良：噢，那他有纪律，没有纪律，他带不住了。

访 一：所以后来老帅能够带兵，也是因为他们这些人都听老帅的，老帅又能够……

张学良：你问我，我也常常心里很奇怪，就是他那一帮啊，那一帮人能有差不多二十几个人。我父亲这人，他有统治能力，所以他有他的威严。他在那里面岁数最小，但是他是首领。

访 二：您说，那也不是老帅有一个什么要服从的条文，就是大家很听话。

张学良：听他，是啊！所以我说他有统治能力。那张作相跟我讲，总讲。他说："我们那个时候比现在的军队那个纪律都严！"

访 一：不过，这话又说回来了，您说自己的军队也是把您看成圣人的。

张学良：那是不同的，那他军队有军队的纪律。

访 一：那不同，也是您有您统治的方法。

张学良：那我的军队是这样的，我跟你说，我的部下对我这人，怎么讲呢？现在，我这岁数大了……

访 一：以心换心。

张学良：不是这样的。我不跟他们耍滑头，也不利用他们什么。我要说杀他，我真是杀，我当面就说明白，毫不跟他们玩这一套……就是，那么你有痛苦的时候，我尽力给你解决，你有……我不只是跟军官，我跟你说，我那兵像跟我开玩笑一样。我跟你说过一个故事吧，就是打山上土匪，他们说我也是无用的家伙……（笑）

访 一：就是说，好像兄弟一样。

张学良：我很喜欢我这几个兄弟。

8. 吴佩孚这人我并不佩服

访　一：您说老帅是他们把兄弟里头年纪最轻的。

张学良：那是，那是以前了，我后来就不行了。我带兵的时候，那就情形大不同了。

访　一：不过，您带兵的时候，也是相当年轻的。

张学良：我是很年轻，那时候我父亲已经是东三省巡阅使了。

访　一：是啊，可是，以您来说，很年轻也就能……

张学良：管我叫黄嘴丫子团长嘛！黄嘴丫子，你懂吗？就是小鸟儿。

访　一：噢，是吧！安师傅叫咱们吃饭去了。您说这一个地方的……

张学良：我就说吴佩孚这人我并不佩服。

访　一：那就是……

张学良：那就是山海关战役。他不够一个指挥官的。咱们把他打败，就是说他不够一个指挥官。这是他失败的原因。假若他真是一个好的军人，恐怕山海关战役我们不能取胜。

访　一：您是这样的感觉。

张学良：是这样的，我看他，换句话说，不是一个对手。不是一个伟大，不是一个真正会作战的。

访　一：跟您心目中估计的相差太远了。

张学良：相差太远了。

访　一：但是，那再提一个小问题，你认为他不是一个伟大的将领。

张学良：不是的。

访　一：您大概有一二处考虑的地方，是哪几点让您觉得他不是一个……

张学良：那我随便说，你问我这话说不出来。山海关战役的时候，我认为他根本就不是，可以后来说我看不起他了。当时，在没打吴佩孚之前，我没想到他是那样一个无用，不是无用，不是那么一个真正有头脑，有真实头脑的军人。过去我也奇怪，因为在那个时代的时候，军人读书的很少。

访　一：噢，读书的人很少。

张学良：那么他呢，在政治上的活动，尤其在湖南的时候，他跟湖南方面的有关联络，那么他就出了点名。事实这个人，我认为这个人……一个人，怎么讲，说大话的人。这个唱戏的有句话，刘备就是……事实就是斩马谡这段事情。诸葛亮说刘备在白帝城托孤时告诉过他。这句话很有意思，这句话那么是否是真实不管了，反正是唱戏啦！刘备说马谡这个人言过其实。

访　一：言过其实。

张学良：不堪重用。

访　一：这是托孤时告诉诸葛亮的。

张学良：告诉诸葛亮的。所以马谡失败以后，诸葛亮就哭了。那个谁就问他，他说："我不哭他，我哭这个先帝告诉过我这句话，我没听他。"他这句话很有意思。当然这是我的解释，所谓言过其实是什么呢？就是好吹。

访　一：对！

张学良：这句话很有意思。现在，据我的看法、经验，这个好吹的人就是言过其实。吴佩孚就是这个好吹的人。

访　一：好吹的人也都结果不好。

张学良：好吹的人啊，都是言过其实。这个旁的我就不说了，现在好吹的人还是有啊！不要说谁了，

访　一：刈！

张学良：这个人能够脚踏实地真切实，这个人就厉害了。好吹的人，怎么讲，就是唬唬人。

访　一：对！

张学良：你不是把真的玩意儿拿出来，是吓唬人一下。换句话说，我们东北有句话，真咬人的狗它不叫唤。

访　一：它不叫唤！

张学良：我说要打的，我拳头一定已经来了。我说一个笑话，我当年在北京看戏，打架。我有个朋友，那时看戏，前面都有个茶杯，他把茶水倒了，说："我打你吧！"我说："你算了吧！我们东北人要打，连茶壶都过去了，还把水倒了，我打你吧！"天下事情就是这样。好吹、说大话，这个言过其实就是好吹。这句话，我认为虽然是唱戏的，不管怎样。但很有意思。马谡这个人言过其实，就是好吹。

访　一：那吴佩孚就是如此。

张学良：所以我看见这些个人，多数都是好吹，太吹！

访　一：那是不是他老愿意先声制人呢？那吴佩孚老是先吹一阵，拿个话呀，拿这个……来训服人？他实力并不雄厚，他就是会吹！

张学良：不是，他实力当然在那个时代，可以说西蜀无大将，廖化为先锋。他碰见那个敌人呀都是很旧式的军队。当然他多少有点训练，有点头脑，那么他是……这是我估计，但是你跟真正——换句话，我这不是吹呀——你跟真正的有训练的军队碰上就不同了。

访　一：碰到真金真铁了？

张学良：这就不同。他还是用那个方法来，所以他打败仗，打个全军尽没了。

访　一：北洋军队就没了。

张学良：那换句话说，那时候，他那个打法……照我判断，他一定还有旁的……假如是我，我有旁的，他却没有，他都没有使用上。

访　一：假如要是您的话，还有旁的救援，是吗？

张学良：他有，他这个犯了……现在随便说，他犯了军事上最大的错误。

访　一：那是什么？

张学良：我们说军队是逐渐增加。

访　一：逐渐增加，一点儿一点儿的。

张学良：他，比方说打得相当厉害的时候，他就来了一个师，叫我们给打败了。后来，又来了一个师，这逐渐一个一个往上拿，那么他第一个，对交通什么的也弄得乱七八糟。那样，如果他把军队一起拿上来，那就不同了。明白？

访　一：力量就雄厚了！

张学良：还有，他对部下也不是……我跟他说，我把那玩意儿还留着呢，可惜到奉天丢掉了。他写给……陕西第一师师长张治公，向他求援。那么，他给张治公的一封信，用好讲究的一张纸，又写诗，印得很好的。我看见了那个玩意儿，我这个笑啊！

访　一：为什么呢？

张学良：他给人家写，人家求援，他就给他写了这么一张东西回来，头一句话，"张学良黄口孺子，是什么东西"。

访　一：他瞧不起您。（笑）

张学良：他给他写了这么一张东西，瞧得起瞧不起，后来怎么的，有"本大帅明天来了，他就会跑了"。

访　一：噢，这样？大话。

张学良：我后来，把这东西留下了。我自个儿在后头北上，我没跑，是他跑了。（笑）

访　一：这篇东西要留下来就好了，有意思。

张学良：我留了没用，可惜丢掉了。我就说，这话又说回来了，好说大话这种人怎么能统治军人呢？人家那么痛苦的时候来求援你，你给人家这么一篇开玩笑的话，说这一套话。"我明天来，他就会跑了。"那明天来……你没来就跑了。我就是说，这种人怎么能指挥军队，所以我看不起他。当然，唬唬那些军人，也许你唬惯了。那你动真刀真枪的时候，你得拿出真玩意儿来。

访　一：这，他不只是言过其实了。因为我觉得他对这次战役，没有确实估计到对方的力量。

张学良：也不太那样。

访　一：他不知道您和郭松龄这两股军队的力量。

张学良：我说吴佩孚这个人后来在北京就等于我养他了。他这个人，后来在北京……

访　一：给他一个官儿还是怎么样啊？

张学良：那不是官，那时候南京政府啊……后来他在四川回来的时候啊，我招待他的。就是那时候让我负责任，并不是给他官做了，一个月给他大概一万元钱，那不是我给，是政府给的。那么就是招呼他养活他，等于说他这个人总算没有叛变，没有投降日本人。日本人鼓动他，所以这一点他还算是有骨气的人。不过这个人，真心地评论他，这个人有点神经。

访　一：神经。

张学良：多少有点神经，我看他有点神经。

访　一：也许是过分自大。

张学良：不是，比方说，北京那时候，因为日本人要来，北京预备要筹点钱，也就是商会准备筹点钱买飞机，准备自己防空啊。他说："何苦呢？飞机一来，我一指，它就掉下来了。"

访　一：真的。（笑）

张学良：我听了这话，好笑，好笑。

访 一：他跟谁说呀。

张学良：他有点神经。所以我就觉得，过去这些军人怎么会那么出名？后来打败了，我才知道他是如此如此。那没打时，有点怕他，也不是怕他，是想他是个劲敌。

访 一：以为他是劲敌。

张学良：打了以后才知道是……

访 一：纸老虎。

张学良：所以，要说厉害，还是冯玉祥。

访 一：他是真枪实弹准备得很好，训练得好？

张学良：他训练得好。那不管说，吴佩孚这个人可真是没可佩服的地方。

访 一：吴佩孚（无佩服）么！

张学良：我给你说一个小笑话。那时候打南口，我们联合一块儿打南口，他有一部分军队在南口，那是他的旧军队。向他要补充。我们到他家里去，那一天去的时候，他的军队——残乱的破军队向他要补充。正好我们也在那儿。他说话爱说"是，是，是"。他有这个毛病。他说："是，是，是，我明天就去。我明天上前线，我明天去。"他补充不上，他没什么东西，那就拿这个话"我明天上前线"。他自己说"我没有打过败仗"，那个张宗昌就在旁边笑了。他知道张宗昌在笑他，他说："那不是我打败了，是你们打胜了。"（笑）他这个人好像是开玩笑，说笑话一样，可是指挥军队不能这样，要看什么事情。说笑话可以、扯淡可以，可是你的正式部下都在那儿，哪能说这话。所以我就看不中他。

访 一：他那会儿年纪比您大多了？

张学良：大多了，比我父亲年轻。年轻不多，也就几岁。

访 一：所以他大概是估计错误，他以为您是年轻，管您叫"黄口将军"嘛。

张学良：不是"黄口将军"。换句话说，他不是正式训练出来的军人。他本来是学测量的，不是正式的，不过他懂军事，有经验，也打过仗，碰上那些乱七八糟的军队打过仗。事实他也不是正式军人，他不够资格。

访 一：您刚才说了一句话，您说吴佩孚那个时候的军事将领很少有读过书或读了很多书的，但那些都还是将领，虽然没有读书，但是还能够带军队，能够有所……不是因为读书，而是因为什么？

张学良：经验！

访 一：经验。

张学良：还有他是个秀才。这人呢！也不能说错，他也很能用人，他用过……这不能说错，这一点呢，有他的好处。那么他很喜欢接近文人，康有为那些人。康有为他过五十岁生日到洛阳去，到现在，那副对联成了一个谶语了，"百岁功名刚一半"。

访 一：百岁功名刚一半？

张学良："八方云雨会中州"，那么后来大家就解释，"百岁功名刚一半"指后面就没有了，"八方云雨会中州"就是叫人家包围了。

访 一：可不是，这是谁写的？

张学良：康有为，他五十岁生日，这很有名的①。

访 一：康有为是有心这样做的吗？

张学良：他不是有心的，这是好话嘛。"百岁功名刚一半"，他五十岁，可是底下要往坏里解释就是没了。"八方云雨会中州"，八方云雨都到他那里去贺寿，这是旺盛的时候。

访 一：但是另外的解释是围城了。

张学良：这后来都留下。所以，因为这个，你写对联或是给别人写东西，你可要小心。

访 一：这有可能被曲解。

张学良：小心这里有歇后话。这句话可以变成……（录音不清）我当年是……（录音不清）后来人家就批评我了。上海有一个有名的记者死掉了，我给谁送一份钱，我这个秘书……（录音不清）后来人家怎么讲，"杯水车薪"啊，后来人家批评我，说不怎么好！

访 一：怎么？

张学良：这是指一点钱，人家说，这个话说得不好！

访 一：所以写对联是要小心。

9. 种树不必自己吃果子

张学良：写文章这个东西，不发表拉倒。我给你们说个小故事，那时候，河

---

① 这副寿联为："牧野鹰扬，百世功名才一半；洛阳虎视，八方风雨会中州。"

南督军叫赵倜①。

访 一： 赵倜？

张学良： 他别号叫赵周人。

访 一： 我姐夫就是这个名字。

张学良： 啊？

访 一： 我姐夫啊，就是之宇的先生，也住在……他也叫赵倜！

张学良： 他叫赵周人。他呀，是一个私塾出身的青年。当时，北京督军团开会议，他是河南督军啊，可是他不愿意出席！

访 一： 有什么原因呢？

张学良： 就是出席会议的人啊，要讨论好多事情。他怕担负什么，总而言之，他不愿意出席。于是他自己打了一个电报。赵周人原来是毅军的，是姜桂题②的部下。姜桂题是都统，但是就想当督军。脑子里这么想。可就是没有督军给他当。他的部下就是赵周人。北京开督军会议，他自己呀打个电报写："赵督军哪，因病故不能出席。"他自己写"赵督军那是因病的缘故，故不能出席"。他托词呀！他这个电报到了北京啊！北京就忽然有人说赵周人死了，因病故。这个旁人倒没怎么注意，那个姜桂题听见了，他就想当他的督军，于是就坐火车去了。到哪儿去了，他说："你这个，人家说你死了，你还没有死啊？"这是真事儿。所以这个写字……他是因病的缘故不能出席。

访 一： （笑）见鬼了！

张学良： 这是一个很大的笑话！

访 一： 您记得这是民国几年？是哪年的事啊？

---

① 赵倜，字周人，汝南人。早年追随毅军首领马玉昆。袁世凯窃夺大总统后，他被授为河南护军使，督队镇压白朗起义军。1914 年被授为德武将军，管理河南军务。袁世凯称帝后，晋封为一等侯爵。1916 年以督军兼河南省长。1919 年直皖战争，他联吴（佩孚）反段（祺瑞），1921 年又联张（作霖）反吴（佩孚）。1927 年张作霖任他为河南宣抚使。1929 年张学良易帜，又随张进北京，为高等顾问。1933 年病死于北京。

② 姜桂题，字翰卿，安徽省颍州府亳州姜屯人。曾任毅军总兵。1902 年宋庆去世，他指挥毅军。1910 年任直隶提督兼统武卫左军。1913 年 8 月署热河都统。1914 年 6 月被授予"昭武上将军"兼热河都统督理热河军务。1915 年支持袁世凯称帝，12 月封一等公。1916 年 6 月袁死后，姜投靠皖系，在府院之争中支持段祺瑞。同年 8 月，皖系督军召开"十三省联合会"（史称"督军团"），姜名列其中。1920 年 7 月兼管理将军府事务。1920 年直皖战争爆发前，奉总统徐世昌之命，姜和张怀芝为调停直皖矛盾而奔走。但最终调停失败。皖系败北后，姜留任热河都统。1921 年 9 月，辞去热河都统，遂被任命为陆军检阅使。1922 年 1 月在北京病逝。

张学良：这是督军团会议，这一查就查出来了。"赵督军因病故不能出席"完了，姜桂题说："旁人说你死了，怎么没死。"这个是历史上的笑话！

访　一：什么历史上的笑话，所以，那时候做军事将领成功的很多啦！所以真是要凭经验。

张学良：他是怎么成功的？赵周人，他本来是一个……因为那时候有一个土匪叫白狼。

访　一：白狼。

张学良：白色的狼在中原一带闹得很厉害，那么各省都预备剿白狼，他把白狼抓住了，给杀了。他（赵倜）就当了河南督军，他本来原来地位不高的，就是因为剿白狼，他就是这样起来的。

访　一：就是这个，我再给您提一个啊！您曾经说过一句话，"种树不必自己吃果子"这句话您说的？

张学良：种树不必吃果子、耕耘不必问收获。

访　一：您记得是冲着谁说的这句话，您主要的意思是管理军队吗？

张学良：这是我常说的，我们就努力地去做，不要想着将来得着什么后果，我很喜欢说这句话。

访　一：会影响您作决定。

张学良：作决定。这件事情应该做，我就做。后果那就不知道。换句话，你知道吗？有人想想，结果更坏。

访　一：有的事想了，就决定不了了。

张学良：不是决定不了了，是结果更坏。好多人都是这样，后果就不堪设想。很多人认为，想的这件事情就一定取得很大的成功，结果是很大的失败。为什么？因为开始自己兴高采烈地估计太高了，这就很悲。这是吴佩孚的一句话啦，顾维钧在北京当外交部长，他当市长。北京四道堂欢迎他到北京。他就跟顾维钧说："你赶快跟日本人交涉，别叫张作霖跑了，还没有打呢。"后来我总说笑话，我说："我没跑，他跑了。"

访　一：但这些话我不太懂，"别让张作霖跑了"是让日本人暗害老帅，还是说……

张学良：他主要在他呢，日本也不能管这个事。所以［举止不高而心不顾己］，他说这句话就可以证明他必败。

10. 杨宇霆的死与郭松龄事情有关

访　一：您还说一句，"我是茂宸，茂宸就是我。"
张学良：这我不大清楚是我说的。
访　一：茂宸是？
张学良：郭松龄，这不知道是什么时候说的。
访　一：也就是说，那时候，您三、四方面军合在一起的时候。
张学良：我对谁说的，我不晓得说什么？
访　一：您记得您说过这句话吗？
张学良：我忘了，我对部下说的……我记不住了。我也许说过，那时候我们俩总在一块堆儿。
访　一：是啊！一个是您不管在什么情况下，您是头，他是副头，所以两个人永远是合作的，是不是啊！
张学良：是！差不多我是。
访　一：两个军队永远是会在一起，在一块儿。您说过，没分过，而且您办公也在一块儿！
张学良：在一块儿。
访　一：所以您要不再……
张学良：我父亲说过除非你老婆不给他睡之外，没有什么可以不给他。
访　一：合作无间了。
张学良：合作无间。
访　一：所以昨天还是前天您说过一句话，如果郭松龄的事没发生的话，您跟他合作起来可能像李宗仁和白崇禧一样。
张学良：一样。
访　一：那也许可能超过他们。
张学良：也许吧？
访　一：因为您有东北这个地区。
张学良：那……换句话，郭松龄后来也自己很难过，他也知道，他死的时候他也知道。他失败……换句话说，我都没打。
访　一：那人家军队不打，因为这边是您啊！
张学良：把命令给他送过去，我们不接受命令。我认为郭松龄不够好，我认为他用不着跑，我要把他抓住，我也放走，他不跑他不会死。

访　一：是啊，他一跑，反而中了别人的计。

张学良：也不是中了别人的计，他跑了，后来被抓住了。不是我抓住的，另外一个军队抓住的，那这个事情，杨宇霆的死与这件事情有关。我给我父亲打电话，当然我父亲对这事情很不高兴，为他的事情不高兴了。我的意思是，我主张奉天开军法会审，审问他为什么要叛变？让他把肚子里的事情都讲出来。那么这完全是杨宇霆的鬼，杨宇霆对［我］父亲说："过南满路，听说日本人在那预备抢他，所以走半路上把他打死了，把他枪毙了。"这是杨宇霆他不愿意开庭，他怕把好多事情说出来。

访　一：他怕说出来。

张学良：当然，他（指郭松龄）要把过去的事情说出来。所以我对杨宇霆这件事情非常气。我跟我父亲说，您开军法会，问他为什么叛变？什么理由？让他把他的话都说出来。我这个人向来是主张，让他把肚子里话说出来。

访　一：您还说过一句话，"事到临头须放胆"。这也是您经常说的话。

张学良：事到临头什么？

访　一：要把胆子放开。

张学良：到什么事情，都要把胆子放大。到后头，胆子越小越不好办。这不是我说的。

访　一：不是您说的？

张学良：这不是我说的。

11. 你不能说没有鬼

访　一：还有一个故事是我们不知道的就是唐家铺。唐是的唐朝的唐，家是人家的家，铺是铺子的铺，唐家铺事件是什么事件？

张学良：我不知道是什么事件。

访　一：您不知道是呀，他说好像跟您有关系。

张学良：唐家铺？这个地方我都不知道，这个在哪？

访　一：您的一个传——《张学良传》。

张学良：唐家铺事件？对这唐家铺的地名我都不知道。这是什么错误吧，不是唐家铺吧？

访　一：我回去再查查！

张学良：我不知道，这个唐家铺我不知道。

访　一：我没带着那本书，还有一个是刘辅廷，刘是刘备的刘，辅是辅导的辅，廷是王正廷的廷。

张学良：刘辅廷？

访　一：就是与他有关的一件事情，就是证明您做事的一些方式，您知刘辅廷①什么事儿吗？

张学良：刘辅廷？

访　一：噢！

张学良：没有这么一个人哪！

访　一：没这么一个人，是吗？

张学良：你这是……

访　一：刘备的刘，辅是辅政的辅，车字旁，辅导的辅，廷就是王正廷，宫廷的廷。

张学良：没这个名字？

访　一：没这名字，是吗？

张学良：没这么一个人，我不知道这个人。这是跟哪儿出来的这么一个人？我不知道。

访　一：我给您查查！还有一个呢！在奉天那边有一个炸弹库。

张学良：那是。

访　一：炸弹库忽然间炸了？

张学良：是！

访　一：您是怎么样很英勇地去解决问题？

张学良：也不是英勇。炸弹库爆炸，是有这回事。

访　一：您当场就去指挥去了，是吗？

张学良：那也没什么英勇。那事把我弄得很难过。我父亲整天骂我说："炸弹库炸了，东一个炸弹，西一个炸弹。"（笑）那是我的错误。

访　一：怎么啦？

---

① 刘辅廷，即刘翼飞，原名刘辅廷。辽宁铁岭人。1918年保定陆军军官学校第五期步兵科毕业后加入奉军。历任东北陆军第二十师第二十四旅旅长，安国军的师长，东北陆军步兵第四旅旅长，东三省兵工厂厂长，察哈尔省政府主席等职。

张学良：为什么炸弹库炸了呢？那时候，我们的不是正式兵工厂造的东西，是我跟冯庸啊，在一个小队的铁工厂，做了一个燃烧弹。

访　一：燃烧弹。

张学良：预备做弹头的。这燃烧弹，你知道，说起来长了。这种弹的弹壳啊要做得很坚固的。那燃烧弹漏气，不是漏气，是那个燃烧的材料从那个壳里出来了。我们到那个炸药库，把燃烧弹存放在弹药库里，它自己燃烧了，把炸药库炸了。那是我们的错误也很大。

访　一：那老帅生气了。

张学良：他也不知道是怎么回事儿。乒乓一炸开，他就骂我了。

访　一：那么，那时您在管那个炸药库？

张学良：这是我们的库，是航空处①的炸弹库。

访　一：噢，航空处的，那是1922年以后的事了！

张学良：那我忘了。可怜啊，炸药库两个站岗的兵惨死了。一个人呐，炸着这个脑皮上的头发。那人找不到了，只剩下一个脑壳。二一个就看见像一个站在那儿喷一口血就死了。一个人的样似的把他炸死了。这才知道这两个人死了。

访　一：那这些人，像在军队里头有人受伤了、阵亡了，或者是像这两个人意外死了……

张学良：都有抚恤。

访　一：抚恤都是政府给，是吗？

张学良：像这样子的兵，连抚恤都没有。不是没有，连他们家都不知道他是谁呀。那是募来的兵呀？哪块来的都不知道？

访　一：还有一个事情啊，您驾着摩托车，很有名的一件事儿，您不记得了？

张学良：噢，我差一点儿摔死。

访　一：是啊，那是怎么回事儿？您尽干这有危险的事！

张学良：我自个骑个摩托车，后面不是有个斗吗？那里坐着一个人。我就骑着车出去，没事儿去兜风玩儿去。我骑车上一个草桥，那桥啊用草做的，桥下的两边都是水沟——种田的水沟。我们不知道草桥里有个窟窿。

---

① 鉴于第一次直奉战争中遭到直军空军袭击而失败的教训，1923年9月，张作霖成立东三省航空处，任命张学良为总办，进行东北航空军的建设。同年，张学良学会了驾驶技术。在第二次直奉战争中，东北空军发挥了重要作用。1925年，张作霖整编东北空军，扩充实力，将东三省航空处改组为东北航空处，设立总务、机械两处，分掌事务和机务。以高纪毅为总务处长，周培炳为机械处长。同年3月，附设航空学校，由张学良兼任校长，东北空军发展起来。

访 一：掉下去了。

张学良：有个洞，听我讲。有个洞，我想躲那个洞，可是我驾驶得不好。我一躲，车就斜着下去，掉水沟里去了。（笑）这笑话大了，我还好，把那个脚抻出来踹在沟边儿上，明白吗？

访 一：把自个儿支着。

张学良：翻到里头了，他们就去把我拉出来。我说："你们赶快把斗子里那人拉出来，一会儿他就淹死了，他被扣在里头了。"我说："你赶快，再一会要把他淹死了，把他救出来。"

访 一：那水沟是很脏的水沟吧？

张学良：不是，那两旁都是种稻田的。后来他再也不许我骑了。

访 一：不过，您好像应该坐在斗子里头。

张学良：是我喜欢骑着玩嘛。那平常就是……你要说坐在斗子里，天下事情怪得很，不可思议的事儿太多。说起来我很难过，我手底下有个人给我当旅长。姓戴，叫戴联玺。他回家坐在摩托车的斗子里。他坐的那个摩托车后面还有一辆摩托车。后面那辆车的人就看见他不对劲，他说怎么回事？他过去一看这人死了。怎么死的呢，一根电线杆子倒下来后，电线的那个嘴儿①吗，扎到他脑袋上了。你说奇怪不？后面那个车连电线杆子倒都没有看见，后来查出来的发现是电线杆子倒了。因为那个电线杆子倒了，他就打那儿过去。就死了。

张学良：这个天下事［很难说］。

访 一：微妙。

张学良：经验多了，不可思议的，人死是有命啦，你不能不信的。

访 一：真是！

张学良：我跟你说，兵变的时候②，他们打我的火车。我跟这个人认识了……他本来也是我秘书处的小秘书。外头开枪打我的火车。

访 一：您在火车里头哇。

张学良：我在里头坐着，我才不在乎呢！他趴在地下，他穿着袍子马褂，捂着脑袋，他说"一、二、三"打了三枪。

访 一：哎哟，没有打着他脑袋。

---

① 电线杆上的绝缘子，俗称瓷瓶。是用来支持导线的绝缘体。
② 张学良此处说的"兵变"，应指 1926 年 8 月他赴张家口处理"金佛事件"时，遭到穆春、王永清部下射击的事。

张学良： 没打着他脑袋，也没打到肉，就把他的衣服打了三枪。

访　一： 那可真是老天爷［照顾啊］！

张学良： 我参谋处的处长，他的兄弟跟着我们坐火车去张家口玩，他告诉他哥哥说："来这些人怎么没有脑袋。"后来这些人都被打死了。我说他眼睛花了。我说预知后事瞎扯淡。还有一件事，也是这次去张家口，我确实见过鬼，我的那个队长。我在车上坐着外面忽然开始打枪了。不一会儿，我就看见姜队长（姜化南）进来了，其实他已经给打死了。他们怕我伤心没有告诉我。很奇怪，他给打死了我却看见他了。真是活见鬼。你不能不相信。还有一件事情，也是张家口这件事情。打完了之后，我看不了那个场面。我就让火车开了，我就走了，回北京去了。我跟他们说，伤的送医院去治，死的就赶快把他们葬埋了。我就扔下了，看不了，就走了。走到半路上，这个伊雅格就把那个风闸给拉下来了。那个风闸可以让火车站住。为什么呀？我就问他。你说这不是活见鬼吗？我说你怎么叫火车站住了？你想干什么？他说，我在这睡觉，迷迷糊糊地。我就看见你的那个参谋在外面敲窗户。我有一个参谋是法国留学生，给打死了。火车正走呐，看见他在敲窗户。他说，火车出轨了。出轨了。我赶快出去看，火车真的出轨了。所以说，这个很有意思。你说这个鬼神的事情。在兵变那里头有　个团长，叫于奉林①。这个人原来是我父亲的一个马弁当差的。后来他就慢慢起来了，就去外头当了团长了。他就跑到那个火车里来了，躲在那个火车里头了。开枪打人也有他。他的枪打得很好。他就躲到茅房里头。那么他穿着军装，谁都没有注意呀！那个火车一站下，我就说闹鬼了吗，他呀，想是车到了北京了，他想是到站了。他从那个茅房出来就跑了。他一跑哇，火车上的兵看见了。怎么？从火车里出来一个人就往出跑哇？就下去追他，就把他给抓住了。他叫于奉林。他们一告诉我，我就把他给枪毙了。

访　一： 逃兵！

张学良： 所以我说神差鬼使。因为他打死了好多的人。

---

① 于奉林，曾任张作霖的卫士，后任奉军骑兵第十四师第七旅的团长。1926年8月在多伦奉旅长王永清之命，率部抢走当地喇嘛庙的金佛，引起"金佛事件"。在张学良前往张家口处理此事时，又与部下向张学良开枪，张的卫队长姜化南被打死。张学良指挥部队平息骚乱，于被张枪毙。

访　一：您也真是经得多了，看得多了。

张学良：这不是鬼嘛！你不能说没有鬼，不能这么说，很难讲。假如到北京去，我父亲绝对会把他放了。我把他枪毙了，他原来给我父亲当差的马弁！所以我说这些事，历史上有很多，说出来很有意思。

访　一：所以这些小故事和您的经验，这些是很难看得到，也很难听得到的。

张学良：我这个人做事，就有决心。上不愧于天，……我良心不愧，不做那种事。我不损害旁人，我没有意思损害你，但是这件事情，为公，我也没有办法。我不是你得罪我了，我恨你了，有什么冤仇。我从来没有的，那我，换句话说……我是，下威也下不少威！

第五十一次访谈
外籍友人　蒋氏父子

访谈者：张之丙（简称"访者"）
被访者：张学良
同座者：赵一荻
访问日期：1993 年 6 月 19 日

1. 老帅的俄国宝刀

访　者： 今天有两个题目，咱们时间上分配着。一个是，韦慕廷先生很希望知道，少帅在东北的时候，有多少外国人在您的政府里？或者是英国人、美国人、俄国人、日本人，他希望知道这些外国人给您提供了什么样的服务性的工作？我知道有几个名字，如果知道得不全，您可以提出来。

张学良： 我也说不出来，让我慢慢地想。

访　者： 另外一个是，昨天我给您提了几个事情，您说您不大记得。我后来就查了一查，我们来补一补。有一件事，就是"事到临头须放胆"这句话，是在老帅的一把宝刀上。老帅的一把宝刀上刻的几个字，您记得吗？

张学良： 不记得，不知道。我不晓得这句话是从哪儿来。我父亲是有一把宝刀，但没有这几个字。这把宝刀是列宁送给他的。

访　者： 哦，列宁送给的？是在什么样的场合列宁送给的？

张学良： 在什么样的场合我就忘了，反正是列宁送的。① 那个刀是俄国人的，它上面镶了宝石还是什么钻石。他（指张作霖）后来就带走了，他很喜欢那把俄国刀。

---

① 张学良所说列宁送给其父宝刀一事，史料中未见记载，是否属实，尚有待核查。

访　者：哦，是俄国刀。

张学良：那是不是那个，我不知道。

访　者：那是不是有点像您那个老虎厅里的宝刀一样，也在客厅啊什么地方摆着？

张学良：客厅没有宝刀。

访　者：那把宝刀经常在哪里摆着呢？

张学良：没摆。后来他死了，就在他身上带着殉葬了。那个并没有摆起来，他喜欢得很。

访　者：哦，很喜欢啊。还有一个，就是有一个人叫作刘辅廷，他的号叫作翼飞。

张学良：刘翼飞？哦，他的名字就叫作刘翼飞。

访　者：哦，名字就叫刘翼飞。这个人好像是说……

张学良：翼是带膀的那个飞。

访　者：对，对。哦，这个刘翼飞，您还记得这个人吗？

张学良：那是我的五虎将之一啊。

访　者：五虎将之一，他好像跟郭松龄有一点什么过节吗？

张学良：那就不知道了，他们底下［的事］就不知道了。他们都是我的部下。

访　者：也是老帅时期的吧？

张学良：怎么的吧？你说怎么回事，我不大知道他和郭松龄怎么了。

访　者：我的参考也许不对啊。上面说老帅派刘翼飞来跟您一块工作，郭松龄有点不高兴。

张学良：那不对。

访　者：后来您说是老帅派来的人。

张学良：没这么回事。

访　者：没这么回事，是吗？唐家铺①，昨天我们提的唐家铺，唐山的唐，家庭的家，实际上是铺，铺子的铺。是您在跟直系打仗的时候，那

---

① 唐家铺，地名，在今河北省霸州市东北。第一次直奉战争时，张学良担任奉军东路第二梯队司令官，指挥第三旅、第八旅两旅及第四混成旅，于1922年4月中旬由铁路输送到天津西侧杨柳青、韩柳墅一带后，即逐步向西南方向直军据守的田家口、胜芳一线推进。5月初，张学良将梯队司令部进驻至唐家铺时，突遭直军骑兵袭击。危急时刻，张令司令部卫队、幕僚约200人散开迎击，自己站在房顶指挥，坚守不退，终将来敌击退。嗣后，5月3日拂晓至4日晨，张部与直军在唐家铺、唐二里（今堂二里）、胜芳、崔庄、张庄一带展开激战，信安镇以南之直军被扫荡殆尽。唐家铺大战时，奉天后方盛传张学良负伤，张作霖为此曾派韩麟春、张敬尧偕日本顾问本庄繁赴信安镇探视，并商洽军机。

是您的司令部。

张学良：地名，地名。

访　者：地名。然后听说直系后来就跑来轰炸、攻击您的司令部，是这么回事吗？然后您在很紧急的时候如何抵挡他们，有这回事？

张学良：没有这个。你从哪来的这个消息？唐家铺，换句话，我记不得这个地方。我这个人记得很清楚，没有这回事。你从哪来的这个消息？

访　者：这个是在一个记载您作战的经过，有这么个唐家铺，您自己的司令部，敌人来袭击。

张学良：是我自己记载的？

访　者：不是您自己。

张学良：是什么人乱记载的？唐家铺这个地名，我就不知道，什么人又写进去？

访　者：还有就是在东北青年会，有一次是那个什么地方有水灾，青年会主办了一个赈灾委员会①，赈灾委员会［负责赈灾之事］。

张学良：天津水灾。

访　者：天津水灾。还有一个就是劝募义卖，就是说做义卖，捐钱的事。

张学良：是，是，是。

访　者：这有一个台湾大学的教授。

张学良：叫什么？

访　者：他是哈尔滨工业大学校友会［的］，他有两封信要给您，现在外面呢，在客厅呢。

张学良：叫什么来的？

访　者：陈靖宇②。

张学良：我就不知道这个人。

赵一荻：哈尔滨的。

访　者：对呀，哈尔滨工业大学的。

---

① 1915年，张学良曾发起成立奉天救国储金会，以募款反对"二十一条"、维护国权，旋因范围狭小而停止。1917年，天津发生大水灾时，张学良又与友人发起成立"奉天储蓄接济会"，以赈济灾民和接济贫困者，并惠及商民，抵制外国人的高利贷盘剥。

② 陈靖宇，台湾大学工学院机械工程系特聘教授，哈尔滨工业大学台北校友会会长。哈工大创办于1920年，两年后改为中俄工业大学，1928年法政学院、商业学院并入后，更名为哈尔滨工业大学。1928—1931年，张学良曾担任哈工大理事会主席，并出资设立奖学金。1993年4月，陈靖宇曾回大陆母校观光。哈工大校务委员会秘书长、校友总会干事长李景煊与校长杨世勤托陈靖宇返台后问候张将军，并聘张学良为哈工大名誉理事长。5月31日下午，张首次会见陈靖宇，接受了聘书，且挥毫题写了哈工大校名。当时，中国港台地、大陆地媒体纷纷予以报道。

张学良：我不知道这个人。这个人怎么贸然而来？
赵一荻：他是来送两封信。
访　　者：他早晨打过电话，要有两封信送给您，已经在客厅了。
张学良：我现在去看他。你等着。

2. 慈善公益的事情我都参加

访　　者：我们刚才说青年会赈灾。有一段很小的报道，说您参加这个赈灾非常的热心，您记得这件事吗？
张学良：那是好像天津发水赈灾，那有什么关系？没什么关系。
访　　者：这就是说，您年轻的时候就已经开始［参加赈灾活动了］。
张学良：很多的事情我都参加。不光这种，很多的这种慈善公益的事情我都参加。救济日本大地震①，捐钱什么的我都参加。
访　　者：哦，您都参加。
张学良：那不光是中国的事，反正有这种活动的事，差不多我都参加。
访　　者：您那时参加是代表大帅吗？
张学良：不代表，我就是我自己。
访　　者：也是您心里头［觉得应该参加这些活动］。
张学良：不，是我个人。我很喜欢活动，那时是学生，我就是以学生身份参加，并不是以什么有地位的人参加。
访　　者：哦，不是代表大帅。
张学良：哦，不是，我就是学生。那时候很多人都是学生。我这个人，如果别人对我客气，我就躲开。现在也是，人家拿我的名义，好像就有地位一样，我反而不参加了。
访　　者：不过，那时候这种事情好像是在中国民初时期，当时这种事情不是很多，而且也比较洋化一点。
张学良：问题在这里，那我要追溯着说。奉天有一个 Mountain Club（群山俱乐部），是他们外国人参加的，就是我一个中国人。我那时十六七岁，跟他们在一块堆儿，所以就习惯了外国的这种做法。外国总是

---

① 1923年9月1日，日本关东地区发生强烈地震并引发大火，人员、财产损失惨重。9月上旬起，中国政府、各慈善团体、机关、学校、社团等展开大规模恤邻救灾活动。10月中上旬，张学良曾屡次发起筹赈游艺会并饬所辖第二旅、第六旅官兵捐款，将所得用以救济日本灾民。

大家一起参加，像这种Club（俱乐部）的活动。所以我年轻时就习惯，也不是修养，就是习惯了。换句话说，那时候日本人对我相当……也不是攻击，就觉得我好像很欧派、西洋派一样。因为那个俱乐部里就我一个中国人，差不多每个礼拜我都在那［儿］，只要下午没事就开始在那［儿］。打打台球啊什么的，跟大家扯淡啊。那时奉天电影院子没有好的，但那里有电影，每个礼拜演一次，完全是好看的电影。

访　者：外国电影？

张学良：外国电影。

访　者：关于您参加的Mountain Club。以前您说过，可是有几个小过节，第一，您参加Mountain Club，老帅知道吗？

张学良：当然不知道，我父亲不管。除非有特别的事，这种事情，我也不告诉他。换句话来讲，我跟我父亲的距离也不是太近，他一天忙得要死。

3. 我认识很多外国人

访　者：那个时期，谁第一次把您带到Mountain Club？

张学良：这个问题把我问住了。它是这样子，这说起来太多了。这个人叫什么，我一下子记不起来了。他是英美烟草公司①里的人。那么我怎么跟他们接触的呢？我一下子可说不出来。按奉天那时候的习惯，每到国庆，政府一定要大请客，都是请外国人。

访　者：您说的是中国国庆？

张学良：中国国庆，双十节。那是政府正式请客，我父亲出面请客。那时来很多的外国人，我就在里面招待，所以我认识很多外国人，不但有西洋人，日本人呀，还有其他的很多。我认识一个人，他是英美烟草公司的，这个人是很好玩、很活跃的一个人。他叫什么名，我一下子想不起来，我受他的影响很大。打高尔夫啊什么的，都是他教给我的。

访　者：他是英美烟草公司驻奉天的总经理。他年纪有多大呀？

---

① 英美烟草公司，英国商人成立的世界性烟草托拉斯组织。1902年在中国设立，总机构设于上海。1934年，改名为颐中烟草公司。其总公司之下，设天津、汉口、满洲、上海、香港5部，每部之下分设若干"区域"；"区域"之下设"段"及"分段"，形成强大的营销网络。卢沟桥事变前，其卷烟产、销量已占到中国市场份额的50%—60%。

张学良：他年纪大概三四十岁的样子。

访　者：他们夫妇俩都在吗？

张学良：夫妇俩？你把我问住了。那个是不是他太太我弄不太不清楚了，好像有个太太教我跳舞啊。

访　者：所以洋式的活动，他们夫妇俩都带着您玩，是吧？

张学良：是啊，他们开会了，苏格兰人有苏格兰人的会呀我就差不多（录音不清）……我差不多都是参加玩去了。

访　者：您因为跟他们活动比较多，日本人就感觉您好像属于欧美派的。

张学良：但日本的活动我也参加，事实是我会说英文，日本话也会说一点。日本的活动我参加很少，我对日本人没有好感。那参加差不多都是代表，如果我父亲不去了，我就要去。所以，那时日本人很愿意把我拉到他们那边，但日本人的玩意儿我不大喜欢。

访　者：美国青年会有跳舞了，日本有什么呢？

张学良：不是，日本他们有唱戏的。可是日本话我也不大懂，而且我也不喜欢那种［活动］。

访　者：他们比较严肃一点？

张学良：也不严肃。

访　者：也不严肃？

张学良：那更不严肃。玩得更不严肃。有的女人把衣服脱掉跳舞。

访　者：哦，那时就有这事呀？

张学良：有的。那叫艺妓①，他们日本把艺妓看得很高。

访　者：哦，是吗？可巧了，您的性情跟这些欧美的活动很吻合，玩得很［开心］。

张学良：是这样的。昨天我想了一个人，这个人对我影响很大。他是我父亲的军医处处长。［那时］我父亲当二十七师师长，他姓王，王能源②？我记不清他的名字。

---

① 艺妓，一作艺伎，日本的一种社会文化现象和生活习俗。产生于17世纪的东京、大阪等地，初为男性，主要在妓院和娱乐场所以演奏传统鼓乐、说唱逗乐为生。18世纪中叶，渐由女性取代，沿袭至今。艺妓以琴瑟歌舞表演为主，对客人劝酒献茶、服侍餐饮（偶尔亦有性行为）来收取酬劳，与单纯作皮肉生意的妓女不同，故社会上并不视其为贱业。

② 此处所说应是王宗承。王宗承，字少源，吉林省梨树县人。青年时留学日本，后在奉天施医院行医，不久转入军界。张作霖主政东北时，王曾担任少将军医处长，且参加基督教青年会活动。张学良进入基督教青年会，受王氏影响不小。

访　　者：我可以查。

张学良：恐怕你很难查。他是奉天施医院①的医生。奉天施医院院长司督阁②，英文名叫什么？我一下子忘了。他跟我父亲很好，那［时］我父亲当师长了，他就把这个人（指王宗承）介绍给我父亲。那就是他们施医院的医生。他是苏格兰长老会的会友。那时候在奉天，苏格兰长老会是最活跃的。我受这个人（指王宗承）影响很大。换句话说，就是他影响我。我那时有病，身体不大好，我17岁就得肺炎吐血。那时我很悲观，思想不很乐观，加上东北"二十一条"以后，我们差不多是半个亡国奴。他就很导引我，他说："你不要总在家里闷呀，你出去活动。"头一次张伯苓演讲，我从来没听过人讲演，他送我一张票，让我到青年会［张伯苓演讲］这就是我和青年会接触的原因。我从来没听过讲演。不过他［演讲］的题目［是］《中国不亡有我》，把我激动了，我火了。我想："你算什么东西？这说的是什么玩意儿。"我是带着这样的心情去参加的。他这篇演讲，简单地说是国家兴亡，匹夫有责。张伯苓这个人很会讲演，我受他的感动很大。他的意思是你不要推这个、那个的，自个儿也有责任。我受他的影响很大。因此，我跟他就开始接近些了。这个要紧的是奉天青年会总干事叫 Joseph Platt（约瑟夫·普赖德）。

访　　者：Joseph Platt。

张学良：这个人很热心，他对我也很好。

访　　者：他们夫妇俩？是不是？

张学良：不是，那后来才结婚。后来我跟他念英文，同时，他也教英文。我受他影响。

访　　者：您刚才说的有两点，您说您十几岁的时候看到东北"二十一条"后，像半亡国奴，您很悲观。您能详细地分析一下，在东北，您在

---

① 奉天施医院，即盛京施医院，1883年由苏格兰长老会的传教士司督阁（Dugald Christie）医师在沈阳兴建的东北第一家西医院。由于诊所地处原盛京并免收全部费用，故称"盛京施医院"。是今中国医科大学附属盛京医院的前身。1922年司督阁退休回国后，由雍威林、申克林等继任院长职务。

② 司督阁（Dugald Christie），英国籍苏格兰人。1881年毕业于英国爱丁堡大学，1882年奉苏格兰基督教会派遣来华施医布道，1883年到奉天（今沈阳），创立了盛京施医院并任院长。1885年被清政府授予皇家双龙勋章。曾任教会医学委员会主席（1907），也是中国博医会创建人之一。1912年奉天医科大学成立，司督阁任校长兼眼科主任。1923年，因年事已高，辞去校长职务。1925年东北三省各界人民为纪念和表彰司督阁在中国创医立校及他对中医疗卫生教育事业的贡献，特铸造司督阁半身铜像一座，立于教学大楼正门东侧，并刻有碑文，由张学良将军揭纱剪彩。

大帅府，有老帅在那里主政，您怎么会感到悲观呢？

张学良：我那时是个小孩子，我才十六七岁，那政治的事……那完全是我个人的事。

访　　者：也就是说，不是老帅灌输给您这种思想，让您悲观，完全是您自己的体会。

张学良：我跟我父亲很少接触，换句话，我父亲对我没什么。他一天忙得很，我跟他很少见面，他干他的。我十一岁的时候，我母亲就死掉了，完全是我姐姐带着我的。我是完全个人活动，这也有好处也有坏处，我就跟我父亲底下的人接触。所以以后我带兵，这对我影响很大，因为军队里的事情，从他们身上我知道很多。

访　　者：是，可以体会很多。

张学良：体会军人的生活。

访　　者：我问这个问题的原因，是十几岁的时候不一定……对普通人来说，在普通的环境中，除非你在学校里，或者是大人长者、老师告诉你，这"二十一条"对中国将来的影响，你才会感觉……可是您没有旁边的人，您自个儿就体会到了。

张学良：也不是这样。教我的老师，我很不喜欢。不过我念中国书的老师本来是我父亲的老师，所以他很有背景。

访　　者：是不是姓杨呀？

张学良：姓杨，叫杨景镇①吧，他这个人很顽固、很守旧。等我慢慢再说吧。不过我很活跃，因为接触青年会，接触外界，我不大愿意念书。

访　　者：我的想法是，您为什么感到很悲观？

张学良：我年轻时候，对国家，对外接触，看东三省"二十一条"以后，东三省就等于半亡国。

访　　者：等于半亡国，就是在行政上、在市面上、在交往上有些什么〔表现〕。

张学良：那看不出来，实际上是日本人的势力了，那就等于日本势力了。

访　　者：那您的这种感觉会不会是您在青年会跟那些欧美人士接触，看到他们生活的……

张学良：那也不是，当然也有影响了。但是谈话也有影响，这是说不出来的事情。

---

① 杨景镇，辽宁海城人，晚清举人。1906 年，张学良与其大姐张首芳入家塾，受辽西名儒崔名耀（字骏声）开蒙。1908 年，张作霖聘自己早年曾随之读书的杨景镇作为其子的第二任塾师。

访　　者：您吐血得肺炎是怎么回事呢？

张学良：那我有病。

访　　者：是个很短的时期吗？

张学良：我很喜欢活动的。我本来得了肺炎病后就应该休养，但我不休养，早间还出去玩，打鸟啊什么的。那大夫说我不能这样。那病很厉害，我几乎死掉，后来才慢慢好了。

访　　者：那老帅要是知道了不着急吗？

张学良：我没告诉他，我个人就等于独立一样，我已经结婚了。那时我不同我的父亲接触，他很忙。

访　　者：那您那会儿，医生……

张学良：我父亲叫他来照顾我。可以说这个人影响我太大了。

访　　者：所以 Mountain Club……

张学良：Mountain Club 与他无关。

访　　者：与他没有关系，可是您去听张伯苓演讲以后……

张学良：不是 Mountain Club，是青年会。

访　　者：是 Joesph Platt。

张学良：不是，问题从这儿来的。奉天青年会的总干事 Joesph Platt，就是从他身上来的。那个时候，青年会在上海是有青年分会，青年分会的总干事叫余日章。

访　　者：对，您提过。

张学良：这就是谁的丈人。黄仁霖的丈人①。这两个人对我的影响很大，一个余日章，一个张伯苓。这个人是演说家，他自个儿有一套，他到处演说。那时青年会总是［举办］演出，这个人对我影响很大。

访　　者：我们觉得您的思想跟欧美的和前进的思想很吻合。教您英文的那个人，对您有没有影响？

张学良：也有，他是教英文了。他是广东人，奉天外交署②的。

---

① 黄仁霖为余日章之女婿。

② 奉天外交署，即奉天特派交涉员公署，奉天省的地方涉外机构。晚清曾在各省设立交涉司，由交涉使处理当地涉外事务，既受外交部指挥监督，又是该地督抚的属官。1912 年 3 月陆徵祥担任北京政府首任外交总长后，较系统整顿改革了外交制度，在地方上改司为署，将原交涉使改为特派交涉员（各省）和交涉员（重要商埠），作为外交部直属机关，与地方政府合作而不相统属。此制沿用到 1929 年，该年 7 月，南京政府裁撤特派交涉员和交涉员，所有地方外交事项"统归中央政府处理"。然因半殖民地外交特性，年底复在辽宁、云南、吉林、新疆 4 省设置外交特派员办事处。"九一八"事变后，辽、吉两省外交特派员办事处关闭。

访　者：哦，就那个姓徐的？

张学良：姓徐的①，他教我英文，那没有多大影响。他对我非常的客气，我说我那时的英文没学好，他对我客气的不得了。

访　者：那您说错了或者写错了，他也不说？

张学良：他也不说什么。他不是严格地教我，对我很客气。

访　者：他英文的口语很好了？

张学良：他说广东话，我也不太了解。可以说英文我是跟他学的，但这个人很客气，我没在他身上得到什么，不过仅仅是外国朋友介绍什么的，等于是我父亲英文科科长，见外国人，他做翻译。

访　者：老帅的翻译？

张学良：不是，他是奉天外交署的英文科科长。

访　者：我们因为想知道您虽然是在中国、虽然是在奉天，可是你的思想从这么年轻就跟欧美思想很吻合，也许我们想知道在您手下工作的外国人的情况。

张学良：在我手下并没有太多的外国人，那日本人不能说。

访　者：您十几岁的时候就是那个 Joesph Platt，还有青年会的这个人？

张学良：你说什么？头一个人是谁？

访　者：Joesph Platt 是头一个人吗？

张学良：谁？

访　者：Platt。

张学良：就是他。

访　者：您所认识的第一个人。

张学良：不是他。第一个是 Elder（伊雅格），他是小孩子。他的父亲跟我父亲是朋友。我小时候就喜欢运动，比如打网球。那时候网球场很少，对手也很少。我就常到他皇姑屯的家里，那有个网球场，我们就在那打球。我父亲跟他父亲常到那儿去玩。因为这个原因，我跟他很接近。他也是小孩子，跟我同岁。

访　者：哦，跟您同岁。那时他……

张学良：他是没多大关系，后来他就走开了，因为欧战，他妈妈回国去了。

访　者：他回苏格兰？

---

① 指徐启东，辽阳人，时任奉天外交署英文科科长，喜欢打网球、开汽车，与青年会关系亦密切。1916 年，张学良师从徐启东学习英语。

张学良：嗯，待了好几年才回来。

访　者：他父亲一直在奉天。那么您跟他玩的时候，当然也就跟他们的家里人一样，所以这多多少少也有关系哦？

张学良：有关系。他有个姐姐，假如说我还没结婚，我就会跟他姐姐结婚。他姐姐比我大一点，比我太太好像小一岁。

访　者：那也跟您在一块玩？打球哇。

张学良：后来她就嫁人了，嫁了个爱尔兰人。

访　者：也就是说这第一个外国人。可是这个外国人等于半个中国人。一直在中国长大的。

张学良：在中国长大的，他等于中国人。

访　者：比中国人还中国人？

张学良：他说的唐山话比中国人还厉害。他会下象棋，好多事，他都会。整个说他是中国人，他认识一点中文。

访　者：那小孩在一起玩的时候肯定也会互相影响了。

张学良：那当然，他是外国人。不过他也没那种受过高深教育，因为他家庭也不是那种顶高的，他父亲是铁路上的一个长。他这个长不是机务的，而是车务的，工程的。

访　者：所以能做师长或者年纪比您大的就是 Joesph Platt。

张学良：对，他有思想。所以我的和平主义就是从他身上［学来的］。他是一个 Quaker，你知道？

访　者：这个 Quaker，中文怎么说呀？

张学良：贵格会。

访　者：哦。

张学良：这个贵格①就是不主张战争的。他们贵格人不参加战争的。好像捷克还处死好多人，因为不去打仗。

访　者：那这个 Platt 先生曾经给您做过什么样的服务呀？

张学良：他没给我做过事情。他一直在青年会工作。

访　者：有一次，您告诉我，经过您相识的教会朋友是个外国人，跟冯玉祥

---

① 贵格，英文 Quaker 的译音，意为"颤抖者"。基督教新教的公谊会，亦称"贵格会"或"教友派"。该派于 17 世纪中叶由英国人福克斯（George Fox, 1624—1691）创立，他们否认教会和《圣经》的绝对权威，主张每个教徒均能直接领受"圣灵"的感动而讲道。该派也反对设立牧师和举行固定化的宗教仪式，提倡和平主义，反对任何暴力与战争。1886 年，贵格会传入中国。

联系。

张学良：那是另外一回事。

访　者：那不是 Platt。

张学良：那是北京青年会的总干事，这个人叫格林①。

访　者：哦，格林。格林跟您怎么相识的呀？

张学良：北京青年会的总干事，因为青年会的关系才认识。他就说呀："中国有两个军人，一个是冯玉祥，一个是你，对基督教有接近。"他很愿意让你们两个人认识，他是很热心的，那么后来那个时候……人们并不知道。他不是以政治上的，是以宗教上的。那后来，就起了政治问题了。

访　者：什么政治上的问题呢？

张学良：那冯玉祥他是吴佩孚的直军大将，直隶跟我们打仗，他跟我们勾结上啊。所以这里是政治上问题，冯玉祥等于倒戈了。

访　者：那他是主动的来跟奉天［联络吗］？

张学良：也不是主动，换句话，这个格林在这里也做点任务。他并不是在政治上的任务，是传教性的。这里有个牧师，所以说他们直隶谁都不知道，一点儿都不知道，冯玉祥跟我们勾上了。

访　者：那吴佩孚不知道？

张学良：他一点儿都不知道。

访　者：那个牧师是中国人还是美国人？

张学良：中国人。

访　者：不是格林？

张学良：不是。这个牧师到奉天代表冯玉祥来谈话。我们都坐在汽车上，谈完话就走了，连痕迹都没有。

访　者：哦，在汽车上谈话。跟你在车里。

张学良：我开的车，谁都不知道这个人，怕人知道嘛。

访　者：哦，这是最高的军事机密了。

张学良：那时候，我们送冯玉祥很大的一笔钱。

访　者：是这个牧师帮助联络的，那么格林知道吗？

张学良：政治的事情跟格林没关系。

---

① 格林（Robert R. Gaile），美国人。1898 年来华，曾在天津协助组织中华基督教青年会。1900 年后，组织北京基督教青年会，自任总干事。"七七"事变爆发后退休，返回美国。

访　者：那这个牧师可以说是有关键性的任务了，这个牧师后来怎么的了？
张学良：这个牧师后来也没什么，他自己说他是穷威将军。（笑）
访　者：什么将军？
张学良：穷威将军。那时候将军这威、那威的①，开玩笑了。
访　者：他是在北京传教？他是哪个教会的？
张学良：我可说不出来。
访　者：他怎么会认识您的呢？
张学良：这下子我可说不出来了，也可能跟冯玉祥有什么关系。
访　者：他能跟您坐在一辆汽车里，不简单啊。
张学良：那也没有什么简单不简单的。那时我也挺随便的。他来的时候差不多都代表冯玉祥的意思。不过这个人在政治上没有［作为］，冯玉祥没用他。
访　者：冯玉祥没用他，他做了这么大的功劳。
张学良：在这里活动是有的，但他没有政治野心。
访　者：那这笔钱是不是经过他转给冯玉祥的？
张学良：不是，是秘密的，谁也不知道。我们奉天派一个代表。
访　者：那跟牧师没关系。
张学良：我们另外有一个代表。
访　者：格林后来在宗教上、文化上、教育上有什么［成就］？
张学良：后来跟他也没多大接近。后来西伯利亚出兵，中国不也出兵吗？他好像当了那里青年会的干事。
访　者：跟着军队？
张学良：跟着军队。
访　者：Elder（伊雅格）好像是家里自己的朋友，一直跟着您。
张学良：他是这样的，他父亲是一个车务段的段长。那时候我们出去都有铁路带着火车，他其实在京奉路是没有任务的，不过他代表他父亲指挥火车，所以大家都叫他伊总管——这是铁路上的一个职务。我们出去总要坐火车的，他就是指挥铁路。

---

① 1914年，袁世凯在北京成立最高军事顾问机关"将军府"，直隶于大总统，由段祺瑞以建威上将军兼管府事。凡在一省做过都督而被解职来京者，均授予冠以"威"字的将军名号（如昭威将军蔡锷、扬威将军张凤翙、宣威将军蒋尊簋等），而在各省现任督理军务者则授以冠"武"字的将军之号。

访　者：我记得您曾经说过，他没事了，后来您就把他留下来。

张学良：那是最后的事情了。他在铁路上也没有太大的资格，不过是代表他的父亲。后来他没有事情了，我对他说："你怎么办呢？我不能聘请你，因为你是一个外国人。如果我聘请你，日本人知道我聘个外国人，那就要我聘请他们了。"那就以私人的［名义］，我拿一笔钱让他经营。

访　者：那他就很会经营啦。

张学良：也不是很会经营，做点事就是啦。

访　者：后来他一直跟着您？

张学良：一直跟着我。

访　者：后来在西安也跟着您？

张学良：一直跟，就等于我私人办事情的人员。

访　者：后来您从南京到溪口，那他怎么办呢？

张学良：这下你把我问倒了。

赵一荻：他回美国了。

访　者：那他美国有家的。

张学良：不是，他是苏格兰人，后来入的美国籍。

访　者：他结婚［了吗］？

张学良：他结婚娶俄国人。

访　者：那是在奉天认识的吗？

张学良：那我就不知道，在北京认识的。他太太……

赵一荻：在北平认识的。

访　者：他太太会不会中国话？

赵一荻：不太会。

访　者：他去美国，后来听说他跟宋子文和宋子安又回到台北来，是不是？

张学良：他和宋子文认识不认识？

赵一荻：认识。

访　者：那他真是一个忠心耿耿的朋友。

赵一荻：他要打听您的消息，一定要走宋子文、宋子安这条路线啊。

访　者：他以前一直跟着少帅，所以宋子文他也认识。这个人后来什么时候走的，什么时候故去的？

张学良：有十年？七八年前。

访　者：报纸上有一个您结婚的报道，就是他也参加了。

张学良：对，他也参加了。他跟客人开玩笑说他太太是我丈母娘。（笑声）因为我们结婚，她（指赵一荻）就住在他家里。

访　者：就等于是娘家似的。

张学良：是的。

访　者：说实话，真是一个信得过的，一个知此知彼的好朋友。

张学良：是一个密切的朋友。

访　者：像一家人一样。

张学良：他父亲跟我父亲也是好朋友。

访　者：他怎么跟老帅认识的呢？

张学良：他父亲是铁路上的段长，跟我父亲认识。

访　者：他是外国人怎么会上中国去当铁路段长？

张学良：京奉铁路呀！中英合作修建铁路嘛。

访　者：哦，就这样住下来了。像这种外国人，在中国做事后来留下来的，除了 Elder（伊雅格）的父亲，您还记得有没有别的人？

张学良：有好几个。

访　者：有的人在奉天给老帅服务？

张学良：跟政府没关系，都是个人做生意的。

访　者：Joesph Platt（普赖德），后来您一直跟他有联系吗？

张学良：后来我做事情，他结婚以后就回国去了。有信件往来，后来等我做事以后，打仗啊，我跟这些人就［没有来往了］。

访　者：他太太教您跳舞是什么时候的事？是您还未做事的时候？

张学良：不是他太太，是另外一个人。这个你得分开。青年会那些人对于玩的事情很少，教我跳舞的都是英美烟草公司的人。

访　者：哦，对，那个人。那个人我们现在不知道叫什么名字。

张学良：我一下子想不起来了。他们那里有好几个朋友。

访　者：您说的那个英美烟草公司出"三五"，还是什么烟呀？

张学良：不，不，出单刀牌，pink，锡包啊。那时候烟草公司当时在中国是最大的。

访　者：我知道的顶多是三炮台，也是他们出的？他把公司设在奉天是为了出产呢还是为了销售呢？东北出烟叶吗？

张学良：有一个外国人。

访　者： 在奉天被打死了？

张学良： 在河南，因为大概是种烟草和地方的利益方面的事，我不晓得，因为打死外国人要办对外交涉的事情。

访　者： 英美烟草公司在奉天的烟草公司组织很庞大吗？外国人很多吗？

张学良： 很庞大，也不能说外国人也不是很多。我认识好几个外国人，他们在做香烟。

访　者： 奉天出烟叶子吗？

张学良： 我不明白他们为什么在那做。我记得，他们做好的烟，要尝尝好不好。

访　者： 哦，要尝尝呀？

张学良： 有的烟不够资格的就不打上牌子。那时，他把那个香烟介绍给我，很便宜的买来。他说你招待客人摆在客厅里招待客人。（笑声）

访　者： 本来他们不应该往外卖的。

张学良： 他们便宜卖出，差一点的香烟不打牌子。

访　者： 您是不是从那学的抽烟卷？您会抽烟卷吗？

张学良： 我会抽，抽不了。我抽烟卷是这样，我有朋友说"文章不通用烟来充"。我都是办外交的时候抽烟卷。

访　者： 您给说说为什么办外交的时候抽烟卷？

张学良： 回答话的时候，不好答的想想这个话怎么答，我就划根洋火。

访　者： 哦，借着抽烟想一想。您对他们的"三炮台"，您懂得怎么品尝吗？

张学良： 那不知道，我也不知道什么好坏。

访　者： 那完全是工具。这个外国人在奉天待了多久？您记不记得？跟您一直有来往多久？烟草公司这个人。

张学良： 他后来好像调到上海去了。后来我入了讲武堂当军人，就跟他离开了。

访　者： 讲武堂里头有他们日本的顾问吗？有他们的讲师吗？

张学良： 没有。

访　者： 在您做事后，是那个单膀子来的。

张学良： 有一个单膀子的人，叫 Sutton（沙顿）。这个人呐，鬼大，很厉害，奉天受他的影响很大。中国有迫击炮，是由他传到奉天的。这个迫击炮不是 Sutton 发明的，是另外一个人发明的，因为那个英国的陆军部没承认，认为这个迫击炮没有多大用。他就看中了它，认为这个很不错，其实不是他发明的。他告诉我说："是人家发明的，我给偷下来的。"那时候我看这玩意儿很好，那么他就在奉天开个迫击炮厂嘛。中国有迫击炮是在奉天起来的。中国打仗，这个迫击炮哇很战胜利，敌方没有啊，我们有。

访　者：您是在第一次直奉战争还是第二次直奉战争用的迫击炮？您第一次用迫击炮是在什么时候？

张学良：你可问倒我了。后来我们奉天建了很大的迫击炮厂，直奉军队都带有迫击炮，那时候旁的军队都没有。

访　者：好像第一次直奉战争之后，您回来整军。

张学良：好像第二次，我记不住了，我不能随便说。第一次好像没用迫击炮。

访　者：您说您不知道第一次怎么跟他碰头的，可是他自个有一本书，他说他碰到东北的少帅是一个很奇妙的机会。他说他到了您的外务署去了。这么一个外务署，是不是？他说他去了，在走廊走着，突然那有一个很年轻的人很急地跑上来，一下就被他撞上了。他就把那年轻人给撞倒了，因为大概他的块头很大。这位年轻人是中国人，可是他用英文很流利地骂了他一句，于是他很奇怪，"这中国人怎么说这么流利的英文？"后来这个年轻人就站起来了，原来就是您。您记得这回事吗？

张学良：这个人有时会编造的。这个人很会编造故事。我记不得了，也许有这事吧。

访　者：大概他记得您的英文，他觉得中国人怎么能说这么流利的英文。这等于是骂他呀，用的美国话骂他呀。

张学良：我记不得了，也许有这事，我忘了。

访　者：他第一次介绍迫击炮，是要介绍给老帅，这事您记得吗？

张学良：我也不记得，是我介绍的，他怎么来见我忘了。

访　者：他说他挺迷信的。他要去介绍迫击炮，老帅都在等着他表演。他房间的一面镜子忽然间碎了，这在他们外国人是非常不吉祥的，所以他就不肯在老帅面前表演。后来您就进来了，说："怎么了，我们都等着了，你怎么不来介绍。"他说他死也不肯介绍。您不记得这回事吧？总之后来他在奉天介绍这个迫击炮，做成功了。是他负责监督这个制造吗？

张学良：不是，他也负责，但是我另外有一个人。

访　者： 他会说中国话吗？

张学良： 不会。我另外有个人，姓李，是我一个讲武堂的同学。他是奉天第几中学的英文教师。他就是那个学校的学生，他的英文念得很好。他自己赚了钱还办了一个小英文班，所以他的英文很好。后来奉天开了迫击炮厂。

访　者： 这个姓李的跟Sutton（沙顿）两个人，那么Sutton能跟李先生说话了。后来这个Sutton跟奉天军队，除了迫击炮之外，还有什么其他的吗？

张学良： 本来他想做一个大的迫击炮，后来没有成功。

访　者： 哦，他要改造，没成功。还有关于这个单膀子，在热河作战的时候……

张学良： 后来他就走开了，热河作战时他净扯淡。

访　者： 后来有一阵，他的生意很不得意。离开奉天之后他要到热河前线去，有一个报界要让他报道，但是那时他不知道怎么写。他和一个英国很有名的报界人士去了，去了之后，好像也没成功。于是他回去了，有人给他写了一本书。他跟他太太也不怎么好，结果后来就不了了之了。到后来大家发现他曾经来过中国，对中国有个小小的贡献，有人又把他的所有资料又找出来。他在奉天时有什么头衔吗？

张学良： 也没有什么头衔，他自己给他自己封个少将。

访　者： 哦，是他自个封的。

张学良： 他自己封少将，穿中国的军衣。

访　者： 那随便穿军衣和封少将，可以吗？

张学良： 那时候中国随随便便的，也没人管。

访　者： 他在那本书上曾经讲过，他是唯一的一个外国人在中国军队得到少将的。

张学良： 他自己给自己［封］少将，那就［是］少将。（笑声）

访　者： 老帅对他的情况怎样？

张学良： 对他不错，对他不错。

访　者： 沙顿是一个生意人。还有一个Paul Monroe（孟禄）[①]是哥伦比亚大学的教授，师范学院的。他访问了老帅，您知道这回事吗？

张学良： 我不知道。

---

① 指保罗·孟禄（Paul Monroe），美国哥伦比亚大学师范学院教授，著名教育史研究专家。1920—1930年间常来华作有关教育学方面的讲演，后曾担任中美文化基金董事会的董事。1921年12月5日，张作霖在沈阳会见了孟禄。

访　者：在外面唯一一段介绍老帅的就是这个 Monroe，您不知道？有一个美国记者叫埃德加·斯诺。

张学良：我知道这个人。

访　者：您知道这个人。您还记得您怎么认识他的？或是他怎么来看您的？

张学良：我跟他好像没有太多的接触，他是左倾的，替共产党工作的。

访　者：您说是替中国共产党工作呀？

张学良：反正是替共产党工作的。他是第三国际①的。

访　者：他跟您有什么交往吗？

张学良：交往很少，不过我知道这个人。因为共产党的关系，我知道这个人。我见过他没有，我还说不上。

访　者：他好像说他见过您。

张学良：不过见过他，我也不会跟他深谈。

访　者：他太太也是一个很漂亮、很能干的人，来访问过您？他太太叫作 Helen（海伦），笔名叫 Nym Wales（尼姆·威尔斯）②。

张学良：好像是他的太太。她替共产党做英文广播。

访　者：哦，您说的是另外一个，那个是在西安一直做广播的那个③。他这个太太从北京到西安来，给您做了一次专门的访问④。

---

①　第三国际，即共产国际，全世界共产党和共产主义组织的国际联合组织。1919 年 3 月 2 日，在莫斯科召开的有 30 个国家的工人政党代表参加的国际共产主义代表大会，通过了《共产国际宣言》、《共产国际行动纲领》、《关于资产阶级民主和无产阶级专政的提纲》，宣告第三国际成立，总部设在莫斯科。凡参加该组织的各国共产党都是它的支部，共有 57 个。1919—1935 年间，第三国际先后召开过 7 次代表大会，对指导各国革命起过积极作用，也产生了很多失误。1943 年 6 月，经各国共产党一致同意，第三国际正式解散。

②　海伦，即海伦·福斯特·斯诺（Helen Foster Snow），笔名尼姆·威尔斯（Nym Wales），著名记者埃德加·斯诺的第一位夫人。美国犹他州人。先后毕业于犹他州盐湖城西部高级中学和犹他大学。1931 年 8 月来华，任美国驻上海总领事馆秘书并兼任美国几家报刊、公司的驻外记者。1932 年底与斯诺结婚。海伦于 1936 年 10 月和 1937 年 4—9 月两次在陕西各地访问考察。抗战期间，她与斯诺、艾黎等倡议发起中国"工合"运动。1940 年离华，1949 年与斯诺离婚。20 世纪 70 年代曾数次访华。1991 年中国作家协会、中华文学基金会和中国国际友人研究会授予其第一届"理解和友谊国际文学奖"，1996 年中国人民对外友好协会授予其"友好使者"称号。其著作有《中国历史札记》、《续西行漫记》、《我在中国的岁月》、《重返中国》等。

③　西安事变期间，在西安为"三位一体"做对外英语广播的有美国记者史沫特莱（Agnes Smedley，1890—1950）、英籍新西兰记者贝特兰（James Bertram Munro，1910—）和王炳南的德籍妻子王安娜（1907—1989）等人，其中以史沫特莱较为突出。此处张学良显然是将海伦·斯诺与史沫特莱两人搞混了。

④　1936 年 10 月 3 日，海伦·福斯特·斯诺在西安对张学良进行了采访。10 月 8 日，其采访报道以"宁可要红军，不要日本人，中国将军要团结"为题，刊于伦敦《每日先驱报》的第 13 版上。次日，英文的《华北明星报》转载了这篇报道。另外，《纽约太阳报》、《密勒氏评论报》也都曾予以报道或转载。

张学良：那我就不记得了。

访　者：您不记得。她那篇东西发表在北方的有个报纸，叫 Northern Star（《华北明星报》）①，是英文的报纸，您知道这报纸？

张学良：不是报纸，是个周刊②。

访　者：哦，是个周刊。中国人大概很少看吧？

张学良：是英文的，相当有点地位。

访　者：斯诺他是唯一的。在美国，大家好像对他很注意。因为那个时候，美国认为他是第三国际，知道他很左倾，而且他是美国记者里唯一的也是第一次报道关于毛泽东的事。他说他是经过您的安排，由您的保护才到毛泽东那儿去的。您还记得这事吗？好像这事情与宋庆龄也有关系。

张学良：我就记不住了。好像他要到那去非要通过我的战线。我知道这个人，我见过。但你说这个事我就记不住了，那时候我忙得了不得。那个时候跟共产党接触，在我手底就是叫刘鼎。

访　者：哦，刘鼎，都是他给安排。燕京大学的校长叫司徒雷登，这个人您见过没有？

张学良：那我跟他很熟。

访　者：哦，跟他很熟，那您是在北京的时候就跟他认识吗？您还记得第一次是怎样跟他认识的吗？

张学良：那我说不出来了。我的三弟（指张学曾）是他的学生。

访　者：您跟他很熟是在北京吧？

张学良：很熟，在北京相当熟。他的中文好得很，他看中国书嘛。

访　者：您对这人的想法怎么样？印象如何？

张学良：这个人呀，他对中国的政治相当有影响。

访　者：政治，那是后来吧？

张学良：不是，我跟你讲影响在哪呢？是对中国的事情。他跟马歇尔是朋友，

---

① 《华北明星报》（North China Star），民国时期天津的英文日报。1918年8月，由北洋大学法律系主任、教授美国人福克斯博士（Charles James Fox）和董显光等创办，福克斯任社长和董事长，馆址设在天津法租界6号路。该报在美国内华达州注册，标榜宗旨为"巩固中美协约国之邦交，并推广贸易"。该报初期为与《京津时报》抗衡，以降低年定价的手法提高竞争力，一年后即成天津发行量最大的英文报纸。1926年后，由原报社法律顾问美国人埃文斯（Richard T. Evans）接办，1949年天津解放后停刊。

② 此处访者提问和张学良回答均有误。海伦·斯诺专访张学良的报道转刊于《华北明星报》，其英文写法为 North China Star，而非 Northern Star；《华北明星报》乃英文日报，并非周刊。

　　　　　马歇尔中校在中国驻军的时候，我认识马歇尔。
访　　者：哦，那么早。
张学良：那时候他跟马歇尔是好朋友，后来马歇尔对中国的问题受他的影响很大。我想大概他听他的，他俩很好很好的。详细的我当然不知，但他们来往很好。
访　　者：他在燕大的时候，跟您有什么样的来往呢？
张学良：那就是朋友来往，没旁的来往。
访　　者：他们学校有事，有没有请过您去作演讲呢？
张学良：他不请我到他学校。但是我的弟弟就是他的学生，可是我们也不提这事。那时候我就很奇怪，他不请我到他的学校，什么演讲都不请我？
访　　者：是不是因为三弟在了，为了避免［嫌疑］起见？
张学良：不是，那时我很奇怪，我想他一定要请我，可是他没请。他有一个中国的翻译，也不是翻译，就跟秘书一样。后来我知道这个人大概是共产党。
访　　者：您不记得姓什么？
张学良：记不太清楚。我想这个人利用他，他很得意的。
访　　者：是不是姓王啊？
张学良：他？这个你别记这一段。（录音中断片刻）。他能够看中国书啊，他跟这个吴达铨①很好的。
访　　者：吴达铨是……？
张学良：你不晓得吴达铨？吴达铨在《大公报》做过社长。
访　　者：您觉得这个人是中国通？
张学良：我对他不太接近，他影响中国的事情不少，很多中国事情跟他都有关。
访　　者：比如说，他跟顾维钧大概是相当熟。
张学良：那当然。他跟冯玉祥也很熟悉。
访　　者：您知道在燕京大学，他手下的学生 Snow（斯诺）就是在学校里教英

---

① 吴达铨，即吴鼎昌，字达铨，原籍浙江吴兴，生于四川绥定（今达县）。1903 年留学日本并加入同盟会。日本高等商业学校毕业后回国，曾任大清银行总务科长。民初历任农商部次长、财政部次长、盐业银行总经理等职，为安福系骨干。1926 年与张季鸾等接办《大公报》，任社长。1935 年 10 月，组织赴日经济考察团，鼓吹"中日经济提携"，年底任国民政府实业部部长。抗战时期，曾任贵州省政府主席、国民政府文官长等职。1948 年，任总统府秘书长，次年定居香港。

文的。Snow 的太太也是……Snow 先是教英文，后来才做记者。那时候整个学校的小组织完全是左倾的。所以跟他念英文的中国学生思想也都是左倾的。现在中国大陆那方面的很多老一辈的成名了的作家，就是中外文的都是那时出来的。

张学良：我的三弟也就是那时候在那出来的。他告诉我："我们学校里的学生差不多 80% 都是左倾。"他是那里毕业的，他没有左倾的。他告诉我："那共产党在我们学校里，像大本营一样。"

访　者：所以说后来您负责什么"剿共"，您发现这些人都是思想上的问题。从那时，在燕京大学就已经开始了。当时在北京大学可能就更厉害了，是不是呀？

张学良：不过是这样的。我想北京大学掩护没那么厉害，你明白吗？

访　者：哦，对了，燕京大学是外国人办的，所以这个很有意思。最近有一本关于司徒雷登的书，不是他自己的回忆录，是他在中国和美国两国之间外交史上的影响，我刚刚接到。

张学良：谁写的？

访　者：是前任的新闻局局长邵玉铭，您熟悉这个人吗？

张学良：哦，他写的，我知道这个人，邵玉铭，他怎么写书？

访　者：他本来是学习外交的，他这一年在美国，我请他到哥伦比亚大学来演讲。另外您知道郭殿英？邵玉铭①问我郭殿英认识吗？我说我不认识呀，他说是高茂臣②呢？

赵一荻：郭冠英。

访　者：哦，对。郭冠英。他说，"你知道吗？他是专门写少帅的，那是我的部下。"邵玉铭现在还在美国，我请他到哥大讲演，通知有些事帮他的忙。他写的雷登，我要回去看看这个雷登有什么关系。那么 George Marshall，就是刚才您说的马歇尔。您说您以前就认识，不，以前您认识他的时候，他还是中校。那在哪呢？

张学良：那时在天津，他是美国军队驻天津的首长，那时候是个中校。我看

---

① 邵玉铭，黑龙江省兰西县人。早年随家迁居台湾，1961 年毕业于政治大学外交学系。1967 年获美国塔夫兹大学佛伦契尔法律与外交学院硕士学位，1975 年获美国芝加哥大学历史学博士学位。曾先后任美国圣母大学历史系讲师、副教授，台北政治大学国际关系研究中心主任，行政院新闻局长，行政院文化建设委员会委员、大陆委员会委员，中国国民党副秘书长，《中央日报》董事长兼发行人等职。

② 高茂臣，是郭冠英在张学良未获全面自由前撰写发表有关张学良的文章时用的笔名。

　　　　　这个人很怪，他的儿子和女儿在外头玩，他从来不参加这些玩的事，他在屋里看书什么的。我就看这个人很奇怪，外国人都喜欢活动的。他上头还有一个比他阶级高的 general，好像叫 General Squar，我现在记不太清楚了，不过那时我也年轻，看这个人不跟旁人一样。度假呀什么的他都不参加。

访　者：在天津的时候，他不大跟外界交涉，比如说和有些外国使节团、驻军呀，他也参加吗？

张学良：那他当然参加，那是一种公事。出来玩呀，他就不参加。他的姑娘和他儿子很喜欢玩。他的姑娘风流得很，有很多男朋友，后来嫁了个中校，他的姑娘长得也不算漂亮。尤其他那个儿子，跳舞什么的很贪玩。但他就很奇怪，除了公事上的宴会，我从来没有看见过他参加乱七八糟的事。

访　者：后来他是调停国共之间……您知道这事吗？

张学良：因为这样，蒋先生对他不高兴了。好像他是袒护共产党一样。那时蒋先生一定要把共产党消灭的，好像美国对共产党的援助与他有关。

访　者：好像听说有一次他是七上庐山呀。这件事情，蒋先生做得真绝。

张学良：所以蒋先生后来失败就和这个有很大关系。

访　者：这话怎么讲？

张学良：他七上庐山的时候，蒋先生不见他。后来他回到美国很有地位了，那么蒋先生求美国帮忙就找他呀，他也不理呀。蒋先生这个人……你录了没有？

访　者：没有。（录音中断）

4. 蒋先生一斧两砍

张学良：那时候日本"三原则"① 有一点，我对这件事情非常反对。

访　者：就是呀，把外国人的势力招进来。

张学良：不是，跟日本合作来剿共。那日本也反对共产党啊，我对这件事非常不满。

访　者：是为这件事，您和他辩论，他说："是我指挥你，还是你指挥我？"

---

① "三原则"，即广田三原则。

张学良：不是这个事，是另外说打仗的事。蒋先生这个人呀，当时我没说，后来我对这个人不大佩服。他是一斧子两砍呐。

访　者：一箭双雕。

张学良：他有这种意思。后来那个时候，也不光我们，一般的杂牌军，不是中央的正式军队。

访　者：所以一而再，再而三，对他的失望情况，越来越大。

张学良：对，原来我是尽心尽意帮他忙，后来我对他失望了。

访　者：好了，咱们去吃饭了，你不累吧？

张学良：不累，我跟人扯淡能扯一宿都可以。

张学良：别人很难跟他妥协，他要拿定了主意，很难要他改变。我知道他，他对共产党很奇怪，一定要把共产党消灭。为这种事情，我也跟他辩论过。他问我为什么你这样说，为这事他很看不起我。我说你不能把共产党消灭，你消灭不了。他问我为什么？因为我们背后的老百姓没有他们背后的老百姓多。他不承认我的话［对］。

访　者：您有没有给他讲事实？

张学良：蒋先生这个人呀，他甚至有这个意思——我就是皇帝。他真有这个意思，在他心里头，"我是应当人家尊重我的"。换句话，人一定要服从我的，要不服从我的，都是叛徒。所以他这个人把自己看成我就是皇帝。

5. 蒋氏父子的思想、用人差异

访　者：那他手下的人都得这样子。

张学良：所以呀，他手下的人王新衡说："蒋先生这个人他不使用人才，他使用奴才。"所以蒋先生手底真是［奴才不少］，像是何应钦的那种人，我是不会用的。那都是奴才呀。他骂何应钦："你把军衣脱了，你走开。"他要是说我这么一句话，我马上就走。

访　者：这是在开会的时候说的？

张学良：不是开会，是什么时候，我忘了。反正是骂他。拿部下当奴才这样用。所以蒋先生手底下谁是人才？没人才，可是蒋经国就不同了。

访　者：蒋经国是他培养起来的吗？那多半是他自己在苏联念书学的吧？

张学良：那蒋经国是有国际影响的，国际间的很多事。蒋经国写过一篇未发表的文章，蒋经国他脑子里是有唯物论辩证法呀。
访　者：哦，他是学过的。
张学良：他做事，他写的东西人家看得出来的。后来这东西并没有发表。这证明他脑子里使用唯物论辩证法。那蒋先生这个人呀，他失败也是这个原因。他完全是宋儒的过去的那种思想，很深入的。一个人做事情受他的思想支配，他是用这个办法［对待一切］。
访　者：一个人的行动都是受思想支配的。
张学良：当然。他那个思想不能说完全那个，但受那种［思想影响很大］。
访　者：但要是他遵从宋儒的话，那他也至少在行动上应该给他带到现代的时代。
张学良：所以呀，他有些的地方可以说运用他的思想。那换到那个时代，这个时代那宋儒的思想一点用都没有。我认为中国到现在都不能强就是因为宋儒的思想。他那种思想，那就唯心论到头了。
访　者：那经国先生呢？
张学良：我自己研究过。这种思想在我看完全是落伍的玩意儿，那已是过去的玩意儿。换句话说，中国儒家的思想儒家的哲学完全是一种做官的思想。不能说政治，政治还好，是做官。你怎么能做官？你怎么能当官僚呀？完全是这种思想。我是看不起他。
访　者：那他们父子之间思想不一样呀。
张学良：那不一样。不过是这样的，蒋经国对他父亲是相当地尊重，那后来蒋经国也多少受这个的一点影响。可是蒋经国到底是从莫斯科回来的，蒋经国是拼命地自己改善自己的思想，不愿意露出他原来的共产党的［思想］。
访　者：不过话又说回来了，他为什么把蒋经国送到苏联去呢？是不是当年蒋先生自己也对苏联的共产党有所向往？
张学良：也不是，时髦嘛！就像现在把孩子送到美国去，他那也是政治上有关系。
访　者：所以我觉得这也很危险，因为他永远不用人才，不能够接受别人的辩论，所以把大陆丢在［共产党手里］。
张学良：人家批评他，说他买办政治。他确实是这样，投机呀，就是我能利用我就利用。现得利儿呀！
访　者：先看眼前，那整个的国民党的失败也是他自己做出来的。

张学良： 你要说他有个中心思想？没有的。那中心思想就是我，就是他自己。我怎么能得这个权益，我就得。原来我对蒋先生很尊重，后来就不尊重，不尊重的原因是他完全是自我主义。

访　者： 不过一个人如果把自己看得这么完美［也不正常］。

张学良： 也不是把自己看得完美，他要把自己看完美就不同了。他就是唯我［独尊的主义］。

访　者： 唯我独尊。

张学良： 唯我的利益独尊，不能说是唯我独尊。

访　者： 那蒋夫人对他一点儿影响没有吗？

张学良： 那有，多少也有，当然也有。蒋先生有一篇东西在陈洁如①那里。

6. 宋氏三姐妹

张学良： 这句话很有意思。

访　者： 那蒋夫人知道了，不被气死啦。

张学良： 那换句话说蒋夫人跟蒋先生也是政治结婚，不是爱情结婚。蒋先生和蒋夫人结婚，完全是她姐姐孔夫人导演的，那孔夫人是有政治野心的。

访　者： 那说实话也很苦啊，俩人都很苦嘛。

张学良： 政治的事就这么回事，旁观者也不懂人家的内容，不能完全批评。

访　者： 我觉得抗日的时候，蒋夫人替国家在美国各地宣扬，那也做了不少的工作。

张学良： 蒋夫人能干。

访　者： 很有才能，出了个姐姐宋庆龄也很有才能。

张学良： 她们三姐妹有三个才能，三个［不同］。

访　者： 各有不同。这三姐妹您都认识吧？

张学良： 都认识。

访　者： 您认为她们三姐妹的个性有什么特别的地方？

张学良： 这个话也很难说。我说是孔夫人最厉害，阴谋多。

---

① 陈洁如，原名陈凤，1922 年与蒋介石结婚，婚后改名为洁如。1927 年 8 月，蒋介石第一次下野前夕，亲赴上海陈宅，劝说陈氏出国，并发出重誓："自今日起 5 年之内，必定恢复与洁如的婚姻关系。"1927 年 9 月，陈离沪赴美。

访　者：手腕特高。

张学良：孙夫人——宋庆龄，我和她见过面，见面她就骂我。

访　者：骂你什么呢？

张学良：她说："你为什么跟蒋介石到一块堆儿？"

访　者：按她的意思呢？

张学良：她的意思是我应该反对蒋介石。她完全左倾，她的行动一切完全是共产党的。

访　者：是不是因为她是宋氏姐妹之一，所以中央政府不拿她怎么样？对她没有施压力？

张学良：也不能这么讲，施压力有什么用？也不敢对她施压力。换句话讲，蒋先生也对她相当客气。那因为她是孙先生夫人啊。

访　者：这三姐妹看起来，我们当然不知道了，从外表来看，宋美龄还是一个非常［美的人］，怎么说呢，三个姊妹里边，很美的一个人，不是说外表了，就说心地也很美。

张学良：另外的一个说法是蒋夫人还有一个基督徒的关系，那两个是没有。

访　者：哦，那两个不是基督教徒，可是宋老太太①是基督徒。

张学良：她的父亲并不是牧师，他是在教会里做事情，一个职员。她们家里当时并不是有钱，蒋夫人到国外去，都是教会帮忙的。

7. 蒋氏衰微的根源

访　者：她们三姐妹都是在美国受的教育。我们回来还是从马歇尔说起。那后来，假如您能跟蒋先生说说的话，您会不会劝他接见马歇尔？不管怎么，也可以开诚布公地谈一谈，成功不成功是另外一回事。

张学良：蒋先生这个人，换句话说，我也不能劝他。

访　者：在一些重大的决定上，您也是举足轻重啊！

张学良：举足轻重？后来我对他这个人失望了。我认为他一定失败，这样做法哪有不失败的。唯我独尊，而且也不考察考察外头怎么一回事情。

---

① 宋老太太，即宋嘉树（耀如）妻子倪桂珍。倪桂珍，浙江省余姚县（今余姚市）人。早年毕业于上海神文女中，曾短暂留校任教，擅长数学，喜好钢琴。1887 年与宋嘉树结婚，生有 3 子 3 女，即宋霭龄、宋庆龄、宋子文、宋美龄、宋子良、宋子安。1931 年 7 月 23 日病逝于青岛，遗体被安葬于上海万国公墓。

我跟蒋先生后来起冲突了,他用一句话把我说得恼火了。

访　者：哪一句?那日记不是说要抗日吗?

张学良：他哪有抗日,他没有抗日!他的那日记都是假的。所以我讲蒋氏衰微,现在讲有什么——他什么都没有。那经国先生稍微还留下点东西,他留下什么?没有了。

访　者：现在外国对他的批评很多。

张学良：很不好!这不是说就完了嘛。你现在说历史,那在历史上自己有公论,那后来人家怎么批评,那是人家的批评。你自己造是造不了的,人民的眼睛是雪亮的。你到底是怎么个人,只有少数的批评,那又不同的。大多数人看得很清楚,你个人到底干什么……所以是盖棺论定。

访　者：这话又说回来了,虽然您说您跟他有一点不同,因为您是国家为主,个人为次。而他是个人为主,国家为次。这个次序这一颠倒,相差太远了。

张学良：这是个人不同。我当年,不能说他没有爱国思想,他爱自己的思想强于爱国。

访　者：他把他自己神化了,变成［皇帝了］。

张学良：我就说他是皇帝,他确实有点。他真可以做皇帝。他后来的思想呀,假设我要写东西,不是我批语他,后来他的思想近似袁世凯,可是没有袁世凯那么大的魄力。袁世凯想当皇帝,他也想当皇帝。袁世凯总是个人物,不管他失败不失败,成败不足论英雄。那他没那么大的魄力,他也没有袁世凯那种［那种能力］。我说我父亲,我父亲对袁世凯是很崇拜的,可以这样说。那袁世凯对我父亲那很［看得起］。我父亲［从他那］临走时,他有个貂皮大衣［送给我父亲］,其实他都预备好的。

访　者：我不大懂,什么貂皮大衣?

张学良：我父亲见他的面后,要走的时候,他把墙上挂着的貂皮大衣拿下来给我父亲,他说东北很冷的,这是我自己的大衣,你拿去穿吧。我父亲为这事很感激［的］了不得。其实我认为他早就预备好的。后来我父亲就把这貂皮大衣给我了。这就证明了他很会拉拢人啦。

访　者：至少会做,也愿意做。

张学良：我父亲那时不过是当二十七师师长。

访　者：可他当时看出来，谁将来有［发展］。
张学良：话也不能那么讲。他对任何人……做大的事情……也许他能看出来，他对任何人都这样。不一定是我做这件事，你都知道……做大事情的人，不能说我棋子下在那就是胜利。
访　者：这点是蒋先生没有的。
张学良：所以王新衡先生说一句，说蒋先生不使唤人才，使唤奴才。
访　者：王新衡给蒋先生做过事吗？
张学良：也是他的部下，算是他直接提拔的。
访　者：应该对他也有相当了解了。您跟王新衡老早就认识了？在武汉的时候？
张学良：他是当年我一个部门里的人，我早就认识。
访　者：哦，那是在您回国的时候？
张学良：不是。我做事情的时候。
访　者：那是在东北的时候？
张学良：不是，回国做事情的时候。
访　者：那是在武昌？
张学良：是，武昌，他也是政治部来的。他是戴笠的人，也不能说是戴笠直接的。蒋先生的特务原来有两个，一个是戴笠，一个叫……他那派，他那底下的人。
访　者：我们外面的人只知道一个戴笠，哦，还有一个叫什么？黄笙？
张学良：不是。我说不出他的名，我为这个人被蒋先生骂过我。我很帮他的忙，我嘴边说不出来。王新衡是他那派的人。
访　者：蒋先生为什么为这个人要骂您呢？
张学良：那是这样的，是为这个案子有人把航空署放火给烧了。
访　者：毛邦初？
张学良：不是他。不是毛邦初，是另外一件事。那时候他是第三处的（所谓第三处就是特务处），还不是戴笠。是他。那么这件事情，他就受惩罚了。那么我替他讲话了，就挨骂了。
访　者：还是不愿意听人劝。
张学良：不是听人劝，蒋先生说不知道这个情节，你是老好人呀，你替他求情。最后，蒋先生几乎要把他枪毙了。那蒋先生只有戴笠能伺候他。戴笠那很……很厉害。

访　者：所以是他身边最亲近的人。他手下还有谁呀？他手下，您一位、陈诚和何应钦？是这么说吗？还是您在上头？

张学良：在他面前，我和何应钦两个人。当时他楼上的书房，只有我和何应钦不用通禀就可以进去。他的楼上书房是很秘密的。不能让人上他的楼。

访　者：何应钦是不是忌妒您呀？

张学良：当然嫉妒，不但是何应钦，蒋先生的老部下当然忌妒我。你是外来人，后来的，你怎么对蒋先生……我跟陈诚两个人是很对头的。陈诚最恨我、最讨厌我了。你是外来人，你……甚至压在我们的头上。

访　者：所以这也是个很不幸的事情。

张学良：当然这也是应该的。我是外来的，我是外面进来的。他们都是底柱一般起来的，我是从东北来的。

访　者：我倒不觉得他们的忌妒心是应该，但是我觉得，换句话说底下和上边的气度一样都比较［小］。

张学良：所以后来我和蒋先生说明了，那时候蒋先生整理军队，要把这个军队改编整理。蒋先生说你在东北整理军队很出名呀，那时把军队整理那么好。我说现在事情不同了。蒋先生说你在我这有什么不同？后来他要我和陈诚两个人负责。那陈诚根本就不理我。我跟蒋先生说，我不是不做，我做不了。那么蒋先生那个时候也是利用我，我也明白。他要我整理军队，不是整理他的军队。换句话，整理杂牌军队。后来我就辞掉了，我也做不了。

访　者：他知道不知道陈诚跟您［有矛盾］？他故意的。

张学良：他知道，他故意的。蒋先生这个人，我这个人做事情对我部下很有诚意，他是利用人的，简单的说。后来慢慢的我也看明白了。那时杂牌军队，大家也看明白了。蒋先生这个人做事，也可以说蒋氏衰微了［跟他这种做法有关］。我说人呀，我不说蒋先生了，做事情怎么可以耍这种玩意儿，完全诚心诚意的。你就是失败了，你还是你。这种诡计多端那是没有用的。换句话，不是真诚待人呀。

访　者：他也丧失了不少可以给国家做事的栋梁。

张学良：我批评的是我批评的，蒋经国比他爸爸要强得多。蒋先生这种人，人家批评他买办政治，买办政治什么意思？就是投机取巧。那么，还有蒋先生也是……唱戏的唱到诸葛亮斩马谡，后来诸葛亮就哭了，为什么哭？他不是哭马谡，他哭先帝之言。他说先帝白帝城托孤的时候就告诉他……这段（事儿）虽然唱戏，但很有意思。人言过其实①，好吹呀不堪重用。吴佩孚、蒋先生好吹，你说三年计划几年成功？这不是吹吗？你真能成功吗？这种话，不是在政治上做事情说的。我说出的话就相当能兑现。

访　者：不然的话，就失言于民。

张学良：完了过几天，没有这事。人家不就看不起你。你在那吹，在说大话。你看我这人说不出来。

访　者：实事求是。

张学良：换句话，说大话就是欺骗人，就有欺骗的意思在里头。

访　者：这就跟您经常喜欢说林肯②说的话，你能够……

张学良：三段。你可能欺骗少数人于所有的时间，你可以欺骗所有人于少数的时间，你不能欺骗所有的人于所有的时间。林肯这三段，我认为是名言。欺骗人这事……余日章先生他跟我说一句话，我很能受他的教训。他那时教训我，我那时很年轻，十六七岁，他说你这个人将来能做一番事业。第一个是尊重舆论，不要制造舆论。现在人是为自己制造舆论。第二个不要作伪，你作伪，伪来伪去就伪到你自己头上了。我也受余日章先生说的话的影响。我受余日章和张伯苓两位先生的影响。

访　者：咱们这一段中国动乱的时期，不知道有多少国家可能的栋梁都丧失了。

张学良：那太多了，不但是动乱时，内战时死掉多少，很可惜的。所以我恨透了内战。

访　者：已经在政治上、经济上、文化上露了些头角，而且已经有了些作为的人也都被抹杀了。

张学良：不但抹杀了，很可惜。

---

① 小说《三国演义》描写诸葛亮斩马谡后，曾痛哭不已。属下问其故，他答以思及先帝临终遗言，曾谓"马谡言过其实，不可大用，君其察之！"此遗言亦见于《三国志》、《资治通鉴》等正史记载。

② 林肯（Abraham Lincoln），美国第16任总统。共和党人，曾任律师和众议员，主张联邦统一，反对奴隶制度。1861—1865年任总统期间，南方各州宣布脱离联邦，引发南北内战。1862年，他颁布了《宅地法》和《解放黑奴宣言》，最终击败南方奴隶主势力，实现了联邦统一。战后即遭刺杀身亡。

8. 我认为周恩来厉害

访　者： 牺牲了。这话又说回来了，一个国家的领袖，就拿美国的总统也在内，实在是一个国家命脉的中枢。他要是强咱们国家就强。

张学良： 不过这也不容易造就一个领袖。咱们中国有一句话，"一将成名万骨枯"。出了一个领袖不容易。一个领袖不容易的呀！他不行就倒下来。这都已经过去了，就像希特勒、墨索里尼也都倒下去。

访　者： 斯大林？

张学良： 那他是厉害，并没有倒下。

访　者： 不过，现在也没了，列宁也没有。

张学良： 死了，但没有失败。墨索里尼和希特勒，他不行还是不行。

访　者： 我突然间想起来，到今天为止，当然现在大陆没有区域的观念了，他们都大一统了。到现在为止，要是跟东北人谈起来，还是会想起老帅来，所以这就不简单。这么多年了，他又是被日本暗杀时才五十几岁，是不是？

张学良： 毛泽东这人，也是有他的能力，有领导权呀，这个人也很厉害。

访　者： 这一点我不敢同意你，您不看报吗？你看他那塑像，报上都有的。

张学良： 我不这么想。共产党的成功，毛泽东有很大的力量。

访　者： 那倒是。他的思想，以及他过去［所做的一切都是对的］。

张学良： 换句话，我批评毛泽东是到了晚年。他老朽昏庸，受江青和四人帮的包围。我批评人呀，不是批评毛泽东。这一个人到了成功晚年的时候，他就有一点自满享受这些，那就完了，他不是当年时候的谨慎，说"诸葛亮一生唯谨慎"，他不是那么的谨慎，放肆了。尤其是这个男人到了晚年更是喜欢女人，所以他就是被江青包围了。他晚年的失败就失败在江青的手里。所以我认为江青也无可厚非的，她自己吊死了，她自己吊死当然她有吊死的原因。她为什么要吊死，当然她心里有寒，她不是一个没有头脑的人。

访　者： 不过也就是说她才一起一落……

张学良： 那时［是］十年浩劫。

访　者： 是呀，十年浩劫，那会儿大家把毛泽东［看成］像神一样，但是这几年就没有人再［那样看了］。

张 学 良：所以这些地方，我是跟周恩来俩儿很熟的。我认为周恩来厉害。

访　　者：周恩来到现在，国内大陆还［特别钦佩他］。

张 学 良：周恩来这个人，现在我的人说，那时候他们开会，他不但不坐第二把交椅，他都坐第三、第四那个地方去，他都不坐正中。

访　　者：您说他是有计划？

张 学 良：那他是看出毛泽东这个人，"我不抢你的位置"。我对中国现代人佩服的人中，他就是其中之一，可惜死得太早了。

访　　者：您认为他哪点好？您佩服他一定有些东西让你佩服。

张 学 良：他，这个人呀，换句话，有国家的思想，不是个人利益。如果个人利益的话，他第一位可以占着，他不。二一样是他能谦虚，能把自己谦虚下来不容易呀。所谓谦虚，能把自己往后退一下。现在的年轻人，你看，总是抢呀。那我也跟他谈过一次。他说我反应很快。他也是说话一针见血，没有什么说得无用的话。可惜呀，政治上少有的人啊。汪精卫这个人后来失败了，我认为汪精卫这个人晚节不全，那聪明到绝顶。

访　　者：您跟一个人谈话，当然做大事的人说话都不啰唆，没有家常话了。比如您跟汪精卫谈过话，跟周恩来也谈过话。您见过毛泽东吗？

张 学 良：没有。

访　　者：没有。他们的共产党领导还有谁呀？朱德①？

张 学 良：朱德，我也没见过。

访　　者：哦，这不说了。您跟这些大人物开会谈话，您认为他们绝顶聪明。您说汪精卫绝顶聪明呀，周恩来当然也很聪明，您怎么可以看得出来呀？

张 学 良：那你说一说，他就明白了。你说一点，他就明白了那种事情是怎么回事，用不着慢慢地跟他解释，他自己就明白了。还有你这样的谈话不用啰啰唆唆就谈了。你谈，他就明白你的目的何在……绝顶聪明，不用还得跟他解释。人家说我不辩，我说我争辩什么。对明白

---

① 朱德，中国共产党和中华人民共和国的领导人，中国人民解放军的创始人和领导人之一。字玉阶，四川仪陇人。早年加入同盟会，参加过辛亥革命、云南反袁护国战争和护法战争。1922 年在德国留学期间加入中国共产党。1927 年参加领导了南昌起义。1928 年初，率南昌起义军余部举行湘南起义，随之赴井冈山与毛泽东会师，任红四军军长。1930 年起，历任红一军团长、第一方面军总司令、红军总司令、中央革命军事委员会主席等职。抗战爆发后，任八路军总指挥。解放战争时期，任中国人民解放军总司令。

人，我用不着辩。糊涂人，我跟他们辩什么呀。

访　　者：但是，您昨天说过，可惜您没有培养手下一些文智的官员，或者是没有文智的人才来辅导您。就拿周恩来和汪精卫这两个人来说吧，他们是文智方面的人才吗？不是军事方面的。

张学良：这俩人不是给人当文智的人才。

访　　者：是领导人的人才。

张学良：这文智人才是给你帮忙的，这你懂吗？这是两种，比如说张群他这个人，当年选总统的时候，他说我是挟着个皮包跟你走的人，我是这么一个人。所以他自己知道我是个干什么的人。人贵自知。个人啊，他天生就是这种才干，他就是个领导，而有的就是完全辅佐人的，他不能独当一面的。所以人各有不同。

访　　者：所以老帅说实话就是天生领导人的人，是不是？

张学良：是的，他是领导，他不但有领导的能力，还有领导的威严。

访　　者：威严。你还得有威严，尽凭武力也不行。

张学良：换句话，我父亲这个人也绝顶聪明。

访　　者：您要是觉得周恩来很可惜，那我们觉得老帅不就更可惜吗？

张学良：那是这样的问题，我批评周恩来，周恩来呀不是一个领导的人。

访　　者：他有点像张群？

张学良：他是一个辅佐的人。换句话，他是一个好的宰相，不是一个好的领袖，不是好的元首。这个人［已经］死了，盖棺论定了。

访　　者：周恩来虽然是一个辅佐人才，可是在大陆，大家伙儿是家喻户晓。这就等于现在在东北，大家都记得张氏父子啊。所以，大元帅在历史上的地位以及在历史上他这样的人才还是第一流啊。

张学良：那是啊。这个问题，我常常说个简单的话，为什么东北人怀念我张氏父子？简单地说，我们不刮地皮，我们没在东北做坏事。

访　　者：可不可以这样说，张氏父子在东北的观念上是以东北人民的利益为第一，那不能说国［家］了，可以这样说吗？

张学良：简单地说就是在那儿办教育做事了，不是刮地皮了，不是为自己弄钱。那固然我们也很有钱，但是我们不是刮地皮。

访　　者：除了这个之外，一定还有其他的因素，为什么这么多人，这么多年，经过这么多的变乱［还能不忘张氏父子］。

张学良：这不是一件事。我父亲这个人，不管怎么样！在一个苦人出生的家庭，对于老百姓他是关心的。以前我父亲有一件事情，这是莫德惠告诉我的。我父亲相当的迷信，到过年呀，他一定要祭神啊。他请莫德惠作证，他说现在中国的天下很乱，老百姓实在吃苦头，都是我们这些人搞的，我们这些人都是魔鬼呀。假如是这样，愿上帝把我们收回去，我愿意当头一个。把我收回去。大概是这么回事，这是莫德惠告诉我的。这就是说，"我情愿去死，别让老百姓再受苦了"。

访　　者： 所以您跟老帅说人民非常的苦，我们收兵回关吧，他也是基于这一个观念同意了。欣赏周恩来的人中，外国人有一个人叫基辛格①，您听说过这个人吗？

张学良： 没有，我没有听过。

访　　者： 美国跟中国本来不是没有邦交吗？30年来像仇敌一样，但是尼克松②第一次到中国去访问。这件事是当时的美国的一个学者，也是一个做官的了，叫作基辛格，您听说过吗？

张学良： 哦，基辛格。

访　　者： 哦，对，基辛格。基辛格说，他认为现在各个国家领袖阶级里，他最欣赏的就是周恩来。他说这句话很微妙了，因为那会儿首领是毛泽东啊。美国和中国重新建交，他去是代表尼克松去到那边办理这个建交任务的，他见到的应该是毛泽东。可是他出来之后，他说他最佩服的，他说现代的世界历史中的政府领导人物，他佩服周恩来。那周恩来那时只是个总理呀！所以他很大胆地说了这句话，没说毛泽东。所以他对周恩来的看法也不一样，从另外的角度上看，也对周恩来的评价很高。这个人据说是一表人才，相片看起来这个人很帅。

张学良： 我认为当代人才中，当代中国人，一个是周恩来，一个是汪精卫。不过，汪精卫晚节不全，可以说那讲话真动人啊。

---

① 基辛格（Henry Alfred Kissinger），美国外交家、国际问题专家。出生于德国一犹太人家庭，1938年随父母迁居纽约。1943年加入美国籍。1947年入哈佛大学政治系，后获博士学位。1955年任美国对外关系协会研究小组的研究主任。1957—1969年，历任哈佛大学讲师、副教授、教授。1969—1973年，被尼克松总统聘为国家安全事务助理，兼任国家安全委员会主任。1973—1977年，兼任国务卿。自1971年以来，曾多次访华，2006年获北京大学名誉博士学位。

② 尼克松（Richard Milhous Nixon），美国第37位总统（1969—1973年、1973—1974年）。1952—1956年两次任副总统。1968年大选获胜，连任第46、47两届总统，1974年8月因"水门事件"辞职。任总统期间，对外实施缓和战略，于1972年访华，公布"上海公报"，改善中美关系，次年结束越南战争。1993年曾再次访华，次年4月病逝于纽约。

访　者：那汪精卫？

张学良：那煽动人啊。

访　者：可是您所佩服的这两个人，一个是晚节不全，跟您大对头。可是周恩来［呢］？

张学良：他不但跟我大对头，他晚节不全，整个叛变，自己个儿去投降日本人。

访　者：不过［对］他个人来说跟您［是］大对头周恩来倒是［跟］非常的［好］。

张学良：周恩来对我的批评是很对。他有他的批评，他批评我两句话：民族英雄，千古功臣。

访　者：那不是批评啊，是对您的公正的估价。他大概也爱唱京戏，他说您不该送蒋先生，什么看《连环套》①［受的影响］。（笑声）

张学良：他受那影响。

访　者：他会唱戏吗？他懂戏吗？

张学良：他会唱新戏，京戏我不知道。原来唱戏有个《一元钱》和《一念差》，当年他专门［演］女主角，［演］小姐。②

访　者：哦，他男扮女装啊！

张学良：一个叫《一念差》，一个叫《一元钱》。那个时候两出戏，我们很喜欢看。

访　者：那时他当学生？

张学良：那时他是南开学生。

访　者：他在南开念书的时候，您那会儿已经帮老师做事了吧。

张学良：我也是当学生，还没做事。

访　者：您俩的年龄大概差不多吧？

张学良：差不多还是他比我大一点，我弄不大清楚。好像他比我年轻一点。③

---

①《连环套》，中国传统戏剧剧目。其题材取自小说《施公案》。剧情内容大致为：山东绿林道八大处总头领窦尔敦与十三省总镖头黄三太互相敌对，窦尔敦寻机击伤黄三太，盗走御马。官府乃令黄三太之子、记名总兵黄天霸限期缉拿盗马贼。黄天霸寻至连环套，假作拜山，道出实情，并经比武获胜下山。窦尔敦中朱光祖激将法，念江湖义气，摆队送天霸，且怒献御马，随黄赴官认罪。

② 据中共中央文献研究室编《周恩来年谱（1898—1949）》（修订本）第 16—17 页记载，1915 年 10 月 17 日，周恩来曾在南开学校成立 11 周年纪念会上，"参加演出新剧《一元钱》，扮剧中女主角"。周在南开求学期间，还"先后参加《恩怨缘》、《老千金全德》、《华娥传》、《仇大娘》、《一念差》等十多个新剧的编导和演出。"

③ 周恩来生于 1898 年 3 月 5 日，应比张学良年长 3 岁。下面谈及周恩来的家庭，而周恩来原籍浙江绍兴，生于江苏淮安，而非"陇海还是东海"。

访　者：他是天津人吗？不是，可他在南开念书。
张学良：不是。他是那儿长大的在陇海铁路的出口那个地方叫陇海还是东海……他爸爸是个知识分子，他家是中国旧的官僚家庭。
访　者：他跟天津、奉天有什么关系呢？
张学良：他为了进学校，他进了天津南开。
访　者：那他知道大帅了？
张学良：我并不是一切事情要问他。我这人很少跟人参考事，都是我自己决定。我可以说，我是个独裁者。

9. 再谈西方友人

访　者：有一个大夫，就是给您治病的那个大夫，叫 Miller①（米勒）。您怎么认识他的呢？您怎么找他去戒烟呢？
张学良：他是这么样子的。他办了疗养院，我帮他忙了，我还捐钱，这么认识的。
访　者：他办什么了？
张学良：疗养院。
访　者：他是不是传教的？
张学良：传教的，他是德国人嘛。
赵一荻：美国人。
张学良：他是美国的德国人。
访　者：他是要到奉天来办医院吗？
张学良：他怎么来的，我弄不太清，好像是孔夫人介绍的，后来……他不是一个真正的医生，是半路出家的。二五眼的医生。
访　者：那是因为一个传教士的关系。那您怎么可以把您的生命交到他手里呢？
张学良：我信任他了，那时医生也很难，我跟他是朋友的关系，他也是胆量很大。
访　者：怎么讲？哦，对了，万一没有给您治好，那责任很大。不过那时还算很成功了。您说过那个谭海说……那成功之后，您不就出国了吗？

---

① 米勒（Miller），德裔美国人，医生。张作霖时期米勒在奉天与孔祥熙、张学良等相识，获得捐助，在奉天开办疗养院。1933 年张学良下野出洋前，曾在上海由米勒负责为其戒除毒瘾。

像您过去的作风，谁要是做点有意义的服务，您总是很宽大的报答。

张学良：那时蒋先生也拿十万块钱，他是在汉口也办疗养院。

访　者：那是您回来以后。那您对他们这些工作，您的［想法是什么］。

张学良：很大帮忙。

访　者：我是在想什么呢？因为第一，您未进校之前您是想学医，那么那后来戒毒这件事对您的生命可以说是一个很大的转变，也是他帮忙的。那么，我认为，也许您对医学的兴趣，虽然说自己不学了……所以您在武昌，都做了些什么帮他们？

张学良：就是花二十万块钱办了个疗养院。我花了十万，蒋先生捐十万。

访　者：后来您到西北之后呢？

张学良：那就与他的事情没有关系了，那我就不管。

访　者：您不是在西安新村也有一个医院，那跟 Doctor Miller 有没有关系呀？

张学良：没有，那没有关系。那是我预备抗日，作为后方的一个医院。

访　者：那就与他没有关系了。这个 Miller 那时有多大岁数呀？

张学良：比我岁数大。

访　者：比您岁数大。除了 Miller 之外，您说还有一个美国报界的一个人，叫 Howard（哈伟）[1]。

张学良：他不是报界，是联合社。美国有两个新闻社，一个叫美联社[2]，他大概是美联社的社长吧。

访　者：哦，他叫什么？道奇，这个人来看过您吗？是在奉天吗？

张学良：奉天、北京都有。我请过他讲演。他到过苏联，那时我跟他很好。

赵一荻：他到台湾来看你。

访　者：哦，还到过台湾来看过您。那这位先生年纪也满大的了。那您这次去美国看见他了吗？

张学良：他已经死了。

---

[1] 哈伟，即罗伊·威尔逊·霍华德（Roy Wilson Howard），美国新闻记者。曾担任美国"合众国际社"社长，长期控制并主编《纽约世界电讯太阳报》。第一次世界大战后，曾经多次来华采访。

[2] 美联社（The Associated Press），即美国联合通讯社，美国最大的通讯社。1892 年成立于芝加哥，其前身为 1848 年墨西哥战争期间纽约《太阳报》等 6 家大报组成的"港口新闻联合社"。1900 年，总社迁至纽约，1945 年开始向非成员报纸、电台供稿。逐渐成为由 1300 家报纸和 3890 家电台、电视台组成的新闻联合组织，工作人员多达 3000 余人，在国内外建有众多分社，不仅为美国 1500 家报纸，6000 家电台、电视台提供服务，而且还为世界上 115 个国家和地区的万余家新闻媒体供稿。

访　者：哦，已经年纪大了。

张学良：他儿子不太成功，他太太也死了。

访　者：您对这个人的看法怎么样？

张学良：对谁呀？

访　者：Howard（哈伟）。

张学良：那这个人是一个事业家，他总是办事。

访　者：他在奉天办报纸了吗？

张学良：没有，他办的就是通讯社。

访　者：通讯社。然后就是您一直提过的Nelson①，是美国还是英国的公使，这个人您认为他怎么样？

张学良：不认识，Nelson（纳尔逊）是谁？

访　者：那个外交官，中文叫蓝姆森②啊，在北京是英国驻华的公使吧？

张学良：纳尔逊，不是蓝姆森。这个人是中国通呀。

访　者：也是中国通，他通的程度跟司徒雷登一样吗？

张学良：那不同，不是一路。他是外交家。他对中国……他是袁世凯那个时期的。

访　者：哦，那个时候就开始了。这个人，人品怎么样？做一个外交官来说。

张学良：这个人很厉害，他是外交官给英国人做事。大家都说"九一八"的时候我跳舞，那天我请他们看戏。

访　者：哦，请他看戏。

张学良：请他和何世礼的爸爸何东③。

访　者：您还记得为什么要请他们看戏吗？

---

① Nelson，疑应为纳尔逊·特拉斯勒·詹森。纳尔逊·特拉斯勒·詹森（Nelson Trusler Johnson），美国外交官。1907年来华，为使馆翻译。1909年任驻奉天副领事，此后历任驻哈尔滨、汉口、重庆、长沙、上海等地领事。1926—1929年归国，任美国国务院远东司长。1929—1935年任驻华公使，1935—1941年任驻华大使。1941—1945年任驻澳公使。战后曾任美国远东委员会秘书长。

② 蓝姆森（Miles Wedderburn Lampson），通译蓝普森或兰普森，英国外交官。1903年进入英国外交部，1908年任驻日使馆二等秘书。1916—1920年任驻华使馆头等参赞。1926年12月任驻华公使。此后以和缓态度谈判解决了中英间一些悬案，并于1928年与国民政府签订《中英关税条约》。1933年9月卸任，次年转任英国驻埃及和苏丹高级专员。1946—1948年，曾任英国驻东南亚特派专员。

③ 何东（Robert Ho Tung），香港著名企业家，香港大学创办人之一。又名何启东，字晓生。其父乃英籍荷兰裔犹太人何士文（H. T. Bosman），母为广东宝安（今深圳）人施氏。幼由母亲抚养，受中国文化熏陶，初入私塾，转读于中央书院（今皇仁书院）。1878年书院毕业即供职广东海关，1881年加入香港怡和洋行华人部，后成为买办。后任香港火烛保险公司、广东保险公司总买办，自资成立"何东公司"，从事食糖买卖。1894年任怡和洋行华总经理，1900年辞职后由其弟何福接任。此后，除经营一般贸易外，还涉足航运、地产业，1928年前后接办《工商日报》。

张学良：那天梅兰芳唱戏啊，那很不容易看到。梅兰芳唱得很有名的戏叫《风筝误》①，那很难看到的呀。这戏很有名的，梅兰芳也不是总唱戏的。凑巧赶上"九一八"，所以看戏看到一半的时候，他们打电话来，我就回去处理了。当时正是这戏最热闹的时候，他们很奇怪我怎么看了半截就走了。后来才知道这事。

访　者：您那时的戏叫什么？《风筝误》？

张学良：这出戏你不知道呀？很有名的。

访　者：不知道，没有听过。我听的戏也不多，梅兰芳更没听过了。您说他中国通到能懂京戏，那就非同小可呀。（笑声）他懂京戏呀？

张学良：他懂，他中国话说的很了不起呀。

访　者：这个人对东北老帅有没有说过什么话？

张学良：他跟我父亲认识，我是他的后辈。

访　者：那当然了，他是老帅、袁世凯那辈的。您认为一个外交官——外国驻华的使者，他们对咱们中国是通而又通呢，还是说不应该这么深？因为他懂中国懂得太多的话，有时候他做决定的时候有很大影响。

张学良：那时候英国的力量大呀！我说一件事情，简单说吧。那时袁世凯洪宪称帝失败后，他对袁世凯说："英国可以保护你到英国去。"这可以证明……他告诉袁世凯，"你下野，英国可以保护你，可以到英国去"。

访　者：没用得着。

张学良：那时他在外交界很有地位，尤其英国方面。英国当时是领导。

访　者：那这位 Donald（端纳）也是英国《泰晤士报》②的。

张学良：那 Donald 不过是个记者了，还有他不是英国人。

访　者：哦，对了，他是新西兰人。

---

① 《风筝误》，清代著名戏曲家李渔作品。讲述纨绔子弟戚友先和其义弟书生韩世勋因题诗风筝、放风筝断线，为詹府二小姐詹淑贞捡到，詹小姐复题诗再放，最后引出詹府大小姐（詹爱娟）、二小姐与戚、韩义兄弟之间的一连串巧合、误会，生出两桩婚事的相互纠葛。

② 《泰晤士报》（The Times），英国的综合性日报。1785 年，由约翰·沃尔特创办，初名《每日环球记录报》（The Daily Universal Register），或译《世鉴日报》。1788 年，改为今名。1908 年，北岩勋爵（哈姆斯沃斯）取得该报所有权，全力革新，发行量遂攀升到 32 万份。1922 年，约翰·雅各·阿斯特收购了该报，1966 年又出售给大出版商罗伊·汤姆森。1981 年，小汤姆森将该报转卖给传媒大王鲁伯特·默多克。该报广泛报道世界各地时政要闻和经济、军事、文体等各类资讯，以其内容详尽、风格严肃而闻名。

张学良：不是新西兰人，是 Australian（澳大利亚人）

访　者：Australian。您请 Nelson 看京戏当然他得懂了，您跟他说过戏没有？

张学良：那倒没谈过。不过那天请他看戏是因为梅兰芳唱戏，同时因为我也请何世礼的爸爸何东的关系。

访　者：在我的名单里头还剩一个，有一个人叫 Parker①，我就不知道这个人跟您怎么样的关系？我就不知道在哪看到 Parker 这个名字。他跟您什么关系，我就不知道了。

张学良：我知道。Parker？好像是英美烟草公司的人，你提出一件事，我可以［想想］。

访　者：我就不知道，因为我写太多这种名字，现在想不起来是在哪本书上看到的。还有一个人叫做 Quite，魁德？

张学良：Quite？我也说不出来。顾维钧他太太，她就是 Mrs. Quil，她先生……

访　者：她原来先生是美国人？

张学良：是英国人，我也想不起来这个人。

访　者：您想不起来，我们以后再说。还有一个美国的公使叫作 Jackson（杰克逊）②，您跟他熟不熟？

张学良：跟他相当熟。

访　者：他有没有向您表示过什么关于……

张学良：那倒没有。这个人对瓷器就是熟。

访　者：瓷器，那不是老帅收集很多瓷器吗？

张学良：那都是送瓷了（笑声），送人的瓷器了。

访　者：哦，那个送人的送。那他对中国瓷器很了解？

张学良：那也不是。他就喜欢买了，他也不懂。

访　者：买了送人。

张学良：也不是，喜欢玩呗！他就买着玩。我家的楼上都是他买的瓷器，那卖瓷器［的］赚不少钱。（笑声）

访　者：当古玩卖的？（笑声）

张学良：不当古玩，那是烧得好，他喜欢就去买。他也是自己玩的。

---

① 帕克（Parker），1917 年张学良加入奉天基督教青年会后，结识了很多西方人士，其中有帕克夫妇。

② 查民国时期英、美驻华公使、大使中无叫杰克逊者。疑应为美国驻华公使詹森（Johnson）。

访　者：您说这个Jackson（杰克逊）很懂瓷器，他懂［到］什么程度呢？

张学良：哎呀！那可高了。大家考他，把他的眼睛给蒙上，摆上瓷器让他摸，他一摸完了就告诉这是什么玩意儿、什么朝代的。结果跟他说的一样。

访　者：哦，那么厉害。

张学良：那太懂了。他很懂，他能够说瓷器的瓶呀、底呀是什么，他都能说上。

访　者：他可以说在中国人群中他也算是佼佼者。

张学良：精通的。我那时也不太清楚，洪宪瓷①那个地方的人也跟他有来往，有关系，那人请教他。换句话，他对瓷器是专家了。

访　者：您瞧见过他的收藏吗？

张学良：那我没有，我对瓷器也不太喜欢，那就是大家在一起扯淡谈谈。

访　者：所以您看这两个人，一个英国人Nelson（纳尔逊），一个美国人Jackson（杰克逊）都对中国的东西这么了解。

张学良：中国通啊，比中国好多［人都懂］。

访　者：比中国人还都了解。

张学良：尤其他当外交官，他研究中国的好多事，我们都不知道，他都知道。他们外国的外交官有时很……中国人有时候浮皮潦草的。

访　者：他能钻得很精。您说做一个外交官，而且懂得这么多中国文化上的东西，是不是也因为这个中国人对他们特别的佩服？

张学良：也不是那个，他们这种外交官不是领事了。英国的规则是两种，外交官是公使，当领事是另外的。

访　者：这个Jackson（杰克逊）也是公使了。

张学良：公使，美国就不同于英国。

访　者：您跟Jackson（杰克逊）有什么来往吗？

张学良：Jackson这个人也不错，也很厉害。在中国……就说我那段事就是了。

访　者：对，那都是他的报道。您知道他们曾经想办法，要把您弄到美国

---

① 洪宪瓷，袁世凯筹备称帝时命人烧制的瓷器。12月袁世凯筹备称帝，改年号为洪宪。他欲效法古代皇帝登基则烧烤御用新瓷的惯例，于1916年初派庶务司长郭世五（葆昌）专赴江西景德镇监工烧制一批"居仁堂"款仿珐琅彩和粉彩器物，多属日用器具和瓶类，准备在"开国大典"上馈赠来宾和袁氏御用。然袁氏复辟丑剧昙花即逝，这批瓷器未能派上用场。因洪宪瓷器制作不计成本，制胎、用料上乘，工艺精湛，自民初迄今一直是古玩、收藏界难得一见的稀世珍品。

去吗？

张学良：哦，弄到美国去？那是他们怕我受到危险，我不知道，后来才知道。

访　者：想办法先把您弄到天津，从那儿出口，没想到您自个跑南京去了，所以他们的计划完全破产。① 还有一个是国联代表到那去调查"九一八"事变，哦，不是"九一八"事变，叫什么来着？

张学良：去调查什么？叫 Lytton（李顿）。

访　者：您见过这个人吗？

张学良：当然见过，我们都招待他。

访　者：是吗，您认为他做事还公平吗？他的观察还密切吗？

张学良：这个人是一个，换句话，他也说真话。后来我到外国去他家了。他也是无能为力。

访　者：他的无能为力是国联的无能为力？他倒真说实话呀。

张学良：是，他无能为力，他说自救都不足啊，还能救人吗？那时候换句话，日本、德国力量太大。

访　者：那他那个考察团调查团就这么回事？例行公事。

张学良：是，是。就是考察团。

访　者：从一开始他就向您表示这个态度，还是考察完后跟您表示的？

张学良：我说不出来了，好像考察完了说的。他带了一个人，等于秘书一样，这个人是我的朋友。他叫 Astor，你知道这个人吗？Astor（阿士德）。

访　者：晓得呀，Astor，他很有名啊。

张学良：也叫杨 Astor，是我的朋友。他是有心的，把那个文件掉下那儿了。其实是有心让我看他的文件。换句话无能为力，做一个调查报告就是了。他成心告诉我他的报告是什么。其实我也没看完。我英文没那么好。

访　者：哦，是这样啊，故意地让您看看。不过这话又说回来了，您要是看到这个，您不是相当失望吗？

张学良：那不用看也知道了，那你能怎么样？就是报告。调查团的报告，那又能怎么样？国联又能怎么样？国联还能跟日本宣战？那时的日本

---

① 此处指西安事变发生后，美、英政府曾尝试联合法、意、德等大国，以保证张学良（必要时包含杨虎城）的生命安全为条件，来换得释放蒋介石和平息事变。具体实施方法，即由中国政府将张、杨送往天津，再由西方国家的军舰将他们带至海外。后因种种缘故，此设想未能付诸实施。

的力量很大。

（录音中断）

访　者：荷兰可以，意大利也可以。

张学良：那时候意大利有钱呀，也不容易，不能说人家帮你忙，人家也是为挣钱呀。

访　者：对。

张学良：还有人家要顾虑日本怎么样。

访　者：所以，日本在东北的势力对别人是一种威胁。在美国人方面、在欧美人方面，最后剩下的是您的两个飞行人员，那是后来了，不是在奉天时候，一个鲍尔、一个是里特。

张学良：那是我私人的，不是国家的。

访　者：那是后来的。

张学良：那是后来的，与国家无关的。

访　者：不一定是与国家有关系，这两个人是在您身边跟随您飞来飞去的。

张学良：就像给我开车一样，那有什么关系，那没关系。

访　者：是外国人，不是中国人。

张学良：不是中国人。

访　者：这两个人是谁教给您飞飞机的？还是您自个学的？

张学良：教飞机？

访　者：教您飞飞机，教您驾驶飞机。

张学良：我在航空公司时，自己就能飞点。是一个法国人教我的。

访　者：法国人，您身边除了我查到的美国人，法国人有些人？

张学良：原来东北航空公司用的是法国人，教官也是法国人。

访　者：教官也是法国人，那法国人和日本人一起处得来吗？

张学良：我用的教官原来就在日本教飞机的，后来转到中国的。

访　者：您还记得这人叫什么吗？

张学良：这个人好像叫菲斯克吧？我记不得了，好像叫菲斯克，是一个中校，我到法国时，他还……后来他就做了法国公使馆的武官。

访　者：驻北京的？

张学良：好像是，我到法国时还帮他点忙，他到法国，他们航空部长请客，他让我帮他点忙，我说他这人对中国很了解，他愿意回中国，后来派他回来的。

访　　者： 哦，您的一句话，后来就回来当武官，在欧美人里面，这些人之外，您还知道，您还记得有什么其他的人？

张学良： 我一下子说不出来。

访　　者： 您想起来，提一下他们的名字，我们可以查一查。

张学良： 一下子忽然问我，那时候我认识的外国人太多了。

访　　者： 很多，是吧？但是您记忆之中，记忆最深的是谁？

张学良： 记忆最深的是法国大使馆武官，叫洛克。

访　　者： 他是法国人？

张学良： 法国人，卡布汀·洛克。

访　　者： 您怎么记他最清楚呢？

张学良： 他很活动呀，很活跃呀，我有的法国勋章都是他给的，很活跃的人。

访　　者： 您怎么会得到法国勋章呢？

张学良： 就是他送的。

访　　者： 是您到法国给您的吗？还是在北京的时候？

张学良： 在北京。

访　　者： 就是这个卡布汀·洛克给您安排的？

张学良： 他送我一个勋章。

第五十二次访谈
领袖　辅弼　部属

访谈者：张之丙（简称"访一"）
　　　　张之宇（简称"访二"）
被访者：张学良
同座者：赵一荻
访问日期：1993 年 6 月 20 日

1. 我跟青年会的关系很大

访　一：少帅的思想非常前进，非常民主，跟中国的传统的将领不一样。所以，他（指口述小组顾问）紧着问，说外国人在您身边的人都是谁？

张学良：受……他的意思是说，是不是受外国人的影响？

访　一：因为您的思想不可能生来就是如此的，所以他说，一定是环境上有很多朋友，或者是……

张学良：这个话我真是很难答复出来。这也不是一下子受影响的。简单说，是逐渐受影响。我昨天说，对我影响最大的就是我父亲这个姓王的医官①。可是这个人的名字可惜一下子记不起来。

访　一：我们可以查。

张学良：我说受他影响最大，因为他是苏格兰长老会的教友。那么，他在奉天那个时候是最活跃的，最出头的。他在小河沿施医院，就是苏格兰长老会办的。这个人跟我父亲是很好的朋友。所以我父亲当师长时，他们军医处长就是这个姓王的。姓王的影响我很大。那时，因为我常常身体很不好，有肺病，都是他给我看病，所以他导致我很

---

① 此处所说的姓王的医官，应是王宗承。

多的事情。

访 一：同时这个顾问也是写《孙中山传》① 的。

张学良：谁？

访 一：这个顾问觉得您的思想非常的前进。他也是非常欣赏老帅把苏联大使馆的东西拿出来的那个教授。所以他知道，孙中山先生身边就有几个，也无所谓顾问了，就是外国人。孙中山经常从他们那里探听探听这些个外国的事情。所以他们就想您大概也有［这方面的人］。

张学良：我还不能这样说。昨天我自己想，我年轻的时候主要还是青年会。我到青年会不是为了干什么，就是为了我喜欢的运动。我想我跟青年会的关系很大，接触的现在很有名的这些人，比如阎明光、阎明复，你晓得吧？他的爸爸叫阎宝航，阎玉衡，是原来奉天青年会的体育干事。所以我自己想我这个一生受到的最要紧的影响就是 Joseph Platt（约瑟夫·普赖德）。这个人，可以说是没有贵族思想。他是一个贵格教徒，不但有平民思想，他很导引我，同情我。你知道我那个时候很不愿意做阔少爷，他也很同情我的，甚至那个时候他给我买船票，我那时要离开什么的都是他帮我。那时候到美国不能做工，他甚至说可以给我介绍一个外国教会的人，让我住在人家帮帮忙。我的思想受他的影响很大。那么同时，青年会来人演讲啊，比如余日章、张伯苓来都是他介绍的。也不是他介绍，就是都到青年会。所以我这一生受影响最大的就是这个人。

访 一：那您说您年轻的时候，您受他的影响很大，您跟他经常接触了？

张学良：差不多经常接触。他还教我英文嘛，不完全都是他教的，一部分是他教的。

访 一：您也谈论国际大事吗？

张学良：那倒不大谈政治的事情。我那时候年轻，不谈这些事情。思想上的问题有时扯扯玩，有时候谈谈美国过去有名的人，随便谈谈。他的青年会也很忙。

访 一：青年会他的事情很忙，您也到他家里呀？

张学良：他没有家，他没有结婚。

访 一：没结婚。

---

① 指哥伦比亚大学教授韦慕廷（C. Martin Wibur），他曾著《孙中山——壮志未酬的爱国者》。

张学良：青年会不是他一个干事，还有一个英国人。我跟他是接近的。

访　一：在随便谈话之中，比如说，您看到东北的日本人和中国人之间的关系，您也许会问问他在美国有没有这种情况？

张学良：那我还没有，我忘记了。那时候我们不大谈政治事情，谈谈学问、留学什么的，所以我这种活动都是在青年会来的。那时候开什么游艺会呀，捐钱呀什么的，政治上的事情很少谈。有时候随便谈一点。那么，他也说过一些美国的政治事情，不过不是有目的地谈。

访　二：青年会当时在您那个地方是第一个有的吗？还是老早就有的？

张学良：这句话你问的！青年会是一个世界的组织。

访　二：在东北是［个分支］。

张学良：在东北，奉天有，在旁处也有。能够开一个分会他就开。

访　一：您说他请人讲演，包括张伯苓什么的去讲演，也都是他主办？

张学良：那他请。

访　二：您记得不记得听张伯苓说有一次讲演很使您感动，您记得大概多大岁数吗？

张学良：这个你这句话把我问住了。我算算，大概十七八岁。不过当年我并不想当军人，到19岁以后就变了。因为我19岁进讲武堂念书，后来就当军人了。以后的生活整个就变化了。

访　二：您一进讲武堂生活变化了，就没有时间再跟他们联系了。

张学良：差不多没有，不过我帮他们忙。我后来就做事了，没有时间和他们来往。后来奉天青年会有很大的房子，那都是我帮的忙。

访　二：扩建吗？

张学良：不是，是整个的一个大楼。青年会本来是很小，很僻陋的一个地方。后来，青年会的房子很大。那是我给他们帮忙，省政府捐的地和房子，我帮他们募的钱。

访　二：那后来奉天青年会的活动就越来越发达了。

张学良：越来越发达。后来他走了，不做了。我就不知道了，因为我也离开了。

访　二：他走的时候您知道吗？

张学良：我不知道。不过他走了之后我们还有通信，那时候我已经做事了。

访　一：您这次到美国去，您见到他了吗？

张学良：他已经死了。

访 一：他的后人呢？

张学良：后人？我知道他有后人，但是没有什么接触。他叫 Platt，而他那个地方姓 Platt 的人很多。

访 一：Philadelphia（费城）。

张学良：是，Philadelphia。后来他离开奉天，回到那个地方大学当教务长。

访 一：那宾州大学，那很有名的。

张学良：教务长，他是那个大学毕业的。

访 一：前两天有一个姓王的，您有一个大将军是王雨庭？

张学良：不是，王卓然。

访 一：他的儿子叫王福时？

张学良：是，怎么的？

访 一：他写了一篇报道，报道 Joseph Platt（约瑟夫·普赖德），您看到了吗？

张学良：没有。这个王卓然就是他的爸爸。王卓然是我家里的家庭教师，我那小孩都跟他念英文，他是美国留学生。

访 一：教英文啊，他的儿子也是美国留学生吧？

张学良：我不大知道。

访 一：他那本关于 Joseph Platt 的，您要没看的话，等下次我们来时，您要愿意，给您。

张学良：他介绍 Joseph Platt？

2. 端纳与蒋夫人

访 二：对，就是 Joseph Platt 跟您的关系。昨天您曾经提过，那时在外头大家伙儿都知道端纳。当然最有名的一件事情就是，大概是蒋夫人找他到西安去，这是他在国际上最出名的一件事。

张学良：这个端纳。是这样，他那个时候就是蒋夫人的顾问了，不是我的。

访 一：那是您介绍的？

张学良：不是我给介绍的，是蒋夫人要去了，让他帮忙。因为他当年给孙先生［做事］。蒋夫人年轻的时候，当小姑娘的时候，她就认得他。端纳给孙先生好像当过卫士似的，所以蒋夫人很早就认识他了。他是一个很好玩的人。

访 一：很幽默吗？

张学良：他政治上的这个思想也不太……不是有什么干什么。不过当时中国政治方面很怀疑他是英国的间谍。其实不是，他不过是《泰晤士报》记者，好这些事。当然他是英国人了，英国问他事情他要报告了。

访 一：他对中国有感情吗？他很喜欢？

张学良：他自个儿承认他是中国人！

访 一：当然，他死在中国了，是上海吧？您上次说过他死在上海，所以那也很难得了。他病在美国，他要求死的时候要死在中国，要埋在中国。

张学良：他是这样，他的家庭也很不幸。他跟太太不……他总不说，一说到这他就很伤心，他就不往下说。他太太等于跟他离婚了走开了分居了。

访 一：他在中国有女朋友吗？

张学良：没有什么女朋友。我也不能说，也许他有个秘书，那就不知道了。他的私人生活也不是那么浪漫什么的。

访 一："双十二"事件的时候，您是希望他去帮您了解外国的情形，还是[因为别的什么]？

张学良：什么事变？

访 一：西安事变。

张学良：西安事变。他是这样，因为他跟蒋夫人关系很深。后来有时候，蒋夫人有什么事情都跟他商量，他很帮她的忙。那时候蒋夫人办事只有两个人，一个是孔令侃，一个是他。那么还有国际上的事儿了，利用他写写文章进行宣传。

访 一：比如说蒋夫人在国内有一些基督教的工作呀，妇女的工作呀！

张学良：那另外还有人。

访 一：那就不是他了。

张学良：蒋夫人手底下有很多人。后来政府方面对他很不高兴，为什么不高兴呢？那时候政府的宣传工作……蒋夫人也更认为他不得体，因为他常常写文章跟他们说的是相反的，所以宣传方面的人很讨厌他。

访 一：那他写文章是以外国人的身份写的？

3. 蒋先生与政治包围

张学良：那当然。问题不是这样的。你知道我们那个曾老先生，曾约农说过一句话，说得很好。他说咱们中国这个宣传是对谁宣传呢？是对蒋先生宣传。你明白吧？

访 一：不大懂。您给我们［说说］。

张学良：没关系，就是完全叫蒋先生听着高兴就是了。你知道吧，也不能说高兴，就是完全对他宣传政治上怎么好［怎么好］。

访 一：这是曾约农先生这么说的？

张学良：曾约农先生很有意思，他说我们这宣传不是对外宣传，是对内宣传，是对蒋先生的。真的，他说的也是实在。

访 一：那与事实不符合的话，那不是［骗他吗］？

张学良：那就是骗骗他。

访 一：那您说这个事要是这样的话，一个国家的领导［怎么能当好］。

张学良：那你说错了。我年轻时就在政治圈里混。什么叫包围啊，就是政治包围。大家对你这个首领包围，叫你不知道外头的真正情形。我们说什么，你就听什么。

访 一：找好听的说。

张学良：什么叫包围？这就叫包围。不让你，不是不让你，不喜欢你跟外边接触。

访 一：那就很可怜了。

张学良：那当然，不是很可怜，政治的事就是这样。我到现在也是如此，你们当然不在政治圈了。所以当一个首领，我自己尽量不让这些人把自己包围了，如果包围了你可是很难躲开的，他们会尽量包围你。

访 一：您说怎么很难呢？

张学良：你左右的人暗中都联合着呢！当然，他们自己之间也有利害，这是一定的。政治上向来如此，不一定是谁了？你能打破这个包围，你也很［了解真实情况］。

访 一：了不起。您那时怎么打破这个包围？

张学良：当然，我不听你一个人的。

访 一：不听一个人的？

张学良：不听一个人来跟我谈，这个事我当然看得很清楚。不是不听你的，我也不让你跟我……换句话，在政治上，旁边的人他要看你首领的动作是干什么，他才知道如何行事，这就叫包围。我不要你知道我要干什么。比如我对我父亲，可以说我父亲受我的包围。他干什么我都知道呀，我怎么知道的呢？比如说，早晨时我给他办事，没有办事前，我就先问问他今天见谁了？那么他跟我说完，我才知道他要干什么？你明白？我并不是坏的意思，因为我要知道他那件事情怎么样了。比如，简单说，如果他见了这个人，那么这件事情就跟他有关，你明白吧。你知道做事情不容易，伺候一个长官也不容易。尤其像我父亲，不但是像我父亲，差不多长官说话都是简单的，他不会跟你把这事情说得很详细，他说，啊！那件事情怎么样啦？不会和你长谈策论。他没有这个工夫，他也没有这个精神，不是精神，没有这个意识跟你谈。他一天很多事，那么谈下来还了得。当一个领袖啊，我后来因为在我父亲面前从人情小事我看出来这些了。后来我做事情，我受到很大的影响。因为我知道这底下的人怎样来，所以能排除他们这一套。换句话，一个人呢，你不能靠一个人。比如，我父亲当年办事情他就非常喜欢这个杨宇霆，那么这杨宇霆很会给他办事。那么有什么事，他就跟他说，结果，他就是操纵了。后来我有什么事情，不是某件，差不多重要的事，我不交给周围的人。另外，如果交给你办，我还交旁人，我不叫某个人给我包办了。不容易啊，当一个领袖，你就差不多就是孤立的。你既能够打破这范围，你还能够接触［别人］，那就［不容易受包围］。

访 一：那就是双重的困难！

张学良：那么这个时候我们大家也都谈，也不是说我们说谁啊。这一个人在没成功的时候，就是他还没出头的时候，他能有几个朋友，这是很幸运的。一旦他做了事情，他还有几个在野的朋友可以谈谈，这是最要紧的。你等你后来成功以后，你就不能有朋友了。你不是交不到，他来都是有目的的，你怎么跟他交朋友？明白吧。你们是女人，拿男女的事来说，他来了有没有目的。两个人不期而遇是好，那当然不同了，可是如果他是有目的来，这就不同了。那你要看是贪你钱，还是贪你的色啊。

访 一：所以说这跟您钓鱼的哲学一样，每一分钟都要注意人要做什么？

很累。

张学良：所以这个人哪能够完全成功也是不容易的事。那么你就说华盛顿、林肯……

访 一：听了这个谈话我有两个不同的问题，蒋先生他知道他被人包围了，但是曾约农先生说……

张学良：蒋先生他也不一定……也不能那么讲，他知道不知道那是他的事。

访 一：他并没有想办法排除这些包围的势力。

张学良：你也不能这么说。这个问题在于，评论他不能用这话评论，各人做事情有自己的办法。

访 一：因为王新衡先生说过他（指蒋介石）愿意用奴才，也就是［用那些］说话让他高兴的人。

张学良：不是说高兴，这话不是那样讲。

访 一：您说王先生的"奴才"怎么个定义呢？

张学良：我跟你说什么叫奴才和人才？比方这么讲吧，说一个人才，那这个人才是有自己人格的人才，他不一定给你当奴才。这么解释，当奴才就是我要你怎么的就怎么的，我给你好处。可是真正做事情的人不一定要好处，我是要做事情呀！你明白这句话？蒋先生底下的人，有几个像我这么和他争的人？很少，我们那等于吵架一样。我总是说笑话，说蒋先生把我当刺猬。蒋先生讨厌我，就是因为我不是那样能顺服的。我不是跟你说过嘛，他有一次说，"是你指挥我，还是我指挥你？"我跟他吵就是希望他那么办，他认为这等于是我指挥他了。比方说，安内攘外这件事情我跟他吵得很厉害，那我们俩要紧的意见之争就是这个。因为他是安内攘外，而我就是攘外安内。我认为你安不了内，只有攘外才能安内。

4. 蒋先生认为共产党是他的主要敌人

访 一：您跟他吵了很多次，关于这个［能否讲一讲］。

张学良：问题是这样，从个人出发点说，我主要的敌人是日本人，即使共产党跟我们争，他还是中国人。他（指蒋介石）认为日本人可以合作，但是认为共产党是他的主要敌人。问题从这儿来的，各人看法不同。所以我跟他后来不能在一块堆儿也就是因此。那我的意思是共产党无论如何是中国人，也许他（指蒋介石）对这点的看法不同，他（指蒋介石）认为在中国能夺取他政权的，只有共产党能夺取。那我就不同了，夺取也好，不夺取也好，他（指中国共产党）都是中国人。

访 一：对，对，对！

张学良：换句话，这是我说了，那你的政权也许还有旁人要夺取呢，你能防得了吗？蒋先生那时认为他的第一个敌人是共产党，不但是中国共产党，还有外国的共产党。那么他对共产主义是不能忍受的。他完全是顽固的中国传统思想，那共产党［他］不能容忍。这个是我们很大的一个争议！

访 一：您在跟他争执的时候，您是跟他讲理，还是［吵架］？

张学良：讲理。我跟他谈啊，所以他批评我小事聪明，大事糊涂。

访 一：那他所谓的小事是哪些？大事是哪些？

张学良：就是说我这个人很聪明的，就是对共产党……那他说的大事糊涂是不是指这个事，我就不知道。这是他批评我的八个字。

访 一：他认为您没懂共产党。

张学良：他不是跟我说的，是跟旁人说的。他说张某人小事聪明，大事糊涂。他说我大事糊涂，我自己想，他之所以说我这个大事，我判断，好像就是，你都不顾你自己了，你那么搞就让共产党胜利了，你就没有啦。他大概有这个意思，我想。他说我大事糊涂，在什么地方我还不知道。后来我们两个人就没法子合［作］了，就不合［作］了。

访 一：以前您是经常可以到他书房跟他一块做事，那个时期就是说还没有开始吵的时期。总之在一些政策上，您可以［跟他谈谈］。

张学良：后来就吵。接近还是很接近。

访 一：但是就不跟他争了。

张学良：不是。那个时候两个人的意见就很不合了，那要不是蒋夫人保护我，他就把我枪毙了。

访 一：您说会吗？他敢不敢？您说他会这样做吗？假如不是蒋夫人的话。

张学良：他就会把我枪毙了。

访 一：真的就［把您枪毙了］。不过他也有一些个觉得您是人才吗？

张学良：什么，什么意思？

访 一：觉得您是个人才，他也许［不会枪毙您］。

张学良：才不是，蒋先生不是这么一个人。

访 一：不管……

张学良：那不是不管。像袁世凯一样，服从我的是［人才］，不服从我的就杀无赦。这是袁世凯年轻时自个作的文章中的话。

访 一：哦！杀无赦。您说袁世凯能比曹操①吗？

张学良：那真是曹操啊，咱一般的人以为曹操不是一个［好人］。那曹操是一个历史上重要的大人物。我对曹操不反对的呀！曹操这人可是了不起的一个人。历史把他形容［的那个形象歪曲了］。那袁世凯也不能说是……咱们站在人上说人，当然你看不上他那是另外一件事。那他是历史上人物啊！曹操在中国历史上那是大人物，中国对他的形容的太［差了］。

访 一：您说形容曹操是奸雄？

张学良：人家评的这句话，前头还有一句，"你是治世的名臣，乱世的奸雄。"② 就是说你这么有能耐的人，你要是治世，你就是名臣，乱世你就变成奸雄。那么所谓奸雄就是乱世的时候夺权，治世的时候，如果有人能使用你，你就是名臣。换句话你是个人才呀！

访 一：那您说袁世凯？

张学良：那袁世凯也是人才呀！

访 一：假如说他不想做皇帝，他是不是也会成功？

张学良：那不敢说成功这个话。中国有一句话，成败不足论英雄。无论如何，他是英雄。那有一件事我告你，就可以看出这个袁世凯。袁世凯失败的时候，要是不死他就流亡了。那时候英国正式的由罗伯逊告诉他，"我英国保护你，你上英国去。"

访 一：看得起他。

---

① 曹操，三国时期政治家、军事家。字孟德，小字阿瞒，谯（今安徽省亳州市）人。东汉末，曾任洛阳北部尉，后在镇压黄巾起义过程中，逐步积蓄、扩充军力。196年，迎接汉献帝都许（今河南省许昌市东），取得"挟天子以令诸侯"的有利位置。200年，在官渡之战中击败袁绍，又逐次削平其他割据势力，统一了北方。208年，进位丞相，率军南下，被孙权和刘备联军击败于赤壁。后封魏王，其子曹丕称帝后，追尊为魏武帝。他曾组织军民屯田，兴修水利，发展农业生产；发布抑制兼并令，惩治豪强；用人能唯才是举，打破世族门第观念。史载其善用兵，精兵法，又善诗能文。

② 东汉末，汝南名士许劭与从兄许靖喜评当世人物，每月更换，人称"月旦评"。据《三国志》卷1《武帝纪》裴松之注引孙盛《异同杂语》云：许劭曾谓曹操，"子治世之能臣，乱世之奸雄。"

张学良：那就证明了他是一个政治上的人物，那不［就］是看得起政治上的人物？他英国能够保护你，你是政治人物。

访　二：我现在问一个问题，既然蒋先生说是先安内再攘外，那日本人应该感谢蒋先生了吧？

张学良：那也不是。可是人家没有一个说……那也许，那就不知道了。可是没有一个人说，蒋先生你逃亡，我来保护你。

5. 我总还有一两个人可以谈谈

访　二：对。我的第二个问题是，您刚才说一旦到了领导的地位就很孤立。当您从东北接掌老帅之后到华北等，您等于说是处在一个孤立的地位。

张学良：当然。

访　一：那么您……

张学良：那时候决定事就得自个人了。

访　一：您也说如果一个人没有做事之前，有几个知心的朋友，而做事之后仍有几个知心朋友能谈谈话，那是非常幸运的。我就不知道，您认为自己是很幸运的吗？

张学良：也不能说，我总还有一两个人可以谈谈，不是……

访　一：事前事后您都有这几个朋友？

张学良：不是有几个，就是可以谈一下。

访　一：您能告诉我是谁？

张学良：姓王的。

访　一：就是王树翰？

张学良：王树翰。

访　一：我听您说，您认为阎锡山好像老谋深算。您说他给您什么建议了吗？

张学良：我没……

访　二：他不肯？

张学良：不是不肯。没有。

访　二：比如说他在洛阳的时候，他跟您谈了很久。在那个时候他有没有跟您，不是说给您什么意见，至少跟您共同有一番［见解］。

张学良：那个不同。那根本不是谈话，那就是谈事情。

访 一：谈事情，他谈什么？

张学良：那，不是说什么，那个事情完全是我说他，不是他说我。

访 一：您说他？

张学良：就是我当说客儿。那时候，他是要跟日本合作呀，有摇动。

访 一：那么后来你有没有跟他提过，我们应该先攘外后安内？他的看法怎么样？

张学良：他没有那么大的［眼光］。

访 一：就是蒋先生是一个看法，您是另一个看法。他的看法怎样呢？

张学良：他这个人保守，他是山西的，对全国的事他还不太注意。

访 一：这个与他也有关系呀，因为中国没了，他也没了。

张学良：他这人是一个很保守的人。不是保守，他眼光很小，只看他山西。这个人并没有放眼整个中国。后来他野心也有了，岁数大了，也想［干大事］。

访 一：您那些朋友，您说有一个王先生。

张学良：王树翰。

访 一：其中还有，比如说胡若愚呢？

张学良：胡若愚那我不跟他谈。

访 一：那杜重远呢？

张学良：杜重远早就死了。

访 一：盛世才杀的那个人。

张学良：他早就死了。

访 一：他在上海的时候？

张学良：那是年轻的时候，我们是［在］抗日方面［有共识］。

访 一：您还可以跟他谈一谈。

张学良：我们是好朋友。

访 一：关于政事啊，跟他也能互相谈一谈吗？

张学良：可以谈话，我们年轻时候，他在日本当留学生时，我到日本，他是日本留学生的副会长。我跟他是那么认识的。

访 一：他对政治啊，东北的情况啊，事情的发展，都还可以跟你谈一谈？

张学良：后来就跟我有了［交情了］。他在我父亲面前做事，都是我的关系。

访 一：他是个人才呀？

张学良：他是人才，那个人很可惜。我到现在还不明白这个盛世才为什么枪毙他。我恨透这个人了,盛世才是我的副官,我恨透他了。他把他(指杜重远)枪毙了。我想,杜重远有些地方自己不小心,当然这也不必小心。盛世才认为杜重远到新疆去,影响自己的这个权威。

访　一：他有那么大的影响力呀?

张学良：那他是东北人呢。盛世才他们都是东北人。比方说,他也许说话不小心。盛世才有独裁的作风,不择手段,他跟苏联人联合起来,你知道?后来又翻过来了。他做没有人格的事。杜重远这个人呢,不是太谨慎小心的一个人,大概他话里话外漏出来了。我判断除了这个原因之外,我不晓得他为什么把他枪毙了。因为杜重远帮助盛世才,他怎么把他枪毙了?不知道。

访　一：您怎么不要杜重远跟您做事呀?他怎么会到盛世才那去了呢?

张学良：他也不是到盛世才那里去做事。他到新疆去考察,他自己做他的事。他也不是给我做事情。他是学陶瓷的,人家自己有一个陶瓷公司。

访　一：那么阎宝航呢?

张学良：阎宝航这个人不同了。我不跟您说过［嘛］,他是青年会的一个体育干事。当时我不知道,后来我才知道,他就是共产党。后来他到了共产党里,我才明白。他给蒋夫人当过秘书的。那我不知道他早就参加共产党［了］。

访　一：您说他给蒋夫人当过秘书,因宋子文和蒋夫人对他很器重,也就是说很信任他。您记得他是第一个从南京回到西安,带了蒋先生的什么指示呀给西安的。那时候您已经到南京了,他代表您,好像是。是不是?

张学良：这个人很能干的。

访　一：不过那个时候,我们不是局外人吗。因为我们觉得他应该站在蒋先生的这方面带着公文到西安去,因为他的身份［关系］。

张学良：他是蒋夫人的秘书啊!

访　一：是呀!那他去跟别人去不一样,因为第一,他是东北人;第二,他与您有关系;第三,西安那边的东北人希望您回去,您没有回去。可是看到阎宝航,好像觉得分量特别重。所以他说的话［西安方面可能信］。

张学良：不知道。你问我这个事,我根本不知道。到底怎么回事?我不知道。

访 一：还有谁，您可以谈谈？就是您以前的朋友。

张学良：以前也没有……胡若愚是我们一块儿玩的。

访 一：那个谁呢？臧式毅呢？

张学良：臧式毅。那不同。这个人我很器重他，不过他是杨宇霆的人，我这人做事，就是［不分谁是谁的人］。

访 一：所以张先生做事就是不管你是谁的人，只要［有才就用］。

张学良：不过这个人是个人才。那我父亲死了的时候，那一切的布置全都是他布置的，那日本人都不知道。

访 一：很有脑筋的一个人。

张学良：这个人可是很［能干］，不但有脑筋，很有才。比方说，我父亲死了，外头谁都不知道。怎么不知道，那都是他的主意，我三妹（张怀瞳）还穿着很漂亮的衣服去看戏。外头一看，以为我父亲［还活着］。

访 一：没事了。

张学良：这都是他的主意。所以日本那么样考察，不知道我父亲［已经死了］，只知道我父亲受伤，但是不知道已经死了。就连我都不知道我父亲已经死了。

访 一：是他通知您，让您改装？

张学良：那倒不是。我在滦州时候，后来张作相来了才告诉我，说大元帅已经死了。

访 一：您那时候还在前线。

张学良：他说我告诉你，你可别着急，大元帅早就死了。已经死了，外头没发丧，就等着你回去。

访 一：所以这样说起来，老帅从前的手下还有几个很了不起的人才帮着。

张学良：那当然。不然，他也不能成那一番事业！那杨宇霆是人才之一呀！阴谋！一个人才就不愿屈居人下呀，到时候他就［要闹事］。

6. 部下主要干将

访 一：您认为您手下的人才是哪些个？

张学良：那就是郭松龄、王树常、于学忠。那于学［忠］对我忠心耿耿。

访 一：王以哲算不算呢？

张学良：王以哲也算我的大部下，但是后来王以哲这个人有一点摇动，自己有意思。那时候蒋先生在庐山训练,他到庐山,蒋先生对他也用了一番功夫。

访　一：下了功夫了。不过,可是您第一次跟周恩来周先生见面,他也在其中。
张学良：谁呀?王以哲也不能算他,他不过［其中的一人］。
访　一：高福源?
张学良：那不对。那都是小角色,在军队里待的。
访　一：第一次跟周恩来或者是跟他们那方面联系,王以哲是唯一知道［情况的人］,帮您［和共产党联系］。
张学良：知道,因为他的战线嘛,他的军队。
访　一：那还有高崇民呢?
张学良：他是一个文人,另外的事情。他主张……他有一个小册子叫《活路》。那时候《活路》就是主张东北军跟西［北军］杨虎城联络,要打成一片。这是他的主张。
访　一：您知道他死的时候,很受虐待。
张学良：那就［是］四人帮吧!
张学良：王树常。
访　一：王树常跟您在一块吗?在西安的时候?
张学良：不,不,不。
访　一：那时候您要想聊聊谈谈跟谁呀?高崇民?
张学良：在西安啊?
访　一：不是在西安,您从外国回来以后,在武昌做剿匪副总司令。
张学良：我也不是跟人谈谈的人。

7. 古今的首领与辅弼

访　一：张群先生跟您怎么样?
张学良：张群跟我是朋友。谈政治上的事情,私人的事情也很少。他是站在中央的,换句话,他是蒋先生的人。
访　一：他一直都是如此吗?一直到他走了以前,都是跟您,只是……因为您的三张一王①?

---

① 20 世纪 70 年代末以后,张学良与张大千、张群、王新衡诸友过从甚密。他们相约,每月聚会一次,彼此轮流做东宴请其他三家夫妇,被人戏称为"三张一王转转会"。

张学良：那只是朋友。那蒋先生要选总统的时候，蒋先生让他选总统，他自个儿说我只是给你夹皮包成了，我不做这事。

访　一：那不成了明哲保身了吗？

张学良：也不是明哲保身。他说我不是独当一面能当总统的材料，他自己有自知之明。

访　一：那您这样说，那毛泽东就是真的［能当首领］。

张学良：毛泽东自己个儿觉得可以当首领，我能做这个事。他（指张群）就说我不能担当，我不是独当一面的人。

访　一：我们有一个幻想，跟事实并不吻合的。假如西安事变完了之后，蒋先生能够照着大家的决定执行，没有把您与东北军隔离，而且照着原来的决定请您回西安去。您认为那个以后的情况［会怎么样］？

张学良：那不知道了。不过是这样，我批评蒋先生。当然我只有两个首领了，一个是我父亲，一个是蒋先生。我父亲大度包容，而蒋先生不是。蒋先生这个人不但不大度包容，反过来，他是很窄小的一个人。各人的性格不同，我的批评也不一定完全对呀。这北方人跟南方人的不同就在这点，大多数北方人是开阔的，南方人大多数是这样的。

访　一：您这样说的意思就是说如果从西安回来，他要是像老帅一样的话，会马上请您再回去，再……

张学良：那就不知道了。估计的事不能那么讲。只能说现实，你不能说那个事怎么会。那不能幻想着随便一说。

访　一：我们再补充一个，昨天您说历史上做首领的人和做宰相的人不同点，一个是有这个领导能力，一个是有这个辅佐的能力。比如说，诸葛亮跟刘备完全不是一回事，可是他们两个人如果配合得好，就可以成功。您说可以这样说吗？

张学良：可以。这就是讲历史了。他当首领啊，刘备①肯把这个权交给诸葛亮②，他才行。换句话说，这个诸葛亮也是不好干的。

---

① 刘备，三国时期蜀汉开国皇帝，即蜀汉昭烈帝，公元221—223年在位。字玄德，涿郡涿县（今河北涿州）人，汉中山靖王刘胜的后代。他为人谦和、礼贤下士，宽以待人，志向远大，知人善用，素以仁德为世人称赞，是三国时期著名的政治家。

② 诸葛亮，三国时期蜀汉丞相，杰出的政治家、军事家、发明家、文学家。字孔明，琅琊阳都（今山东临沂市沂南县）人。在世时被封为武乡侯，死后追谥忠武侯。后来东晋政权推崇诸葛亮军事才能，追封他为武兴王。他匡扶蜀汉政权，呕心沥血、鞠躬尽瘁、死而已。他在后世受到极大的尊崇，成为后世忠臣楷模，智慧化身。成都有武侯祠。

访　二：您怎么说他不好干呢?

张学良：当时这个刘备事实上……大家都佩服关公①，其实关公这个人不行的。刘备不能成功是因为关公的关系。关公这个人度量窄小，他对别人忌妒得很，所以他不容诸葛亮啊。你知道，他不像张飞，张飞是个老粗啊！关公不但不容诸葛亮，那时候魏、蜀、吴中也许还有很多的人才，能够进到蜀的这个范围，可是他排斥他们。大家都说关公……我对关公……那么他讲义气。虽然后来就是拿人换帖，可是真正的政治上，刘备失败是关公的关系。就连诸葛亮也不能在刘备左右，所以他（指关公）对诸葛亮的排斥很厉害。

访　一：您真是有见解的。

张学良：那讲历史，那事实在这摆着呢！

访　一：那您要说刘邦和张良呢?

张学良：那就更不同了，刘邦这个人厉害多了。说一件小事，假如那件事情不是他那么干，那就出事情了。韩信那时候打了胜仗后，因为他指挥好多王，你知道这段故事吧，所以韩信就请求刘邦给他一个王的名义，就是赐我一个假王，因为他指挥的都是王。刘邦听了就火了，站起来骂，"什么还要王？"这个张良在旁边踢了他一下子。那是真的历史啊，你说他多聪明？他说，"什么要假王，我给个真王。"②

访　二：马上改了口。

张学良：不是改了口，他就拿这个换下去。什么要找封假王啊，送他真王，因为他踢了他一脚，他就明白了。

访　一：所以这两个人的配合也相当要紧。

张学良：不是，就说刘邦这人多厉害呀。这个韩信的死呀，那也是历史上，我是讲历史的，那韩信也是找死。

访　二：自己找的。

---

① 关公，即关羽。三国时蜀汉名将。字云长。河东解县（今山西临猗西南）人。东汉末亡命涿郡，与张飞投奔刘备，参与镇压黄巾起义。官渡之战前，被曹操所俘。操待以殊礼，拜偏将军，封汉寿亭侯。终仍弃曹回归刘备，镇守荆州。建安二十四年（219），率部攻曹仁于樊城，大破于禁所率七军，降于禁、杀庞德，威震一时。孙权部将吕蒙袭荆州时，羽兵败麦城被杀。后被民间与历代王朝视为"勇武"、"忠义"之典范，亦被加以神化，尊为"关公"、"关帝"，在民间遍设关帝庙。

② 《史记》卷92《淮阴侯列传》载：汉四年（前203年）十一月，韩信降平齐地，使人言于刘邦："齐伪诈多变，反覆之国也，南边楚，不为假王以镇之，其势不定。愿为假王便。"刘邦初大怒而骂曰："吾困于此，旦暮望若来佐我，乃欲自立为王！"张良、陈平蹑刘邦足而劝其善遇韩信，刘邦复骂曰："大丈夫定诸侯，即为真王耳，何以假为！"遂遣张良为使立韩信为齐王。

张学良：不是。你听我给你讲。韩信的死，杀韩信的关系为什么呢？本来韩信和萧何丞相他俩是好朋友，可是杀韩信是萧何的意思呀！

访　一：萧何？

张学良：嗯，那是萧何呀！那历史上不是完全看出来了。他是这样子，什么地方出了事情，刘邦去亲征，结果他亲征打败了，打得不好。

访　二：陈豨造反。

张学良：我忘了。反正他打败了。问题在这儿来了，他打败了呀，那个时候萧何跟这个吕后——刘邦的皇后。这个家伙好厉害呀！他们就怕韩信造反。

访　一：借这机会？

张学良：不是借这机会呀！他怕韩信动弹啊！因为不知道刘邦能不能回来？明白这个？那是危机的时候，他要动了怎办呢？不是韩信找死呀。是因为他的权威太大了，功高震主了。换句话说，那萧何也是，那萧何是韩信的好朋友哇！那为了国家，所以这危机的情况先把问题扫清了。我这是讲历史。假如那时候韩信真要是听那谁的话，他就要造反啊！

访　二：听那蒯通①，他的一个谋士叫蒯通。

张学良：舌辩侯嘛，我忘记他的名字，管他叫舌辩侯嘛。那让他造反呢！

访　一：这是好时候。

张学良：他让他造反。那他造反了，就把天下夺下来了，那就是他的。换句话，韩信这个人还算是一个不太干什么的人。那韩信那个人可以说，还算相当的老实。韩信打败项羽，那时候韩信要是一动，那一点法子也没有。

访　一：但是他没动。

张学良：大权都在他手里。

访　一：那不跟林彪一样吗？

张学良：那就不能……

访　一：清初的年羹尧②也可以说［是个人物］。

---

① 蒯通，即蒯彻，史籍因避汉武帝刘彻讳而改彻为通，汉初辩士、谋士。范阳（今河北省定兴县北固城镇）人。楚汉相争时，他劝韩信背叛刘邦自立，与刘邦、项羽"参分天下，鼎足而居"，韩信未从，他佯狂为巫而去。后韩信被诛前曾言及"悔不用蒯通之计"，刘邦诏捕蒯通欲罪之，卒因其善辩而释之。汉惠帝时，他曾为丞相曹参宾客。

② 年羹尧，字亮工，清汉军镶黄旗人。康熙时中进士，康熙末任四川巡抚，授总督，办理松潘军务，配合入藏军平定乱事。雍正初代任抚远大将军，平定青海罗卜藏丹津之乱。后遭雍正猜忌，被罗织罪状下狱责令自杀。

张学良：那历史上的事情那么多。历史不能单抽象一说，环境啊，背景啊。那韩信这个人，也还可以说是相当的［厉害］。

访 二：那您说，这样的解释可不可以？也许我说的完全不对。郭松龄有一点像这个，因为您精锐的部队都在他和您的手里。

张学良：这个不同。那当然韩信……那时候，郭松龄虽然军队在他手里，但是他不能是完全指挥呀！

访 一：对了，还有您呢！

张学良：换句话，所以他不打就跑了。因为那军队是我的，还有我呢。那军队对他虽然相当好，但是我还是第一老大，他是老二，你明白？他要是那么做，就等于造反。他造反，他的部队不会听他的了，所以这不同。部队把他下的命令给退回来了，部队说我怎么能跟他（张学良）打呢？

访 一：我们有一个很幼稚的想法，那您和蒋先生，还不是您太让他担心了吗？他也怕您嘛！

张学良：那不是一个军队，这蒋先生军队我指挥不了哇！

访 一：可是您自己有您自个的呀！

张学良：那就是了，那对部下都差不多一样。他有那么多些部下，他的军队。我不是他的部下，不是他部队里出来的。

访 一：可是因为您有东北军，所以对他来说，很怕……

张学良：不是怕，相当的警戒！

访 一：警戒！所以政治上实在是……

张学良：那政治上当然。我跟你们说，这历史上那儿子爸爸，还不是一样吗？一样。这个人一到这个争权的时候，那问题就来了。

访 一：没有一点私人感情？

张学良：不是没有私人感情。那个时候也许霎时间为某一件事情，因为解决不了，两人就吵起来了，是我当权还是你当权？这个问题就来了。"渔阳鼙鼓动地来"①。那都很有关系，一件事情不是单独跟你一说就……那你得看环境啊，当时怎么回事。某一个事，你不能抽象地说，不是那样。

访 一：所以比如说上次咱在饭桌上您提起唐明皇，就是安禄山的事。您的

---

① "渔阳鼙鼓动地来"，源于唐白居易《长恨歌》诗句。原指唐代节度使安禄山发动叛乱，比喻战事、战乱。渔阳，地名（今河北蓟县），为安禄山管辖的地域。鼙鼓，古代军队用的小鼓。

分析是他一定有他的特别因素，安禄山呢，因为那时候兵权也都在他手里。

张学良：不是军权都在他手里。

访　一：大部分。

张学良：也不是大部分。他有他的军权。"渔阳鼙鼓动地来"。他是渔阳节度使呀，他手里统的有他的兵。这个安禄山造反这件事，在历史上看起来，在我看起来，多少有杨贵妃①的原因，主要还是杨贵妃的哥哥。

访　二：杨国忠②，那您给我们说一说您的看法。

张学良：他跟安禄山弄翻了，他当时是宰相嘛。从历史上看，安禄山好像跟杨贵妃是有关系，可能有关系。这件事我从他这个，比如，收安禄山做干儿子，给"洗儿钱"。那杨贵妃跟他一块堆儿洗澡嘛，那是真事儿。虽然可没说他俩有关系没关系，但是男女两个人怎么能随便在一块。我有一张很有意思的画，就是杨贵妃给安禄山洗澡。杨贵妃用手摸着安禄山，那个安禄山瞪着个大眼睛。

访　一：安禄山的年纪，那时不小啊？

张学良：那很大呀，已经带兵了。

访　一：就是呀，那干嘛她跟他洗澡？

张学良：所以历史上他俩一定有关系。

访　二：对了，在那时候大家不好说。

张学良：所以，这段事情是我的［看法］，所以呀，这个白居易③说六军俱不前，辗转峨眉马前死。这里头很有关系。安禄山造反了，为什么六军俱不前？安禄山可能只为杨贵妃来的。你知道，军队是怀疑的，

---

① 杨贵妃，唐玄宗李隆基的贵妃。即杨太真，小字玉环，蒲州永乐（今山西省永济市）人，姿色过人而通晓音律。初为玄宗儿子寿王李瑁之妃，后被玄宗纳入后宫，封为贵妃，杨氏一门因此而显贵天下。天宝十四载（755年）安禄山叛乱，次年唐玄宗逃奔至马嵬驿时，扈从军士以咎在杨家，遂杀杨国忠，她亦被缢死。

② 杨国忠，杨贵妃的堂兄。蒲州永乐（今山西省永济市）人。本名钊，玄宗赐名国忠。天宝初年，因杨贵妃受宠，他由监察御史升任侍御史等职，并身兼15种使职，权倾天下。曾两次挑起对南诏的战争，导致丧师20余万，耗资无数。752年李林甫死，代为右相，兼领40余使，结党营私，贿赂公行。755年，安禄山起兵反叛，即以诛讨杨国忠为名。次年杨随玄宗遇难，在马嵬驿被士兵杀死。

③ 白居易，唐代中期著名诗人。字乐天，晚年号香山居士。其祖先太原（今山西省）人，后迁居下邽（今陕西省渭南市东北下吉镇）。贞元时中进士，授秘书省校书郎，元和间任左拾遗及左赞善大夫，后因得罪权贵贬为江州司马。晚年曾任杭州刺史、苏州刺史、太子少傅、刑部尚书等职。在文学上，倡导新乐府运动。《秦中吟》、《新乐府》等早期讽喻诗，广泛尖锐揭露了政治上的黑暗现象，反映了人民的痛苦生活；晚期作品有意志消沉、脱离现实的倾向。长篇叙事诗《长恨歌》、《琵琶行》，亦很有名。其诗因文字通俗易懂，流传较广。

　　　　　甚至辗转峨眉马前死，所以把杨贵妃吊死了，这军队才走。你明白？你看历史，为什么那时军队都不走了？那意思你就看出来。军队的人说，那你保护她，那人造反为她来的？可是我们不是为她打。

访　一：因为您带过军，所以您可以体会到他们。

张学良：不但，看历史嘛。所以杨贵妃吊死了不要紧，当时军队也知道杨贵妃与安禄山有关系呀！那你还保护她？我认为，那个唐明皇也是宠爱杨贵妃，他好像有点放任她的样子。我看那情形就是，你愿意哪样就哪样，你喜欢他就喜欢他。

访　一：那时唐明皇年纪已经很大了，应该是他叔叔了。

张学良：是呀！她是他的侄媳妇①。那么唐明皇这人很可惜呀，所谓开元之治嘛，那不过后来……唐明皇也是很会用人，郭子仪②呀。

访　一：这一个人做领袖也有不同的时期。我们老什么说盖棺论定，早死一点也许〔另当别论〕。

张学良：你这句话就是，中国有两句诗：周公管蔡流言日，王莽谦恭下士时。就是周公时有管蔡流言③，王莽④谦恭下士时死就了不得。所以历史好玩的。

访　一：就是说上帝有一本账。

张学良：那就不知道。上帝怎么安排的不知道，怎么变化的。比如说我父亲是被日本炸死了。不跟日本合作。

访　一：您这个看法还是上帝的安排。

张学良：那我父亲这个人，跟我当然是父子关系。可是我真佩服他。他大度，

---

① 杨贵妃初为唐玄宗儿子寿王李瑁之妃，后被玄宗纳入后宫，封为贵妃。此处张学良记忆有误。

② 郭子仪，唐代名将。华州郑县（今陕西省华县）人。716年，以武举及第授左卫长上，后成边40年，累官至天德军使兼九原太守。安禄山叛乱时，擢升朔方节度使领兵平叛。肃宗即位，任关内河东副元帅，配合回纥兵收复长安、洛阳二京，因功升任中书令，后进封汾阳郡王。代宗时仆固怀恩叛乱，纠合回纥、吐蕃攻唐，他说服回纥，与唐联兵共拒吐蕃。德宗时，被尊为"尚父"而解除兵权。

③ 管蔡流言，管指管叔，一作关叔，姬姓，名鲜，周武王之弟，周初封于管（今河南省郑州市），为三监之一。蔡指蔡叔，姬姓，名度，周武王之弟，周初封于蔡（今河南省上蔡西南），三监之一。成王初周公摄政时，他们怀疑周公有野心，散布流言，谓"公将不利于孺子"，并联合武庚等作乱。乱平，管叔被杀（一说自杀），蔡叔被放逐。

④ 王莽，西汉末年权臣，新朝的建立者。字巨君，东平陵（今山东省济南市东）人，汉元帝皇后王政君侄子。汉末，外戚王氏权势煊赫，他独谦恭好学，折节下士，又带头救济流民，博得时誉，成帝时封新都侯。公元5年，毒死平帝，自称假皇帝。8年，废孺子刘婴，自立为帝，改国号为新。在位期间（8—23年），推行土地、奴婢、币制、五均六筦等多项改革，然效果不佳。绿林、赤眉起义爆发后，他调兵遣将镇压，却力不能胜。23年秋，绿林军攻破长安时被杀。

他比我厉害，他有他的一套。很可惜啊。

访 一： 就好像这是天赋的，不是后天的。

张学良： 所以我现在想到哇。这是咱们讲历史，这随便讲，你没录吧。我想我父亲要不死，真是［一个很厉害的人］。

8. 日本人欺人太甚了

张学良： 把东北吞到肚子里，那就是他。

访 一： 吞炸弹嘛。

张学良： 不是炸弹。那是日本……

访 二： 您说今后日本是不是还对中国有很大的野心呢？

张学良： 那当然有野心，没完。日本人现在就有什么野心，知道吗？经济侵略。我说还是一样。我跟日本人——大概你们没看见有一篇文章。我跟他们说，要经济合作，如果你要经济侵略，别人也不是傻瓜，你将来还是会遭到反抗。怎么反抗你我不知道，也很难讲。既然你想干，你要想想，是应该经济合作还是要经济侵略？合作对大家都好。但是经济侵略，你暂时占便宜，可是过去你会得到报应的。天下的事情［就是这样］。我是个基督徒，那我们基督说，"伸冤在我。我必报复（应）。"你不要为世俗抱不平。那么我经常要说这几句话，日本挨了两个原子弹，这两个原子弹多厉害呀，几十万人死了。这不是"伸冤在我，我必报复（应）"嘛。

访 一： 不但死了，他们还有后遗症非常厉害。

张学良： 那就不说了。

访 一： 您说汪精卫希望跟日本人合作，他有什么可做他的后盾呢？华北当时也不会有多大支持的力量？

张学良： 汪精卫这人后来的政治野心就是跟日本合作，当首领。可以说不可说的，没有用。

访 一： 陈公博[①]那个人怎样？

---

① 陈公博，广东南海人。1920年北京大学毕业后，回广州与谭平三创办《群报》。次年初参加广州共产主义小组，为中共"一大"代表。1923年被开除出党，两年后加入国民党。1928年底，与汪精卫、顾孟余等在上海成立"中国国民党改组同志会"。抗战爆发后，追随汪精卫投敌，出任汪伪政府立法院长，1944年汪死后继任伪政府主席兼行政院长，1946年被枪决。

张学良：陈公博，这人我跟他很熟。这个人还不是唯利是图。他是共产党，他原来就是共产党。

访　二：不过他也是国民党。他转得最快，先是共产党发起人之一，后来变成国民党，后来又变成汪精卫的信徒。

张学良：也不能完全说是信徒。汪精卫他有两大将了，一个是顾孟余①，一个是他了。后来顾孟余就走开了。

访　一：不跟他合作了？

张学良：不是，也不能说合作。他是他的部下呀，走开了。顾孟余哪去了？不知道。那就看出来了。

访　一：陈公博死在江苏的一个监狱，被枪毙的。

张学良：不是，正式公开枪毙的。枪毙以前让他说了一大段话，让他把他的事情都说出来。他有一篇演说。

访　一：他临死之前还作了一篇演说。

张学良：那陈公博也是一个人才，我跟他很熟。

访　一：他以前在国民党里也很有地位呀！

张学良：是。那个墨索里尼的小姐对他也很好，喜欢他。

访　一：噢，她也认识他。那次我们打牌的时候您说把墨索里尼小姐的情书都还给人家。

张学良：我还她了。她要，我就还给她了。不是情书，是她给我写的信，我都好好地还给她了。

访　二：所以人家都说您是 Gentleman（绅士、君子）。

张学良：那规规矩矩的。

访　一：不过，如果我跟您是朋友，我给您写信，那我不一定担保我的朋友会把我的信都收起来呀。

张学良：我都留着，规规矩矩的。

---

① 顾孟余，原名兆熊，字梦渔，后改孟余，笔名公孙愈之，原籍浙江省上虞县，生于直隶宛平县（今属北京市）。民初留学德国柏林大学，1917 年回国后，任北京大学教授、经济系主任兼教务长。1924 年加入国民党，次年 12 月出任广州大学校长。1926 年 1 月，当选为国民党中央执行委员，后任中央政治会议秘书长。1928 年夏，与汪精卫、陈公博等成立"国民党改组同志会"（人称"改组派"），并主办《前进》杂志，负责该派宣传工作。1929 年 3 月，国民党予以开除党籍 3 年处分。1931 年 10 月恢复党籍后，历任铁道部长、国民党中央执行委员会常务委员、交通部长等职。1938 年底汪、陈叛国投敌后，他与汪等分道扬镳。1941 年 7 月，任国立中央大学校长。抗战胜利后，被任命为行政院副院长而未就职，1949 年定居香港。后迁居美国加州伯克莱，受聘为台北"总统府"资政。1969 年返台定居，后病逝台北。

访 一：她怕什么呢？

张学良：她怕我把他的信给发表了，将来，她当然是很有地位的人。

访 一：那时候她已经结婚？

张学良：她早就结婚了。

访 一：对了，她的女儿现在是参议员。

张学良：她跳楼了。她跟陈公博有关系，很喜欢陈公博。

访 一：您说那时候，汪精卫底下的周佛海①，您认识吗？

张学良：我认是认识，不大熟。汪精卫手底下还有那个谁，秘书长老爷②，后来在河内被打死了。别人打汪精卫，结果打错了，把他打死了。

访 二：替死鬼。那打他是蒋先生打呀？

张学良：蒋先生，那真的，他要做汉奸嘛！

访 二：已经知道他要做汉奸了，就去打他去了，有证据是不是？

张学良：是，有证据。这历史的事……汪精卫也是临死的……

访 二：您说他是不是被日本人害的？

张学良：汪是病死的。

访 二：他们说他被害死的。

张学良：不是。他死了。

访 一：还有褚民谊③。一个小丑。

张学良：褚民谊？那个没什么？褚民谊的太太是汪精卫太太的妹妹。

访 二：假如像您说的，汪精卫刺杀摄政王④时，他要是死了的话，那不也是英雄吗？

---

① 周佛海，湖南沅陵人。早年留学日本。为中共"一大"代表，1924年脱党后加入国民党。先后任广东大学、武昌大学、上海大夏大学教授，历任国民党中央军事政治学校秘书长兼政治部主任、国民政府训练总监部长训练处长、江苏省政府委员兼教育厅长、中央党部民众训练部长、中央宣传部长等职。1938年底随汪精卫投敌，日本投降后被捕，死于南京狱中。

② 即曾仲鸣。汪精卫一伙叛逃至河内后，寓居于高朗街27号。1939年3月21日晚，由陈恭澍奉蒋介石、戴笠之命，指挥蓝衣社特务对汪精卫实施暗杀，结果误中曾，曾作了汪的替死鬼。

③ 褚民谊，原名明遗，字重行。浙江省吴兴县（今湖州市）南浔镇人。1903年留学日本，1906年转赴法国，并加入同盟会。在巴黎时，与吴稚晖、李石曾、蔡元培等创办中国印书局，宣传无政府主义和反满革命。1911年回国，自此长期追随汪精卫夫妇。历任里昂中法大学副校长、广州大学教授和代理校长、广东医学院院长、上海中法工业专门学校校长、中法技术学校医学研究部主任、中法国立工学院院长等教职；1926年国民党"二大"上当选为中央候补执行委员，后递升执行委员，1932年任行政院秘书长。1938年追随汪氏叛逃河内，后历任汪伪政府行政院副院长兼外交部长、驻日大使、广东省长兼保安司令等职。1945年10月，在广州被军统诱捕，次年被处死刑。

④ 汪精卫刺杀摄政王，1910年4月，汪精卫和喻云纪、黄复生等在北京谋刺摄政王载沣，事未成而汪、黄和罗世勋被捕。但清政府鉴于革命形势高涨，乃判处汪、黄永远监禁，罗世勋10年徒刑。次年武昌起义后，3人均被"开释"。

张学良：是呀！当时要把他打死了，就是英雄嘛。

访　二：我有两件事。您很喜欢音乐，有人说您对《义勇军进行曲》① 特别欣赏。

张学良：因为当年都是很喜欢唱的。

访　一：您为什么特别喜欢那个歌？

张学良：那歌本来是一首很鼓动抗日的歌，都是不愿做奴隶的人［们唱的］。

访　一：您让您的军队［唱吗］？

张学良：我现在唱不出来了，从前很喜欢唱。

访　二：除了那个曲子之外，您还喜欢的是什么？特别的，您记得住吗？

张学良：记不得了。

访　一：还有零七八碎的事情。从张魁堂②说起，有一个作者叫张魁堂，您知道这个人吗？

张学良：张魁堂？我不知道。

访　一：他写了一本非常平稳的、严谨的［书］。

访　二：您好像有一套文集是他编的，他写过您的一本传？

张学良：写我的传？我没看见过。写什么？我没有看过这个人，我脑子里没有这个人。

访　二：他不是东北人。

张学良：不管哪儿的人，他写我的书？我要知道这书，我就会要来看。

访　一：他说呀，他强调您从很小的时候国家观念就非常强。这个我们当然都跟您谈过。您年轻的时候看到日本人在东北施行暴行，您能说一说您所见过的……

张学良：是这样。那日本人对中国的暴行太多了。比如过南满路，把你塞在火车里把你烧死。

访　一：过马路？

张学良：不是马路，南满路。火车道，我们不能过火车道。

---

① 《义勇军进行曲》，1935年上海左翼电影制作公司电通公司为电影剧本《风云儿女》配做的主题歌曲。由田汉作词，聂耳谱曲。1935年5月，《电影画报》刊出聂耳的曲谱并灌制唱片后，尤其是《风云儿女》公映后，该曲遂唱遍了祖国各地。1949年9月召开的中国人民政治协商会议第一次全体会议决定，以该曲代行国歌。后被定为《中华人民共和国国歌》。

② 张魁堂，江苏省扬州市人。长期在中共中央统战部和政协全国委员会工作，曾是全国政协文史资料委员会负责人之一，1979年底参加西安事变史编辑组，后任小组负责人。著有《张学良传》、《张学良在台湾》、《挽危救亡的史诗——西安事变》等。

访　二：中国人不能走？

张学良：不但军人，什么人都不能过他的铁路。他要抓住你，就把你塞到火车里，给你烧死。

访　一：他不把中国人看成人。

张学良：那不是。他们为保护铁路，所以铁路［两边］三十里都不允许人接近，怕有人破坏他的铁路。

访　一：不过也有破坏的时候。

张学良：没！谁也不敢跟他们较劲。后来他们自己把它破坏了，他们说我们要挑衅。我就说，历史上那可以问。假如现在有人问那段事情——后来起冲突那件事，他把铁路都断了好几个钟点，谁能把他的铁路断了？他就是预备破坏，不知道哪个钟点会……那这就不管了，历史上的事情了。中国人呢，研究历史，很多人不好好仔细地考察前后。

访　一：您很有胆量，像要把旅顺收回来，这也是挑衅吧。

张学良：是呀！他到要紧的时候，说了一句话，"城是箭射回来的，你要城，箭要射回去。"①

访　一：他说了这句话之后，您心里怎么想法？

张学良：换句话，那就没有谈的必要了。我还有一个很大的意见给他，做一个自治的市呀。可是既然说这句话了，就不必谈了。

访　二：您那时候有一个很新的思想，让当地的老百姓来自己选举。您这思想很新的，从哪儿……

张学良：不管从哪儿，既然他说出这话来了，就不必谈了。所以有的人就是……那还谈什么呢？

访　一：您心里头会不会在一刹那间想，"你要让我打回来，我早晚会给你打回来。"您有过这个念头吗？

张学良：这问题早晚是"打"。

访　一：您心目中准知道我想收回必须要经过战争。

张学良：那我们跟日本打就没那么回事，不能跟他打。我们拿什么跟他打？唱戏有一段故事："我骂你，不许还口；我打你，不许还手；我杀

---

① 1923年3月26日，按照原定的25年租期已满，中国政府应从日本人手中收回旅顺大连租借地。时张学良代表东北地方政府与日本驻奉天总领事林权助进行交涉，张提议收回旅大后，主权归中国，日本仍可握有很大的地方治理权力；并建议将旅大设为自由港，由居民自由选举管理者。结果，林权助毫不客气地说："在我们日本有一句俗谚，'城是用箭得来的，还要用箭射回去。'"

你，不许出血。"可是不行了，我不能不打了，你杀了我还不让我出血。这是说笑话一样，日本欺人太甚了。

访　一：您在中东铁路打苏联时候，日本人有什么想法？日本人他有没有什么反应？

张学良：那不知道。那时候，可以说是我大胆的作风。当时我想要树立自己的威权，总要把日本打败，或把俄国打败，我怎么会跟俄国……因为那时我看，日本我们自己打不败了，所以我的目标是要跟俄国打。使得我内心里，我就想站起来了。

访　一：有一两次战争的确打赢了。海军，是不是？

张学良：是呀，海军打赢了。

访　一：的确也是一个，中国还没有任何军队能跟外国人打。

张学良：我们打俄国我们也打赢了。后来俄国从国内把那谁调来了，他带来好的军队。

访　一：他们是不是因为用了空军的关系？

张学良：不是空军，是好的军队。

访　一：您在这件事举动之前，有没有跟南京政府商量？

张学良：南京也知道，商量当然也说了，可是南京并没有帮多大忙。

访　一：他们答应帮忙了吗？

张学良：答应了，后来没有［帮忙］。

访　一：后来都没有兑现。

张学良：不是没兑现，南京是预备派兵，派两师的人，可是后来没等来，就失败了。

9. 我很喜欢我的部下

访　一：太快了。另外那本书上有一个人说了一句话，他叫卢广绩。

张学良：卢广绩，知道。

访　一：他说，您对部下好像跟兄弟一样，可是您没有老帅的威严。也就是说，老帅大概有时候会很凶，是不是？

张学良：很凶！

访　一：那他的批评对吗？

张学良：那也许是这样的，我对我部下向来不凶的。

访 一：您向来也不骂吗？

张学良：也骂，很少。

访 一：老帅对部下不一样？

张学良：那我父亲厉害得很。

访 一：怎么厉害法？

张学良：他火了，他把眼睛一瞪，我没说嘛，吴俊陞趴地下就给他磕头。我的部下没那么怕我。

访 一：又是一个老派和新派的不同。

张学良：也不是新派，个人的。我没跟你说过，我的兵说我也是没用的东西，嘿嘿。

访 一：他们不敢这样跟老帅？

张学良：我想不，我很喜欢我的部下。

访 一：这是那上边所说的几件我觉得很有意思的事情。您知道，听说西安事变之后，蒋先生不让您回去了，结果西北、东北和红军联合三位一体的事就等于拆散了。那就是说整个在西安组织成的这样一个很有希望的事情就失败了，所以周恩来哭了。

张学良：嗯！

访 一：周恩来在一个会上谈起这件事情就哭了。我就想起您也曾说过，诸葛亮在《失空斩》①［斩］马谡②之后，哭马谡。对不对？您的解释是他哭的不是马谡的死，而是哭他没有听先帝的命令，使整个事情失败。

张学良：先帝的话。

访 一：所以失败了。那您说周恩来哭什么呢？……

（录音中断）

10. 与部下一块拼命

访 一：我们想问那些"第一"。我记得我曾经跟您说有一个顾问，他说任

---

① 《失空斩》，是中国京剧传统剧目《失街亭》、《空城计》、《斩马谡》的合称，这三出戏故事前后衔接，但大多数时候只单演《空城计》。取材于古典小说《三国演义》，讲述三国时期，诸葛亮率军北伐的故事。

② 马谡，字幼常，襄阳宜城（今湖北宜城南）人，三国时期蜀汉大臣，侍中马良之弟。初以荆州从事跟随刘备取蜀入川，曾任绵竹、成都令、越嶲太守。蜀汉丞相诸葛亮用为参军。马谡"才器过人"，好论军计。诸葛亮向来对他倍加器重，每引见谈论，自昼达夜；但马谡却于诸葛亮北伐时因作战失误而失守街亭，因而被诸葛亮所斩。

何一个人第一次的经验，不管什么经验都是记忆最清晰的。所以我们想，您把您第一次作战，就是从讲武学堂出来第一次正式带军队去作战，是哪次您还记得吗？我们希望知道您第一次去的时候，在去之前，您是否跟老师商量作战计划，还是……

张学良：我从来不商量。那我父亲就是决心要打。他就一句话"我要打"，至于怎样计划那是我们的事儿。

访　一：您还记得您第一次战役是跟谁商量军事战略吗？

张学良：我跟你说，不是第一次是第二次①。那三角同盟要打了，我们那个仗打得可是危险。那我父亲这个人很厉害。他说三角同盟，齐燮元已经打到江苏那边的卢永祥了，人家已经动了，我这边就应该动啊。那么我要不动，等到他们打胜了，把我打败了，那我更丢脸呢！我宁愿现在打败了，也比后来打败了好得多。那时候我们奉天出七万人，吴佩孚来兵二十一万。我们确实知道，三倍呀！那么我们取攻势。

访　二：还要取攻势，以少敌众？

张学良：我们取攻势。我们攻人家，人家守哇！我父亲说我是决心要打呀，我宁可这样打败，我不愿意在人家打完再把我打败。更丢人。我们没有打胜的希望，差不多很难啊。所以我说，中国有句古话，两军作战，哀者胜也②。我跟你说哀到什么程度，我父亲说了决定要打了。我们几个人就开了一个会议。那么开会议后，临走的时候，我们面面相觑。大家都没吱声，就是你瞧瞧我，我瞧瞧你。你知道什么意思？就是不知道谁不回来了，不知道还能不能见到了。

访　二：那时候的心情是［很复杂的］。

张学良：哀者胜也。我去看我太太，我到屋里告诉我太太说我要走了，不许你说一句话。

访　二：您想张太太会说什么话？

张学良："你要小心啊，干什么？"你不要动摇我的决心。我告诉你，我要走

---

① 此节张学良常将两次直奉战争混淆在一块述说：1924年9月齐燮元攻浙卢（江浙战争），乃第二次直奉战争的发端。下文所述赴秦皇岛洗澡、打网球等，指1922年6月，奉军在第一次直奉战争战败后，张学良代表奉方与直军彭寿莘、王承斌等在秦皇岛车站、英舰"喀尔"号议和之事。另，张学良反复强调的第二次直奉战争双方兵力悬殊（7万对21万），征诸史籍，则明显不确。

② "两军作战，哀者胜也"，语出《道德经》第69章："祸莫大于轻敌，轻敌几丧吾宝，故抗兵相加，哀者胜矣。"王弼注曰："抗，举也；加，当也。哀者必相惜而不趋利避害，故必胜。"

了。我这句话里头还有的意思，是我还回来不回来就不知道了。你知道，人家二十一万我们三万，还要取攻势打法。结果我们把吴佩孚打个全军尽没呀。

访　一： 落花流水。

张学良： 就是第二次奉直战争，所以我说吴佩孚是个无用的人。

访　一： 我的顾问说，他也曾参过军嘛。他说，经常都会出错，你不管做得多周密，到时候都会有错。

张学良： 那当然。

访　一： 您记得这一次作战，你们几个人的计划一定是尽量地周密了。

张学良： 也不能说计划周密。这话是这样，作战的时候，无论计划得多么周密，还是打的问题。谁打得凶，就是这样。

访　一： 您怎么能够保险你手下的军队能够为您拼命？

张学良： 那也不能保险。你这句话问的！就是身先士卒，我自己……

访　一： 那这次战役真是您跑到前头去了？

张学良： 也不能说跑到前头。凡是我——不是说我在后头坐着要你们去打，拼命是一块堆儿拼就是了。

访　一： 您也跟在一起，不是坐在总司令部指挥？

张学良： 那不是。中国打仗的事儿，那我跟你说，中国的军队，中国的兵真是好。现在不知道了，那个时候，兵们就说，"你舍得［命］，我们舍不得［命］呀。你要舍得［命］，我们怎么舍不得［命］！"

访　一： 还是身先士卒。第二次您就已经用了迫击炮，是不是？那会儿迫击炮是怎么运到前线的？

张学良： 那很容易，迫击炮并不重啊。

访　一： 不重？那是人扛着呀？

张学良： 是的，不重。

访　一： 您是守山海关是不是？

张学良： 不是，我们攻山海关。

访　一： 您要是从大本营到山海关，兵都是走着去？

张学良： 那不是太重。兵扛着那么一个玩意儿算不了什么，甚至比机关枪比那重的机关枪还轻呢！不太重。

访　一： 是不是就在这次，您还曾经到直军的后方去看了看？

张学良： 那儿，不是这么回事。

访 一：去打网球去了。

张学良：嘿嘿，我这个人好玩得很。我跟直军他们的代表谈判。简单地说，那是英国的兵船来帮忙的。

访 一：他们是以这个国际的……

张学良：他们来算是帮忙的。谈判完了，我们到秦皇岛洗了个澡，还到那里打网球。他开玩笑，他说我把你眼睛蒙上，你怎么能看人家的阵地都看见了。

访 一：谁给您联络的呢？

张学良：那时候有 Joesph Platt（约瑟夫·普赖德）他们，在英国的兵船上。

访 二：当时您预备怎样谈判？

张学良：谈和呀。

访 二：两边不打了。

张学良：谈和，不打了。

访 一：条件呢？奉军［怎么办］？

张学良：就各守阵地不打了，就不打了。

访 一：当时也有外国人在帮忙？

张学良：外国人是中间分子，也不是帮忙。

访 一：那不是很危险吗？他要把您俘虏了，怎么办呢？

张学良：那俘虏不了的。我跟你说，这个吴佩孚的直军方面失在失策上。因为那时候如果他攻奉天，奉天没有大的力量。可是他回去搞政治去了，他想抢总统。

访 一：后顾之忧？

张学良：不是后顾之忧。想在政治上［有发展］。他把这个停到那儿。他不该［停］，他应该打。

访 一：他应该一鼓作气地往奉天打？

张学良：他可能胜都不一定。换句话，奉天借这个机会缓了一口气，整军经武，预备军队。

访 一：您认为他有那么大力量吗？他要真打，他有那么大的力量？

张学良：他当时不能说有，他的力量可以乘胜而入。

访 一：当时他自己带兵啊？吴佩孚？

张学良：自己的。

访 一：那时您给军人装备的是什么枪？

张学良：都是，那个时候很粗。

访　一：那些军火都是从外边来的，还是您自个儿做的呀？

张学良：有的是自个儿做的，有的是外头做的。那个时候就是［那样］。

访　一：外国来的枪多一半是美国式的？德国式的？

张学良：没有美国的军火，根本没有。

访　一：英国的？

张学良：那时候大都是日本的。

访　一：这次战役，在战场上有没有士兵有些什么困难？或者是士兵捣乱什么的？有没有？

张学良：我那士兵没有。

访　一：都很听话。

张学良：我那军队，换句话，后来军队没谁跟我闹过什么事情。

访　二：那时候，您跟郭松龄合作的，是吧？

张学良：那当然，他是我的副手。

访　二：他做副手都负责什么呢？

张学良：我是正军团长，他是副军团长；或者，我是正军长，他是副军长。向来如此。

访　二：发号施令都是［两个人联合的吗］？

张学良：都是他发。名字是我的，实际都是他发。

访　一：这次您认为最辛苦的或最得意的是哪一点？

张学良：就是山海关一战，吴佩孚就完蛋了。因为这样的，我们出了一个小支队绕到秦皇岛去了，把铁路都给破坏了。

访　一：九江口？

张学良：九门口①。我们绕到秦皇岛，比如这是秦皇岛，这是火车站，我们这么绕，从这绕到后头，把铁路破坏，吴佩孚［的军队］整个［就垮了］。

访　一：全军覆灭。

张学良：整整三列车都完了。

访　一：这个计划是［对的］。

---

① 九门口，地名，位于辽宁省绥中县李家乡与河北省抚宁县交界地带，南距山海关15公里。该处系明长城重要关隘，有"京东首关"之誉。其建筑始建于北齐时，明洪武十四年（1381年）曾做扩建。九门口长城全长1704米，其中跨河城墙达百余米。在约百米的九江河上，纵行铺砌有7000平方米的过水条石，其边缘与桥墩周围，均以铁水浇铸成银锭扣，历来被称为"一片石"。在一片石上，筑有9座泄水城门，九江河穿流而过，故有此关名。

张学良：也不是计划。我说吴佩孚这个人没用。我看吴佩孚根本不是军人，"西蜀无大将，廖化为先锋"。当时读书的军人没有几个的，他就是［一个］，这个人实在［不懂军事］。

访　一：所以那次战役打了多久？您记得吗？

张学良：那我说不出来了，一个礼拜的样子，我忘了。

访　一：比您计划的长啊，还是短啊？

张学良：你这个话问错了。战役不能说，我计划十天就不打了，那不能。你这外行话。

访　一：标准外行。我们这次要打山海关一直打到［胜利］。

张学良：打胜为止。那不能说我打三天就不打了。

访　一：军饷、吃的、用的弹药这些补给，这些东西呢？

张学良：补充嘛，补不上就完了。

访　一：永远从奉天补充吗？

张学良：所以军队打仗要紧的是补充。换句话，吴佩孚打败的原因也是补充不好。他不是补充没有，他是后方调动不好，他失败就在这里。我们的军队最忌讳的就是逐次增加。怎么叫逐次增加呢？你来一师，一师叫人家打败了，后来一师又来了。换句话，你把两个师放一起，有多大力量！这吴佩孚这个人，假如在历史上批评他，不是军人。不能说不够军人，连军人都不够。

访　二：他也曾经打胜过啊！

张学良：那他碰上……西蜀无大将，廖化为先锋。① 他没碰到正式军队。

访　一：后来您对他很好嘛。

张学良：后来我养活着他。我跟你说，过去中国的事，训练的法子什么的都不是正式的法子。那我们的军队是正式训练出来的。

11. 有名的人我认识的很多

访　一：所以东北军历史上有名也是基本的训练。那么除去这个作战之外，您从小就替大帅传达一些书信给北京，您还记得第一次？第一封信？

---

① "西蜀无大将，廖化为先锋"，俗语。指的是西蜀后期人才的凋零，无人可用的尴尬局面。廖化，字元俭，本名淳，襄阳人。初任关羽主簿，关羽死后属吴。后逃归蜀汉，官至右车骑将军。蜀汉灭亡后，被徙洛阳，于途中病死。

张学良：那我还记得一件事。那时候，靳云鹏当国务总理。靳云鹏是我家亲戚，我的四妹跟他儿子订婚，不过没嫁过去。他教训我一句话，我到现在还记得他教训我的话。他跟我说"我看你将来要做大事"。他说："你知道袁世凯怎么成功的？八个字——挥金如土，杀人如麻。"我当时没回答他，我自个想，挥金如土这事情我很容易做，可是杀人如麻这件事我做不到。

访　一：您记得您那会大概有多大？十几岁？

张学良：十七八岁或者十八九岁。

访　一：您怎么会碰见他的？您去送信去的？代表老帅？

张学良：代表我父亲送信去。我代表我父亲送了好多信，不但是他，有名的人我认识的很多。

访　一：他怎么跟您谈起这个事情呢？

张学良：我们在一块堆儿，我是后辈了，而且我们又是亲戚。

访　一：这个送信的差使，老帅给您？

张学良：也是让我接触、接触。

访　一：您还记得其他的人是谁吗？

张学良：那很多当时有名的，叫我说来也说不出来。

访　一：就是培养您，培养您多见世面，多……

张学良：那是呀！接触、接触。

访　一：老帅有没有派您见外国人？

张学良：外国人？那个时候我父亲跟外国人……差不多都是跟我有关系。我记不住了，美国公使啊，所以蓝姆森跟……那时美国不大重要，英国重要。

12. 社交礼仪、服饰及生活习俗

访　一：我们也想知道那会儿，比如您代表大帅到北京去，见这些外国像Lamson（蓝姆森）吧，您那时穿什么衣服？

张学良：穿洋服。

访　一：西装啊？

张学良：穿西装。那时不但穿西装，穿那种黑的裤子都是带道，上身穿黑衣服，不像现在这样随便。

访　一：那是礼服了，戴蝴蝶领结吗？
张学良：黑的领带。不戴帽子，不过随便拿个高帽子。
访　一：穿皮鞋带鞋套吗？
张学良：鞋子带套。那时戴白手套，很讲究。那时是英国的派头，比如，中午吃饭要穿中午的衣服，晚上吃饭穿晚上的衣服。后来美国的方面最好。那时候你出门要带七套衣服，像我们上哪儿去都带一个大箱子。
访　一：干嘛要七套呢？
张学良：跟你说，那时候请客呀，都写着穿什么。军衣我得带着，晚礼服，白天的礼服，那时候干什么都得穿什么衣服啊！全是英国的派头，我带一个人专门给我管衣服的。
访　一：好讲究。
张学良：很讲究。我专门请这么一个人，要穿什么他都得给预备出来。
访　一：那穿什么衣服、戴什么领带，他都知道？
张学良：他都知道。
访　一：勋章呢？
张学良：那时候勋章很简单了，那倒不相干。
访　一：这个人是中国人吗？
张学良：中国人。他是北京饭店的Waiter（侍者），他会说外国话。他就干过一件事情，把我气死了。好在不是跟外国人。穿军衣他给我忘了戴肩章了，因为他不懂得军人的事，他不懂。
访　一：那怎么办呢？
张学良：没关系。我自个儿军队的。
访　一：您那时候是什么阶级呢？
张学良：我啊，中将，后来上将。
访　一：那会儿咱们的军衣大礼服完全是西洋式的，是吧？
张学良：那穿大礼服的时候很少。
访　一：那时候军服……我看见老帅有大高帽子，很正式的。
张学良：不过我们的礼服是卫士武官的礼服，我很喜欢穿。
访　一：什么样？帽子不一样？
张学良：不是。下身是穿礼服的裤子带线的，上身就是普通的军衣，帽子另外有牌子的。
访　一：不戴那种高的帽子，那高的帽子是跟哪国学的呀？

张学良：那时候戴礼帽都是戴那种。不能说是跟哪国，我也说不出来。

访　一：很高，戴那种帽子的时间很短吧。

张学良：不。大概一直都穿那个大礼服。

访　一：您穿军装时是带枪啊，还是带刀啊？

张学良：穿礼服是不能带枪的。

访　一：您带什么样子的带子呢？

张学良：带什么有一定的规矩，后来变化好多，简单说都是带刀。

访　二：那时东北军老帅他们的军装跟别的军队不一样吧？

张学良：一样，没什么不一样。不过东北军，我们空军不一样。东北自己的空军。

访　一：空军的军装怎么不一样？

张学良：好看。我带着人去上海。他们说，我们的空军军服在上海火车站都发光了。

访　一：什么颜色？

张学良：夏天穿白的，短袖的。Mountain Jaket，衣服上有蓝扣子，红线。

访　一：您带多少人去呀？

张学良：就带我那些部下去的。他们说上海火车站都发光了，开玩笑。戴另外一个帽子。

访　一：您第一次代表老帅见外国使节团，您那会[是什么身份]。

张学良：我不代表我父亲。有什么国庆，我父亲自己出来。

访　一：谁给老帅做翻译呀？

张学良：他有自己的翻译。王卓然就是一个，后来就不是了。另外还有一个英文的翻译，姓高的，他翻得最好。

访　一：都是中国人？

张学良：都是中国人。姓高的，他是那个交涉署的英文科科长。

访　一：等于是外交部的。那么您替大帅带信，不是说正式的宴会，您见外国人，要带秘书吗？

张学良：不带。看什么事情了。我说这姓高的，给我父亲当翻译的，这个人很有意思。他翻译，他不翻译我父亲的话。

访　一：那怎么办呢？

张学良：他说的，很有意思。他经常翻译我父亲的话，外头的人觉得我父亲说得怎么那么好啊。其实是他说的。因为好多事情他知道了，我父亲说一小部分，他加上好多玩意儿。这个姓高的人很有意思。这个人抽鸦片，很有意思。

访　一：可是他能把大帅的意思说出来，这很好哇。

张学良：那他说一点，他就能给加上好多事。那时外头都说大帅回答得好凶。但是他说之后，那人很有意思。我跟他后来成了朋友。

访　一：年轻吧？

张学良：不。年龄相当大了。

访　一：他一直跟着您吗？后来？

张学良：后来不一直跟着我。后来当了秦皇岛的海关监督。

访　一：后来谁做您的英文秘书呀？

张学良：英文秘书我有好几个了。

访　一：您最得意的？

张学良：王卓然就是一个。英文秘书好几个，忘了。

访　一：您到欧洲，您只带了端纳？

张学良：端纳，我自己那时……Tommy 李（李汤米），他英文名 Tommy（汤米），中文叫李什么。

访　一：第一次的经验很多，我们也希望知道您第一次参加婚丧大礼或喜庆宴会，国宴式的。您第一次参加的，您还记得吗？

张学良：太多了，那记不了。

访　一：您第一次都记不得了？

张学良：记不得了，第一次记不得了。那时候，他是这样的，国庆一定要请客的。那时候我父亲都请客，是最大的宴席，那很讲究。专门请奉天的外国人。我跟你说，我现在想，那个人叫（录音不清），现在我看宴会好像没有了，有机会我还要问问外国人。那是什么事呢，当年我那时还年轻啊，那时候吃完饭了，大家一定要闹。喝完酒，就都是……英文你懂得了，chit‐chat‐ha（即闲谈，聊天）。然后就是 Lion（狮子）‐ha，Tiger（老虎）‐ho，不晓得现在有没有了？这个奇怪吧！

访　一：这个习惯大家都有这么一个……

张学良：是呀，喝完、吃完，大家闹啊、乐啊、笑啊。现在又是跳舞，干什么的。那时大家喝完、吃完就喊这个。现在你就从来没看见这种游戏，大概这是英国人的玩意儿。Lion（狮子）‐ha，Tiger（老虎）‐ho……

访 一：什么意思？

张学良：玩嘛！凶啊！表示这个……都是喝酒。

访 一：喝洋酒啊！

张学良：当然喝洋酒。我父亲他出来一会儿，后来就走开了，不总在席。剩下我们就玩了。那都是很好的、很讲究的洋菜。那时没有跳舞的，没有女的参加。

访 一：我是在想，比如我们出席一个会，就会里头准知道玩得很好。那预知明天有这么一个会了，今天心里就很高兴。那天我听见一洗牌，就很精神了，因为喜欢。您喜欢出席这些，您是不是头天就已经觉得……

张学良：那不。不过是这样。我那时候，那个法国公使的太太长得挺丑的。她也是一半开玩笑，她跟我爸爸说："你跟你儿子说，他尽跟那年轻的女的在一堆儿，他不理我。"我爸爸不知道，我回来，我爸爸骂我，说你尽跟她们扯什么蛋。

访 一：开玩笑，美国人喜欢这样做。就这样说，同时也是暗含着说，你那个儿子的确是很风流倜傥的，很多的女孩子喜欢他。等于是向老帅夸您的意思。

张学良：也不是。她也是开玩笑。我爸爸不懂这个。

访 一：有一个记载说您代表老帅去参加一个什么人的生日，曹锟的生日吗？还是……在天津，卢广绩也出席了，四公子中大概至少有三个公子都出席了，您记得吗？

张学良：不记得。什么？啊，段祺瑞的生日。

访 二：您还记得那回事吗？当时四公子，出席都是谁呀？

张学良：当时四公子？

访 一：卢，孙科。

张学良：孙科，卢？

访 一：卢永祥的儿子……

张学良：卢永祥的儿子叫卢小嘉，这个人最无聊了。

访 一：还有您，还有谁呀？段祺瑞的儿子……

张学良：段俊良①。

---

① 段俊良，即段宏业，段祺瑞的长子。段祺瑞对其寄望甚殷，然他却生活奢靡，放浪形骸，从军、从政、从商均无成就。曾在20世纪20年代一度担任过山西陉正丰煤矿总经理，其父晚年则随侍左右，接送宾客，处理书籍文稿等杂事。一生酷爱围棋，曾接济、收罗不少潦倒棋士。

访 一： 说段俊良是最寒酸的。

张学良： 段俊良专门会下围棋。他的爸爸骂他除了会下围棋，什么都不会。他下围棋下得很好的。他下棋赢他爸爸，他爸爸火了，说你就会下围棋。

访 一： 本来他爸爸以为他自个儿下得最好。那卢小嘉……

张学良： 四公子中最没出息的就是他。

访 一： 怎么没出息呀？不想干？

张学良： 不是。这个人哪，我跟他本来是朋友，后来我看不起他。他上海派，吃女人。

访 一： 吃女人，他也不会没钱嘛。

张学良： 钱也有，不能说没有。他大概不是太有钱。他吃女人，我知道他好几个女人。我想他大概也很会玩女人，我非常看不起他，完全是上海的流氓派头。我知道有好几个人，他把人钱吃完了就甩掉了。有一个最有名是王喜顺，是周作其的姨太太，很有钱，有点首饰什么的。还有一个是我部下的太太，她娘家很有钱。她父亲是上海的地皮大王。他大概从她们手中弄不少钱。专门吃女人。您知道溥杰的二奶奶跟我有关系，后来她就不知道怎么的跟卢小嘉去了。

访 一： 您说这个四公子是怎么由来的呀？

张学良： 那就是当年都是什么四呀，四公子。历史上有四公子，好几个，明朝四公子呀！

访 一： 您这一代的四公子是？

张学良： 我们四个人啊，其实把卢小嘉搁上一个，孙科可以算一个，段祺瑞的儿子，那我一个。那三个人，第四个出名的人，没有了，就把他算上了。也不是谁安排的，社会安排的，报纸……

访 一： 袁世凯的儿子当然应该也算一个了。

张学良： 袁世凯的第二个儿子是相当有名的，袁克文[①]，是个文学家。他应当算一个。

访 二： 孙科，您跟他很熟吗？

张学良： 孙科啊，我跟他很熟。

访 二： 这个人怎么样？有没有才干？

[①] 袁克文，字抱存，又作豹岑，号寒云。袁世凯次子。生于汉城（今首尔），其母金氏为朝鲜李王妃之妹。虽长于仕宦之家，却喜与文人学士交往，自己亦能文。

张学良：没有才干，庸庸者。不过就是好人。

访　二：好人。他受的教育也不错。

张学良：那他受到的教育是不错，他是个好人。

访　二：没有什么作为。

张学良：没有什么。他做过行政院长。

访　二：听说他做行政院长的时候，也没有做出什么来。

张学良：听说孙科有个女人，叫什么来？

访　一：蓝妮①，在上海。

张学良：蓝妮。为这个事他很丢脸。后来台湾不许她进来。

访　二：这个人怎么回事？小小的，瘦瘦的。

张学良：她的丈夫是财政部的一个人，不是丈夫。她的公公好像是宋子文的财政部的次长，反正是财政部很要紧的一个人。那大概是他的儿子，她是儿媳妇大概……

访　一：她怎么又变成孙科的太太？

张学良：她跟我也……我不理她。我躲她远远的。这家伙勾人。我敬而远之，我不理她。

访　一：那后来她跟自己的先生离婚了，变成孙科太太？

张学良：她不是孙科太太，她是孙科的外家。她自个儿的先生很不错，大概财政部的什么玩意儿。她的公公在财政部做事，还是先生，我不记得了。后来咱们这不许她"进口"，原因也是孙科。她在外头招摇得很厉害。

访　一：在大陆也一样，在上海，时常上上海。

张学良：她生了一个孩子②。

访　一：对，有一个女儿，那是孙科的小孩？

张学良：那当然是孙科的。后来台湾不准她"进口"。

访　一：您记不记得您那个时代的这些礼节，不管是受英国的影响，还是受

---

① 蓝妮，孙科的二夫人。原名蓝巽宜，学名蓝业珍。生于澳门官宦之家。青年时因家道中衰，很早与李定国结婚。1934年与李定国分手。1935年春结识孙科，后任孙之私人机要秘书，旋与孙成婚，被立为二夫人。1940年春，她离开重庆，独身回上海照顾女儿。抗战胜利后，因过去在沦陷区曾与汉奸周佛海、陈公博有来往而被羁押，后交保释放。1948年春，孙科竞选副总统时，有政敌借"蓝妮事件"攻击孙科，致孙科落选，亦使蓝、孙二人产生不和。次年4月，赴香港，后移居美国。1986年回大陆定居。

② 指孙科与蓝妮所生的女儿孙穗芬。

咱们传统的影响，很多礼节现在我们都不可能了解了。那时候比如说您有没有参加什么人的婚礼？或者代表老帅、代表您自己，以及代表张家参加婚礼？您一定参加不止一次了，您的印象里边是……？

张学良：没参加过人家什么婚礼，没有。

访　一：从来没参加过人婚礼？

张学良：我想没有。

访　一：那您能不能够给我们说，您自个儿婚礼的情况？因为跟现在的完全不一样。

张学良：我的婚礼是基督教的。

访　一：您那时就是基督教的？老帅还在的时候？

张学良：不在了。我老婚礼呀，跟我太太（指于凤至）。我以为……

访　一：现在的婚礼大家都知道怎么形式。那个时候……

张学良：那是完全旧式的。

访　一：旧式是什么样的呢？您给我们说说。

张学良：那你都不知道啊，那很麻烦。简单说我的婚礼，那时我还有一个堂弟弟，你知道有个男的，像伴郎。我太太说她不知道哪个是丈夫。

访　一：以前没见过面？

张学良：没有见过面。

访　一：以前不能见面？

张学良：以前我俩不认识。

访　一：那您也没有所谓的相亲？您也没有相亲？

张学良：什么相亲？你这问错了。我根本就从来没有看过我这太太。那时我的丈人我的太太的爸爸，跟我父亲是好朋友。就这样订婚了。

访　一：结婚的仪式当然不是基督教的了。

张学良：那不是基督教。那是旧式结婚，您没见过。

访　一：有轿子？

张学良：坐轿子。

访　一：您穿什么样的礼服啊？马褂？您还记得不记得？

张学良：长袍子马褂。我跟你讲中国婚礼很好玩。头一个屋子里的被褥摞的差不多到房顶上去了。不晓得为什么搞那么多被子，都是陪嫁的什么。

访　一：红颜色的？

张学良： 那都是很讲究的被褥，绣花儿的。还有一件事，把我整苦了，好像那被褥上扔着一个斧头。

访　一： 斧头？就是砍东西的？

张学良： 对，斧头。好家伙，我坐到被褥上，那差点儿掉下来。那么高的被褥，我那年好像才14岁，我太太17岁。

访　一： 您为什么要坐在被褥上？那是规矩？您得先坐在被褥上。

张学良： 到底怎么回事我也……都是我那些妹妹，我就记得一句话，我妹妹扔了一个调羹，我们管调羹叫匙儿。

访　一： 我们也叫匙儿。

张学良： 扔个匙儿，我要得个侄儿。这斧头怎么地，哎呀这个屋子扔得。那时候很好玩的。我就说，被褥上来个大斧头，我忘了斧头说什么。

访　一： 每一个东西都有一句话？

张学良： 都有一句话。那旧式结婚，还有跳火盆、过马鞍子，好多事儿呢……

访　一： 射箭有没有？

张学良： 还有两个小孩拿着两个瓶，干什么玩意儿？我忘了。

访　一： 您射箭了吗？

张学良： 射。轿子来了射箭。

访　一： 真射啊？

张学良： 新娘的轿子进门以前，新郎出去射三箭。

访　一： 您真射三箭？您往哪儿射？射上天？

张学良： 那我不晓得。射三箭，后来射到哪儿？就捡回来。射不远，做样子就是了，我都忘了。那可热闹呢！抬完大轿子，还有小轿子。我妹妹出嫁也是旧式的。她说，差不多把我闷死在里头，她穿好多衣服。

访　一： 凤冠霞帔。

张学良： 大概是凤冠霞帔，我都忘了。她穿好多衣服，我记得我抱她都抱不动。她还哭，我说你要再哭我把你扔地下。她说大哥你可别跟我开玩笑啊。哥哥要把妹妹抱上轿子。

访　一： 娶亲的太太也有哇？

张学良： 大概有娶亲。

访　一： 这些婚礼，您当然不记得怎么顺序。就是说有人在后边导演，对不对？

张学良：媒婆什么的。她们都懂。那个时候，要紧都是"叫房"。跳火盆什么的，我说弄不好，把裤子都给烧了。

访　二：那会儿结婚，从一清早就开始，这一大套一大套一大套的要弄一天啊？

张学良：啊，那忙啊！

访　二：那不是累坏了？

张学良：那是忙，新郎倒没什么，家里忙。我自个儿结婚，可把我……结婚之后要分大小。

访　一：怎么讲？什么分大小？

张学良：这个新娘来了，这个家里人你不认得呀。一个一个分大小，告诉你这是什么人。比如，这是你叔叔，你姐姐，这就是分大小。

访　一：由新郎官？

张学良：你得陪着磕头，人家给钱。哎呀，累死了，那我们家人还多，好家伙！这头要磕上千个。

访　一：老帅很高兴吧？

张学良：那我父亲出来，就是家里事情……

访　一：也是大事呀，那老帅的好朋友也要出席了？

张学良：那，他不，都是家里人。

访　一：新娘的父亲呢？

张学良：那也不来。我们家里的人。

访　一：老帅跟谁呀？那会是寿夫人，是吗？

张学良：那不是。我母亲还在呢！

访　一：您母亲不是老早就死了？

张学良：不是，不是寿夫人。我另外还有一个大的母亲。我母亲死了，第二个太太要扶正，我爸爸还有第二个太太。

访　一：他们都穿那种非常讲究的衣服？

张学良：那我就忘了。

访　一：我们最近看到日本的皇太子结婚。

张学良：中国那时候也没有一定的规矩。

访　一：您几个兄弟？您结婚以后，谁是第二个结婚的呀？

张学良：就是二弟张学铭。他结婚没多大，并没怎么办。

访　一：您说现在结婚，一办就是多少桌，那会儿大帅……

张学良：并没有多热闹。不过我奶奶死了，那是很大的事情。

访　一：那您的婚礼是一天呢？还是请客两三天呢？

张学良：好像没有请客。我忘了，记不得了。

访　二：您也拜祖先，分大小，然后就是闹洞房，扔东西？

张学良：分大小是第二天的事。我太太17岁，我14岁，我还是小孩呢。

访　一：嫁出去的妹妹就不管了？

张学良：我们家里就没有多大关系。

访　一：嫁出去，咱们北方有三天要回门。

张学良：那也没多大事。

访　一：您说您祖母故去的时候，办事很大？

张学良：很大，很大！

访　一：那是很隆重的一个丧礼了，那时候的情况是怎么样儿的？

张学良：那现在我记不清楚了。那时候我父亲当师长，我祖母死掉的时候场面很大很热闹。我记得搭的那个大棚，好大的，用布搭的。

访　一：白布，念经？

张学良：白布，蓝布，还念经。

访　一：老帅的时候，是和尚念佛经了。请来念经的是佛教还是道教？

张学良：都有。那时候念经人都来送的呀，是怎么的，我都不知道。

访　一：送一棚经。

张学良：我是小孩，我奶奶死的时候。

访　一：您跟您奶奶亲不亲？

张学良：我跟我奶奶不亲。我奶奶是这样的，我奶奶也不喜欢我。我的姑住在我家里头，我的姑有儿子，我奶奶很喜欢我这姑，也很喜欢她那孩子。

访　一：也住在您家里呀？

张学良：我家里人很多。那么伯父死了，我的伯父有一个姑娘，有两个儿子。我的伯父有好几个太太呢。一个大闺女，还有两个儿子。两个儿子，一个叫张学成①，一个张学文。那个张学成叫我给枪毙了，就是跟日本人勾结那个。张学文后来在我手底下当旅长。现在也死了，抗日

---

① 张作霖二哥张作孚死后，留有二子三女。长子张学成，字铸卿，父丧后即由张作霖抚养，与张学良一同入学，并送国外留学。回国后，曾任张作霖的卫队营长，张宗昌属下之第七〇师师长。"九一八"事变后，张学成投靠日本。1931年11月，日本关东军任命其为东北民众自卫军总司令，令其纠集伪军凌印清、王殿忠、李寿山各部，进攻临时辽宁省政府驻地锦州。张学良大义灭亲，特派部队转赴辽中，临阵击毙了张学成。

被打死了①。他有个亲戚，太太的大舅子干什么，他去跟他做生意。

访　一：人很多。

张学良：很多，很多。我的伯父的女儿，我喊她大姐。她出一脸麻子，长得很难看，我什么话都跟你们讲。她在家里生个孩子，那要不是我奶奶，我父亲要把她弄死。我奶奶袒护她，后来就找我姑父，把她嫁了一个姓韩的。所以我家里人口很多。我父亲的人很好，我舅舅的家也住在我们家，我很讨厌他，那时候我妈妈都死了。我父亲说没有你舅妈就没有你，我舅妈呀从前很帮助我们，因为那时候我们很穷呀，我舅妈弄点粮呀弄点米呀什么的。

访　一：你们这是一大家的人，表兄表妹。

张学良：我父亲对他们很好。他们孤苦伶仃就住在我家，那我的表哥也在我家，跟我在一块念书的。他做很好的事情，给我父亲当秘书啊，后来出去当县长啊。我父亲很照顾他们，我对亲戚都不大好。我今天看见一封信，忽然想起来那是我母亲的第四个妹妹的儿子，姓安，给我写的信。

访　一：安定的安？

张学良：他们说我眼睫毛长不认亲。我妈妈的第三个妹妹有个儿子，他姓李。我做事那个时候，她找我，非让我给他安排个事，我说凭什么给他个事儿呀？他会什么呢？她说你给个顾问。我说我给个顾问？你这话说的，顾问是政府给的，你够资格吗？我怎么给他顾问？顶着个大脑袋……我叫他李大头。她说我眼睫毛长不认亲，我爸爸在的时候不是那样的。我就说如果我爸爸在，那么也不能随便给人。我说政府也不是我的，我是给政府做事的，政府是国家。所以我的亲戚她讨厌透我了。那是我的一个大姐的姑娘。

访　一：您的外甥女？

张学良：本来她做的挺好的，我们家里过年过节还要她来。后来因为这事，我不许她来，不请她来了。她的两个孩子在这个联勤总部里做事情，都不错，一个是少校，一个中校，地位很高了。那一天，我们在一块吃饭，我这人就是怪得很。他说听说那个联勤司令温哈熊跟你——温哈熊的爸爸温应星原来是我提拔的，为什么叫温哈熊的？温应星是头一

---

① 张作孚次子张学文，字右卿，曾留学日、法两国，1933年后曾任东北军第一〇五师第三旅第九团团长。西安事变后解甲经商，1947年定居巴西，1987年曾携夫人、子媳回乡参观帅府。此处张学良记忆有误。

个在中国做事，在我手底下做参谋。后来他到哈尔滨当警务处长。所以他儿子在哈尔滨生的，叫温哈熊——我们两个孩子都在那儿，那你给说说人情，我说你两个孩子做事做得怎么样？你要我跟温哈熊说，那你这两个孩子一定不行了？那我就告诉人家把他们撤差了。

访　二： 帮了倒忙了？

张学良： 我说你们既然行，为什么叫我讲人情？不但这样，往后你别到我家里来。我从来不给人讲人情这事儿。我后来请客，我家里吃饭，我不找他了。我这人是怪脾气。你要叫我说，我就要叫他查查，看你这两个孩子行不行，要行你还找我说话。

访　一： 温哈熊是美国西点军校的学生？

张学良： 不是，是 West Point（西点军校）。

访　一： 那很好啊。

张学良： 很好。另外，我手底下有一个人，这人到哪儿去不知道了，叫王成志，那比温哈熊还好。他是麻省理工学院出来后到 West Point（西点军校）。这个人在我这也做很好的事情。后来他当天津第一特别区区长，也是我保荐的，但是他在财务上不大清楚。郭松龄之变的时候，他没交代拿着钱就走开了。那么后来他回来，我就把他关在滦州监狱了。我关他不为旁的，他是我介绍到特别区的，到了特别区，他不交代还拿了人钱就走了，这是很丢人的。后来他从滦州监狱逃走了。到了天津，在天津叫 Peking-Tianjin Times（《京津时报》），他就说我未经审判就把他关起来了。有人说他后来到上海当 Broker（经纪人）什么的。他能力很强。

访　一： 他学什么呢？军事？

张学良： 他原来是 West Point，还有麻省理工学院。听说他在上海更姓改名就做 Broker。有人这么说，可我也不知道这人到哪去了，很可惜。王庚①，你晓得吗？王庚的太太你晓得不晓得？

---

① 王庚，字受庆，江苏无锡人。1911 年，公费赴美留学。1915 年获普林斯顿大学文学士学位，同年入西点军校。1918 年 6 月，毕业回国。先供职于陆军部，旋任巴黎和会中国代表团上校武官兼外交部翻译。后任航空局委员。1920 年与陆小曼成婚。1923 年，任交通部护路军副司令，授陆军少将。1924 年，任哈尔滨警察厅厅长，9 月与陆小曼离婚。曾任孙传芳的五省联军参谋长、前敌炮兵司令、铁甲车司令等职。北伐后一度任陇海路行政主任。1931 年，任税警总团团长。"一·二八"上海作战时，因曾遭日军扣留而被诬为日本"间谍"，被罢职。1942 年 4 月，为赴美军事代表团成员之一，途经开罗时病逝。

访 一：不知道。

张学良：王庚的太太很有名的，后来嫁给谁啦嫁给了文学家。

访 一：徐志摩①。噢，陆小曼。

张学良：这个王庚的太太是陆小曼，但是她喜欢王成志。她跟王成志两人有关系，那我都知道。她本来要嫁王成志的，她要跟王成志逃到东北来。王成志就把这事跟我说了，我说你们俩这样的话，你带她到东北来，我保护你就是了，没人敢到这儿来抓你们。后来她就嫁给徐志摩了。

访 一：这人您看过？

张学良：见过，她长得相当漂亮。她怕我得很，看见我就躲，因为我知道她的故事嘛。那王成志是王庚的同学呀，她本来是王庚的太太。

访 一：王庚后来哪去了？

张学良：王庚后来给宋子文当税警队的队长，后来跟日本打仗的时候，被俘虏什么的。这个人不行。陆小曼跟这个王成志发生关系之后，王庚当他俩的面问陆小曼喜欢谁。陆小曼当面就说我喜欢王成志，不喜欢你。这很有意思。

访 一：那后来这姓王的就没有下落？

张学良：后来他哪去了就不知道了。有人说他更姓改名，做 Broker。有人说他死掉了。后来他也没找我，我也不知道。

访 一：好像您用了很多有才干的人？

张学良：我那时候是这样的，差不多有名望的、有才干的我都用，有些没有用。王庚也当过我的手下，来了一下就走了。你知道为什么走了？我说你要走，我也不留你。他来了要解手大便，军队没有马桶都是坑，他解不了手。那不行，你这个当中国军人当不了。你爱走就走吧，我也不留你。

访 一：他受不了那苦。何世礼，他家里……

张学良：所以我对何世礼……你知道，他能吃高粱米饭，那不是简单的事儿啊！

---

① 徐志摩，浙江海宁人。原名章垿。1915 年入北京大学，1918 年留学美国，获政治学硕士学位。1920 年入剑桥大学，师从罗素，1921 年开始新诗创作，1922 年回国，与胡适等筹组新月社，1924 年任北京大学教授，1927 年后任教于上海光华大学、东吴大学，是新月派代表诗人。1930 年任中英文化基金委员会委员，1931 年因飞机失事去世。为后人留下了《再别康桥》、《自剖》、《翡冷翠山居闲话》等多部诗文名篇。

访   一：他是广东人。

张学良：在军队里吃高粱饭那不容易，所以后来何世礼对我也很感激。他说在秦皇岛打共产党时，① 旁人都打败了，我没打败。这也是因为那时候，我有这个带兵、打仗的训练啊。

访   一：他也是公子哥儿，他家里那么……

张学良：何世礼有个朋友，姓胡，他忽悠他到我那去。我问何世礼，你来做事儿呀？还是想做官儿？我说这样，你现在给我当副官，你可以看看这情形。他就问他那朋友，副官是干什么的？他朋友说给人看门的。所以，何世礼到现在就说倒霉，怎么给我看门。后来我就跟他说，不管你是法国留学生，还是在英国也念过，你在中国带中国军队就要知道中国的事儿。那么我让他下军队，我跟他说明白，我也不需要他干多少年。他去当几个月连长，我再把他提起来。后来他当连长、营长、团长。

访   一：那就是说他很了解情况，那真了不起。吃高粱米饭，当副官。

张学良：那不容易，阔少爷。有几个都不干了。

访   一：受不了？

张学良：受不了。那当然得苦啊。干几天可以，天天干那受不了。曹汝霖的儿子，曹璞②后来干不了。他不干了，就娶了同仁堂乐家小姐。后来他当了天津市第一特别区区长。他们这阔少爷，那个颜惠庆的儿子都在我手底下干过，干不了都走开了。还有谁？这个朱启钤的儿子，朱海北都当过我的副官。我对他们少爷们都提拔。冯庸、吴俊陞，吴什么来着？后来我说穷得连一块钱都没有了，吴泰勋③。

访   一：他只有一个儿子呀？

张学良：一个儿子。这个人是没出息，穷得一块钱都没有。那么有钱，随便一捐，给个几十万美金啊！

访   一：人家也不谢谢他，后来没有人？

张学良：人家敲他竹杠。我跟你说人还得教育好儿子，那多有钱，那时候他

---

① 此处张学良口误，不是跟共产党打仗，而是跟吴佩孚的部队作战。
② 曹璞：或作曹朴，字君实，曹汝霖的小儿子。毕业于日本士官学校，回国后曾在张学良手下任副官、连长等职。"九一八"事变后随张学良入关，后任天津市警察分局局长。"七七"事变时，任天津市特别第二区主任，天津沦陷后，日军仍派其继续担任该职。抗战胜利时，曾任天津开滦矿务局秘书。
③ 当年在张学良身边担任侍卫副官的，有所谓"五大少"之说，即朱启钤之子朱海北、曹汝霖之子曹璞、吴俊陞之子吴泰勋、何东之子何世礼以及张海鹏的儿子。

1780 张学良口述历史

给我们军队里捐款，像现在，一捐就捐两个火车站。

访 一：现在已经快九点了，怕张太太要休息了。

13. 书画、古玩、娱乐

访 一：您得意的书法，我们可以讨一张放在哥伦比亚大学，他们不但可以听到而且可以看到。

张学良：我很喜欢写文徵明①的字，我也没有怎么学过，就自己写。

访 一：就是想跟您讨教讨教这些事情，像您喜欢的唱片啦、摄影……

张学良：我是什么都干。照相我也会照，现在也不照了。我太太总是说，你跟你儿子一样，不是照相，而是玩照相机，买了照相机也不照。我那照相机就在那摆着。

访 一：比如您喜欢什么样的照相机？

张学良：新的照相机，我看见就买，她说我买了就摆着，玩照相机，不照相。

访 一：还有，您画画吗？

张学良：我学过画画。陈半丁②他教我画画。

访 一：陈半丁跟我父亲是很好的朋友。

张学良：后来他不教我了，他说我去了尽扯淡，也不好好学。

访 一：还有您对中国字画的鉴赏，您是怎么学的？

张学良：不是学的，是我喜欢。

访 一：这些我们都很希望能[知道一些]。

张学良：我很喜欢。是这样的，原来我最早是写籀文的。我会写篆字，写得相当好啊。我喜欢写篆字，因为买不起那些篆字参考的玩意儿。你知道，买什么？买古钱，拿那个玩意儿写，学那个字，后来我也不干了。我的嗜好太多了。你看我写的篆字相当的好。我现在也不能

---

① 文徵明，原名壁，字徵明。明代画家、书法家、文学家。长州（今江苏苏州）人。因先世衡山人，故号衡山居士，世称"文衡山"。曾官翰林待诏。诗宗白居易、苏轼，文受业于吴宽，学书于李应祯，学画于沈周。在诗文上，与祝允明、唐寅、徐祯卿并称"吴中四才子"。在画史上与沈周、唐寅、仇英合称"吴门四家"。

② 陈半丁，著名画家。本名陈年，字静山，与胞弟易斋双生，故名半丁。浙江山阴（今绍兴市）人。少年父母双亡，家境贫寒，曾做过商店、钱庄学徒，然"嗜书画入骨。"19岁时赴上海，以拓印为业，与任伯年、吴昌硕等相识，并拜吴昌硕为师。壮年后赴北平，就职于北平图书馆，后执教于北平艺术专科学校。1949年后，曾任中央文史馆馆员、中国画研究会长、中央美术学院研究员、全国政协委员、北京画院副院长等职。为画擅长花卉、山水、人物、走兽，以写意花卉最为著名，亦兼工书法、篆刻。

写了。

访　一：您还有以前写过的篆字？一张？哪怕一张呢？

张学良：现在那篆字就会写几个了，拿那个书写还行。原来我写得很不错，现在也不干了。

访　一：所以在您见过的中国古字画中，哪个是最老的？哪个是你最欣赏的？

张学良：不能这么说。我最喜欢是沈周①的画。不过我家里最古老的是五代的一个画家，真假人家说不出来，那是皇宫里头赏给我父亲的。

访　一：那大概可能是真的吧？

张学良：那皇宫也未必是真的。皇宫里假的也很多。那个有人看过，但是他们不敢鉴定，因为没人看过这个。我有好几幅很古的画，可是没法参考啊。

访　一：您怎样训练自己的鉴赏能力？

张学良：那不是训练，我看。眼睛看得不错，这么一句话就完了。旁的像人家有什么考啊，我也没有。

访　一：哪天我们想请您解释这个，我们提头儿，您来给我们说一说。同时拿一张什么样的画，您给我们分析、鉴赏，再照相，这是很要紧的。

张学良：那人家教我写字的，教我怎么写，怎么练字。

访　一：下次我们再来时，把电影机拿来，您一边说一边给我们表示好吧！您练过张裕钊②的字吗？

张学良：没有。我弟弟写张裕钊的字写得最好。

访　一：哪个弟弟呀？

张学良：我三弟。他那字写得很好。我是喜欢，原来我也写，但是后来不写了。我后来写篆字，写文徵明。

访　一：您给我们说说这个，这个对我们来说比西安事件更有价值。说实话，这两天您忙嘛，过两天我们带来字画，您见过的画也可以，给我们批评一下，说一下什么样是好的，怎样的好法？

---

① 沈周，明代中期杰出画家。字启南，号石田、白石翁等。长洲（今江苏省吴县）相城人。其家学渊源深厚，一生家居读书、吟诗作画。其书法学黄庭坚，诗也有名，绘画造诣尤深，擅长山水、花鸟，亦工人物。明中叶，与其学生文徵明及唐寅、仇英合称"四大家"。

② 张裕钊，清代散文家、书法家。字廉卿，湖北鄂城（今湖北省武昌市）人。道光廿六年（1846）中举，授内阁中书。后入曾国藩幕府，与黎庶昌、吴汝纶、薛福成合称"曾门四弟子"。然淡于仕宦而独喜文事，曾主讲于江宁、湖北、直隶、陕西各书院。书法更名重一时，常于险峻中见刚健，习研魏碑而内圆外方，能自成一家，被康有为赞誉为"集碑学之成"。

张学良：你要说怎样的好法，我也很难说。人家是地道的，规规矩矩地说，我就看着好看就是了。眼睛，张大千说我的眼睛（眼力）很不错。人家是有根据的，我是没有根据的。

访　一：但是我们记录的是张少帅的想法，不管别人。

张学良：我就看着不错。

访　一：给我们说说娱乐方面。比如，您钓鱼是吃啊、放了，还是卖呀？您都给我们说说。我觉得非常有意思。我还有一个想法，这个不见得要录下来。因为您很喜欢麻将，我们这些新一代的不会打麻将的人对麻将的看法是，这并不是一个普通的消磨时间。这个很用脑筋的，所以您有否想麻将跟其他的关系？

张学良：没什么关系，玩就是了。

访　一：就是玩。比如大帅打麻将，他拿了麻将，揣到兜里，所以怎么能做到这一点？您给我们说说。

张学良：这个就表示他的记忆力好。他打麻将，他把牌看好了，就搁在兜里。他都记住了，观察你们打什么，他就明白了。

访　一：既然您肯让我们用这麻将桌来访问，您下次［给我们讲讲打麻将的事］。

张学良：我不是佩服我父亲打麻将，我佩服他的记忆力。这证明他做事也是观察。

访　一：所以我们要抓紧把这些事情都弄好，以后好录像。

张学良：我父亲这个人呢，我现在就稍微讲讲。我父亲这人令我佩服，他开阔大度。……我非常佩服我父亲开阔大度这点。他认为，男人乱七八糟玩，怎么女人玩就出毛病呢？

访　一：所以老帅这种想法也是很新的。……

张学良：是呀！

访　一：很多事情，像您提到一个人要暗杀他，然后还把他放了。

张学良：那我父亲这个人很可惜，那有人说，要是倒退100年，他就是朱洪武一样的人。

访　一：皇帝？

张学良：是那种人物。他不过碰到这个时代呀，所以做个大元帅也就不容易了。

访　一：那个时候的大元帅也不容易，面对争争夺夺的场面，从前没有那么多外族，那时候还有那么多外国人，比如有日本，又有苏联。

张学良：我敢说，这些事情我父亲比我强。他应付日本人，那他应付得好。

访　一：很有办法。

张学良：那我不行。那我跟你们说，我没这个能耐。

访　一：您大概脾气比较直。

张学良：也不是直。他很会软硬都来。

访　一：跟他们周旋。

张学良：软硬都来。所以日本人恨透了他，他不上他们的当。就是这样硬。

访　一：怎么样也抓不到他。

张学良：那是的。那我父亲这一点，我非常非常佩服。

访　一：实在值得佩服。

张学良：所以我常常说，一个人的成功失败，都有他的［原因］。那你说吴俊陞当初也获得成功，他有他的成功。

访　一：这几位老哥儿们，怎么会就听老帅一个人的呢？

张学良：这段我不是跟你说过吗？我跟我父亲说，我父亲还骂过我一句，他说：“我不如你。”我说，你那个部下我也带不了，我的部下你也带不了。他就说我不如你。真的，我就不晓得，他那些人怎么那么样服从他？他好像有这个统治的力量、统治的威风，那些人都比他岁数大啊。

访　一：威风，恩威并施。

张学良：这就跟大人对小孩一样，你有这个威风，他就怕你，可是有的人不怕你。所以这对我父亲，我常常……

访　一：人才。

张学良：人才，他真是人才。我就说我父亲这点也是开阔大度。我的第五母亲在外面［有情人］，他知道，也还放纵着她。

访　一：我得跟您讨教一件事儿，闹不清楚，请教打麻将的事。

张学良：什么打麻将的事儿呀？

访　一：您所谓那个，怎么叫？"幺九幺九"吗？

第五十三次访谈
子承父业　痛恨内战

访谈者：张之丙（简称"访一"）
　　　　张之宇（简称"访二"）
被访者：张学良
同座者：赵一荻
访问日期：1993年6月23日

1. 杨宇霆之死原因在郭松龄手里

访　一：他好像是参考了很多［资料］。
张学良：他这个人是专门［研究张大帅的］。
访　一：还有一个，关于您跟老帅［的事］。
张学良：这个人大概没有啦。
访　一：没有啦，很可惜！他在日本参考了很多日本从前公布的资料。
张学良：我稍微看看，没有完全看，没有整个看。写东西，不容易……外头写东西跟事实不符的太多了，人家认为就是那么回事。
访　一：您说，您随便翻了翻，可是您看那上面，有哪点跟别人说的不一样的吗？
张学良：哪些地方？
访　一：那本书，司马桑敦①那本书呵。您翻了之后，看看有没有跟别人说的不一样的地方，您认为他［写的怎么样］。

---

① 司马桑敦，记者、作家。原名王光逖，曾用笔名金明、淳于清、席小岚、范叔寒、潄流等。吉林省双城（今属黑龙江省）人。1939年，任哈尔滨《大北新报》记者兼国通社日文翻译。他受左翼文学影响，曾与叶福、关沫南等合编《大北新报》的《大北风》文艺副刊，1941年底，与关沫南等被伪满哈尔滨警察厅逮捕。1949年去台湾后，先后当过海军的政治教官，《联合报》驻日特派员，取得日本东京大学硕士学位。后曾任军事记者、日本驹泽大学法学部讲师。1977年移居美国旧金山、洛杉矶等地。其作品有小说《野马传》等，著有《张老帅和张少帅》、《张学良评传》等。

张学良：好多事那是外头传的，你不能说哪件事，我也不知道，忘掉了……写东西要与事实相符，不能离事实太远……所以说尽信书不如无书，写东西的人他也不知道事实是怎样的。

访　一：说回来啦，您和老帅前后一百多年（笑声）。您对中国的历史影响那么多，有好多的事情，可以说是外国人都不知道。

张学良：有些事，你不说谁能知道。外国人他看表面，那件事情到底是怎样发生的？我简单说一句，咱们随便扯淡，你不要记。

访　一：好！咱们就是扯淡。我带点资料给您看，您说……

张学良：我就说，好多人不明白我说这句话是什么意思。我说杨宇霆之死，原因在郭松龄手里。死在郭松龄身上，不能说是他手里。这话怎么讲呢？我随便说说，你知道这件事就行了，不要记。郭松龄他也是我很好的伙伴，但我差不多可以说，也不能说100%，我知道他早晚会有变，他也跟我说过这是他性格使然……但是我不会杀害他。无论解除他兵力，还是解除他的权力，我都不开除他。因为这件事，我自己个儿后来后悔得很。怎么后悔得很呢？我心里难过。所以我很愿意人们知道郭松龄这件事，可以说，换句话是，这完全是由我给造成的。

访　一：您怎么这么说？

张学良：如果我把他的兵权解除了，把他枪毙了那都很容易的。

访　一：是啊。

张学良：我明白，但是我不肯这样做，所以后来很难过。我说杨宇霆死在我手里，是因为郭松龄的关系。因为郭松龄是我的大助手，换句话，事实上我的成功很多的事实都是郭松龄给造成的。如果到那时候我再惩治他，那么人家怎么看，会认为我这个人有神经病，是个太厉害的人。（访者笑声）那么换句话，要紧的时候我还是爱惜我自己的。

访　一：您是这样解释。

张学良：您明白吗，这句话？

访　一：您也爱惜他啊。

张学良：不是爱惜他呀，可是我说我现在都90多岁了，人家……今天在这里谈，我想他们写的东西都是拿我当小孩子。

访　一：嗯？

张学良：那个人写的，我觉得过火一点。

访　一：就是这个？

张学良：他说杨宇霆说我是阿斗①，那真是有人当我是小孩子。可是我从来都不这样，我占便宜占这个占得很大。我可以说，我这个人是早熟，我28岁就大权在手了。我把事情藏在心里，可以说，我一生做事……我简单说一句话。

2. 瞒过戴笠会见共产党

访　一：虚怀若谷。

张学良：不是虚怀若谷，不是那么讲。我跟你讲，那个时候，蒋先生的人就是戴笠的，我到上海行动，我就说戴笠一定会很注意我。

访　一：嗯，戴笠会注意您。

张学良：我到上海是干什么去了？其实，我到上海去确实是跟共产党有联络。

访　一：呵哈！

张学良：戴笠一点儿都不知道。

访　一：那您可是太厉害了，他们真是笨。

张学良：所以我说［他们无能］。

访　一：那您以什么手段隐瞒过他们呢？

张学良：人家都知道我好玩，都说我到上海去找女人。我在上海有好几个女朋友。那我最得意的，我不说是她是谁了。后来她知道这件事，她骂我，说我把她当掩护。

访　一：我知道是谁。

张学良：你不知道。我拿好几个朋友当掩护，人们都知道我一天跳舞吃喝玩啊，谁知道我去［另有活动］。

访　一：那您的掩护工作实在做得太高明啦。

张学良：那跟那些人都约好会了上哪儿去，上海东郊、西郊有个吃烤鸡的地方。我去吃烤鸡，他们在郊外等我，我们俩在郊外见面。

---

① 阿斗，即三国时蜀汉后主刘禅，刘备之子，字公嗣，小字阿斗。公元223—263年在位。即位之初，由诸葛亮辅政。亮死，他信用宦官黄皓，使朝政日趋败坏。公元263年蜀汉被曹魏所灭，刘禅投降曹魏，被封为安乐公。《三国演义》等小说、戏曲描写阿斗懦弱、无能、痴笨，故后人称懦弱无能不思振作的人为"阿斗"，有"扶不起的阿斗"等俗语。

访　一：那您吃着吃着烤鸡就走了。

张学良：不是吃烤鸡，吃烤鸡是借口。

访　一：是掩护。

张学良：吃烤鸡在郊外，我们在郊外就把事办了。

访　一：您这种事说起来做得相当高明。这是在上海，您所谓郊外是哪儿？

张学良：我还说不出来，［反正］不是在市内。

访　一：那您开着车去吃烤鸡，那您吃烤鸡别人陪着您呢，陪着您的人［是谁］？

张学良：没有。那时候在上海我有一个车，我会开车，我一个人开车到处跑。

访　一：那您记得跟您谈话的是谁吗？

张学良：我现在说不出来了。后来共产党对这个人……后来高岗①还是谁他们犯难了，后来逝世了。我现在说不出他的名字来，我忘啦……共产党的大将呀！

访　一：嗯！

张学良：我一下子说不上来，好像后来被枪毙了被处死了。

访　一：那会儿，他是共产党的中坚分子？

张学良：啊！

访　一：中坚分子。

张学良：后来他好像是叛变了，不是叛变，他们自己什么地盘主义②……后来，我不知道……

访　一：那是……

张学良：那谈，不是谈旁的，主要是谈剿共这些，我是跟他们有联络的。

访　一：他们对您在西北剿共，他们有什么主意吗？

张学良：那他们当然愿意跟我谈了……所以我觉得戴笠很可笑，后来我们打仗都是做出来［给人看］的。

----

①　高岗，陕西横山人。1926 年加入中国共产党，后长期从事创建陕北和关中苏区的工作。历任红二十六军政委、中共中央西北局书记、东北人民解放军副司令员兼政委、东北局书记、东北行政委员会主席、东北军区司令员兼政委、中华人民共和国中央人民政府副主席等职。中共"七大"后当选为中央政治局委员。1953 年任国家计委主席，1954 年 2 月在中共七届四中全会上被控与饶漱石勾结阴谋篡夺党和国家领导权，受到揭露和批判。同年 8 月 17 日自杀。

②　张学良在《杂忆随感漫录》及复蒋介石长函（即《西安事变忏悔录》）中，均言及他曾于 1936 年经刘鼎接洽介绍赴上海，"在沪西郊外某西餐馆会见"了"自称为中国共产党负责者的一个人"。因此人未露姓名，张学良晚年回忆时，常估计此人非潘汉年即饶漱石。此处张学良所说似即指饶漱石。

3. 我真不愿意对付共产党

访 一：哦，这是跟红军他们。

张学良：换句话，我们是要抗日，不愿意剿共。

访 一：那共产党当然很欣赏、很感激啦。

张学良：也不是感激，我们跟共产党有关系就是。那时周恩来说几句话就跟我有关系，蒋先生为这事气得甚至说，共产党要不是我呀，可能早就没有了，他那么讲。

访 一：可是啊……

张学良：……换句话说，我真不愿意对付共产党，我认为共产党是中国抗日的一个真正的力量，因为他们真正要抗日。

访 一：所以您刚从海外回来，他（指蒋介石）把您请回来，就是因为北方有一些个军事上的情况他控制不住。那本来的意思是请您到华北去有所作为吗？怎么忽然间又派您到西南剿共，后来又到西北剿共呢？

张学良：这个我不大清楚，那时候我不能去华北。

访 一：就是。

张学良：我不能去的原因，一个是中国内部的关系，一个是日本的关系。

访 一：嗯。

张学良：因为我去华北之后，情势一定会大变。

访 一：就是。可是……因为北方情况不稳定，明明知道那边有很多忠心耿耿于您的力量，他请您回来到底为什么？

张学良：请我回来，这里头不能说为什么。那当然是，我在国外也不能说是反对他，如果不跟他一致，他当然感到很不合适，那他让我回来，他［让我给他干事］。

访 一：在他身边方便一些。您到欧洲去见了那么多国家的首领和重要人物……

张学良：也不一定是要帮这个帮那个帮谁，我主要是不愿意中国分裂。

访 一：对，这是您基本的思想。

张学良：假使要中国分裂，我这个人……所以让我撂下，我立刻下野就走了。我最反对内战，［反对］自相残杀。

访 一：如果您不是以国家统一和避免内战为中心思想的话，您也不会易帜。

张学良：一切事情差不多都因此，我根本……换句话，我不适合当军人，我不愿意，我愿意当医生。

4. 我跟父亲的关系

访　一：不过，虽然您不愿意，但因为你是长子，为了继承老帅的事业，老帅对您的爱护还是跟别人不同。那么这个家族之间的关系也难免［出问题］。

张学良：对，我父亲是这样。我先说说我跟父亲的关系，我们父子关系当然好，可是我父亲对我又特别的好。第一个原因是，我母亲死得早，我母亲跟我父亲很受苦，所以他喜欢我是我母亲的原因。那么，我母亲没死的时候，她跟我父亲闹别扭闹得很厉害，连话都说不来，跟我父亲闹得很厉害。我的脾气可以说一部分来自我的母亲，我母亲脾气很倔强，那么这点遗传到了我身上。我父亲移爱到我的身上。还有一个原因是，我父亲小的时候家里很贫困，他年轻的时候就担当家事了。他的思想也不能说早熟，我十八九岁的时候，他就让我给他做这个做那个，而我所做的事又使他相当地满意。所以，后来他就把事情慢慢交给我。

访　一：嗯。

张学良：那么我就简单……我本来姊妹是三个①，我的姐姐是个捣乱的家伙。

访　一：嘿嘿！

张学良：那家庭出了点问题，她说我父亲喜欢我，我父亲为这个事很生气。他说把家给我们一部分，让我们出去过，我还有个弟弟。这就等于分家了。我对他说："爸爸，你火什么？我是你儿子，她顶多两三年就走了。"她那时候已经订婚了，所以我说："您理她干什么，何必管她？没意思，您难过什么？"

访　一：所以这样一来，老帅就知道一切了。

张学良：我父亲他很少听人讲，但是我说他就、劝说［他，他还能听进去］。

访　一：您知道为什么您大姐要写信吗？

张学良：我和我姐姐完全不和，她好捣乱，她这个人，没有什么知识，没有

---

① 张学良所指，即张作霖元配赵夫人所生的长女张冠英（首芳）、张学良自己及二弟张学铭。张冠英后来嫁给鲍贵卿之子鲍毓才，下文张学良所说的"很会弄钱"的大姐夫即鲍氏。

意思的人。好多事她不在大处看，在小处看。

访　一：大姐姐会不会是因为母亲，因为有很多其他的母亲在那儿，所以她为了保护［母亲才写信］。

张学良：她这个人也不是那么讲，她说好像说我母亲死了，那么……当然，我母亲死和我五姨有关系，因为一点事情吵嘴，那都是小事了。甚至有段时间，我做事的时候，有一度不许她进我的门。因为她好捣乱。她有几个钱，我大姐夫很会弄钱。后来我大姐夫临走时夜晚到我这［儿］哭了一大场，离开了。他自己走了，不要家了。

访　一：分开了？

张学良：不是分开了，他不要他家了。他说受不了了，受不了我姐姐。我姐姐甚至还打他，我认为我那姐姐有神经病。

访　一：脾气大？

张学良：也不是脾气大，她有时候对人很好。她的两个姑娘都嫁给空军。她有结核病，她神经上忽然对人好得很，忽然又对人凶得很。

访　一：那您姐夫走了之后，以后就不知道了，就没有消息了？

张学良：最后他自己有个轮船公司，他很会理财。听说他到上海弄了个太太。这个人还是那样打他，大家开玩笑说他天生的［被人打］。后来不知道到哪儿去了。

访　　：他会理财，应该给奉天政府做事……有没有？

张学良：没有，给政府做事不做事是个人的事。他自个儿愿意做他自个儿私人的事。

访　一：有这么一段消息，就是说，在东北有一个人对于这个船运，就是在那个松花江上吧，替老帅搞船运的运输事情，后来到上海做了很大的运输工作。共产党还非常地拉拢他，不是您的姐夫是吧？

张学良：我想不是。

访　一：不是？

张学良：我不知道这个人。

访　一：不知道。有这个人，好像不是姓鲍，我忘了姓什么。

张学良：那时候船运就是沈鸿烈，沈鸿烈是海军。

访　一：这个人没有做过海军，没有在政府，后来从商了。

张学良：等我出来到外面，里头的事我都不知道。

5. 不把生死看得那么重

访 一：刚才您提您的掩护工作做得特别好，一个例子就是您到上海去戴笠都不知道。

张学良：戴笠那时候不知道。

访 一：比如说，您在北京的时候，您的位置相当高，那也有很多掩护的工作吗？

张学良：在北京用不着什么掩护。

访 一：不过，因为您的位置特别高，所以出来进去也要特别小心啊。

张学良：那是保护的问题。

访 一：对，保护的问题，有没有什么［保护］？

张学良：那是他们的事，不是我的事。

访 一：可是从北京经过滦县出关为老帅奔丧，您是极力地做到了掩护工作了。

张学良：那是过去的小事。

访 一：可是那个时候，注意您的是整个的日本是不是？他们也相当厉害。想象之中，他们那样把老帅给谋杀了，他们一定会推测到您，看您的行动怎么样，是不是？

张学良：这个问题呀，外人不大……谋杀我父亲这件事并不是日本整个的事，而是少部分人的事，不是参谋本部啊不是出于日本国家的定策。

访 一：不是。那是关东军里边的一部分人做的。

张学良：那是一部分人所谓的少壮军人。那会儿，日本关东军的总司令①和我很好啊。

访 一：您记得他叫什么？

张学良：现在说不出来。他是原来陆军部的次长，我俩很好。他请我去，那可以说是鸿门血宴一样，看日本的舞剑。

访 一：啊，到日本去？

---

① 皇姑屯炸车案发生时的关东军司令官为冈村长太郎中将。1928年秋，因国际舆论压力，日本政府曾组织特别委员会对谋杀张作霖案与日本军人之关系进行"调查"。事后，田中义一内阁宣布：杀张与日本人无关，关东军只负警备疏忽责任。遂仅将冈村长太郎编入预备役，对关东军参谋长斋藤和独立守备队司令官水町予以斥责了事。

张学良：不到日本，到关东军司令部去，就在奉天。

访 一：哦！您说说。

张学良：舞剑，跟真刀舞剑一样，我去看。我就不在乎，那他给我一下子就给我一下子。

访 一：那，旁边保护您的人他们有什么？

张学良：没什么保护，我就坐在他跟前。

访 一：那您的确是胆量过人。

张学良：一个人啊，我这个人不把生死看得那么重。你要死得很有价值，那比生还好。干我们这一行[都这样]。

访 一：对啊！死要重于泰山。您这一生中，经过这样的惊险很多了，太多啦！

张学良：太多啦！

访 一：太多啦！所以亏得您有这种中心思想，不然的话，每次都要吓得半死。

……

6. 身边的副官

访 一：在您身边有四个很重要的人，一个是朱海北，一个姓范，是不是？

张学良：也不是我太……就是跟我当副官，因为他父亲的关系。后来我送他到讲武学堂念书，他没做太大的事情。

访 一：他自己说，因为他说他跟您的身材很像，您做西装都他去量、去试，是吗？

张学良：那他就是去试一下子，他是我身边的副官。

访 一：对，还有另外一个是谁？是姓张的，是张……的儿子，他是朱启钤的儿子，还有一个是谁？四个。

张学良：还有一个是曹汝霖的儿子。

访 一：曹汝霖的儿子也是，他给您做什么？

张学良：也是副官，还有何世礼。

访 一：何世礼，第四个是谁？

张学良：好几个，我一下子忘记。

访 一：他们都是做您的副官？

张学良：是，我是这样，他们这些少爷们都是父亲推荐的。我最宠爱的是何世礼，因为他出身很好，他在英国和法国念过书。我问何世礼是想做事，还是想做官？他说想做事，我说那很好。我说不管你在英国还是在法国留学，你要想在中国做事，在中国带兵，你就要对中国的兵了解，就得下军队。连长、营长，团长他都当过。

访　一：他一开始就做您的副官？

张学良：做副官，他们来都是做副官。

访　一：那他既然有些外国的教育和外国的常识，是不是帮您料理这个跟外国的事。

张学良：不是，我这个人是谁的什么任务就谁做。

访　一：那他是什么任务？

张学良：他跟我当副官，我的意思是让他看一看，后来就让他下军队去。

访　一：他在军队的职位做到什么地方？

张学良：当过团长，连长，营长。

访　一：他什么时候离开的呢？

张学良：这一下子问住我了。

访　一：后来当了团长以后，您在香港怎么又和他联系上啦？

张学良：那是他个人的事，您要问我，我想不起来。

访　一：后来您到台湾来，他过来看您了么？

张学良：那是，这在我脑子里没有什么重要的，这个事不记得了。

7. 日本战犯

访　一：您记得您给我姐姐说，您很希望知道那个日本的战犯。

张学良：十个人。

访　一：一共是七个。

张学良：七个？好像是十个，都是给吊死的？

访　一：绞死的。这七个人的名字我给您说说。我姐姐找到了，让我告诉您。七个分两批绞死的。

张学良：分两批，不是一批？

访　一：等于说，前边多少分钟，后边多少分钟，一共是大概一个多钟头的样子。我给您念中文的名字，日本的名字我不知道，一个是东条英机啦。

张学良：东条英机①也在里头啊。

访　一：东条英机是他们的首相。第二名就是土肥原贤二，第三名是松井石根。

张学良：噢，松井石根也在里头。噢，这很要紧的。

访　一：第四名是武藤章②。文武的武，藤子的藤，章法的章、一章两章的章。

张学良：武藤章大概是他们的总司令。

访　一：这四个人是第一批绞死的。

张学良：第一批绞死的。

访　一：他们绞死了，尸首抬出去之后，第二批是三个人。一个叫板垣征四郎③。

张学良：板垣？

访　一：板垣征四郎，这人您知道？

张学良：我都很熟悉。

访　一：另外一个是广田弘毅④。

---

① 东条英机，甲级战犯，日本陆军大将。东京人，1915年陆军大学毕业后，历任陆军省副官、驻德大使馆武官、陆军大学教官、整备局课长等职。"九一八"事变后，任关东军宪兵司令，"七七"事变前夕任关东军参谋长。1938年任陆军次官，次年转任航空总监。1940—1941年任陆相时，积极主张扩大侵华战争和对英美开战。1941年10月组阁，兼任陆相、内相，发动太平洋战争后，又兼军需相和参谋总长。1944年7月下台，日本投降后被捕时自杀未遂。后远东国际军事法庭判处其绞刑，1948年12月23日被绞死。

② 武藤章，甲级战犯，日本陆军中将。熊本县人。1920年毕业于陆军大学，先在陆军教育总监部工作，后调入陆军参谋本部第二部，长期负责情报搜集工作。1933年曾来华搜集军事情报。1936年任关东军参谋部第二课课长。"七七"事变后任华中方面军参谋长，是南京大屠杀的罪魁祸首之一。1938年夏，任华北方面军副参谋长，次年升任陆省军务局长，积极参与策划太平洋战争。1942年调任近卫师团长，率军入侵菲律宾。1944年后，任驻菲律宾日本第十四方面军总参谋长。战后远东国际军事法庭判处其绞刑，1948年12月23日被绞死。

③ 板垣征四郎，甲级战犯，日本陆军大将。岩手县人。毕业于陆军大学。1931年，任关东军高级参谋，参与策划"九一八"事变。后出任伪满洲国军政部最高顾问，1936年任关东军参谋长。1938年5月任陆相，积极主张扩大侵华战争，并制造张高峰事件和诺蒙坎事件。次年9月，任侵华派遣军参谋长。1941年7月，转任朝鲜军司令。1945年4月，任驻新加坡的第七方面军司令官。战后远东国际军事法庭判处其绞刑，1948年12月23日被绞死。

④ 广田弘毅，甲级战犯。日本福冈县人。1905年毕业于京都帝国大学法学系，曾任驻荷兰公使和驻苏联大使。1933—1936年任外相期间，曾提出所谓"广田三原则"，积极策划侵华行动。1936年"二二六"事件后组阁，任首相兼外相。1937年近卫组阁时，复任外相。战后远东国际军事法庭判处其绞刑，1948年12月23日被绞死。

张学良：广田弘毅，他不是军人，他是外交部长。

访 一：广田弘毅。

张学良：哦，广田也在里头。

访 一：再一个是木村兵次郎①。

张学良：啊？

访 一：木头的木，村子的村，士兵的兵，次郎。

张学良：木村，他也在里头。他那时候，后来他做什么，我不知道。

访 一：您跟这些人都很熟，能说说吗？东条，东条是他们的首相。

张学良：首相，我不认识。

访 一：您不认识，可是……

张学良：我知道这个人，因为他地位高，这个人是他们的首领。

访 一：土肥原贤二。

张学良：啊？

访 一：土肥原贤二。

张学良：最坏蛋的就是他，他是中国通，他做过我的顾问。

访 一：他做过您的顾问，私人顾问吗？

张学良：那个时候日本人有两个顾问……他原来是我父亲的……我跟他闹得非常凶。

访 一：您还记得是怎么回事呢？

张学良：他这个家伙坏透了。

访 一：嗯？

张学良：他写篇东西劝我当皇帝②。

访 一：土肥原劝您当皇帝，这是在老帅犯事之后吗？

张学良：那当然，老帅当时已不在了。所以我后来要求日本把他换走。

访 一：那时他在东北是什么职务？

---

① 木村兵次郎，甲级战犯，日本陆军大将。埼玉县人。先后毕业于陆军士官学校炮兵科和陆军大学。1922 年留学德国。曾任陆军参谋本部部员、驻德国大使馆武官、陆军大学教官等职。"九一八"事变后，历任野炮第二十二联队长、整备局统制课长、陆军省兵器局长、第三十二师团长等。1940 年升任关东军参谋长。次年任陆军省次长，指导、策划了太平洋战争。1944 年 8 月，任驻缅甸派遣军总司令，曾犯下虐待战俘、屠杀当地民众等罪行。1945 年初，盟军反攻缅甸，他于 4 月下旬弃军逃走。战后远东国际军事法庭判处其绞刑，1948 年 12 月 23 日被绞死。

② 张学良在《杂忆随感漫录》中记述：其父死后，日本曾派林权助等游说献策，劝阻他"易帜"与南京合作。其军事顾问土肥原贤二和日本驻奉天特务机关长秦真次均曾向张上书，土肥原上《时势造英雄论》，奉劝张学良趁势创立满洲独立王国，以建立所谓"大业"。

张学良：顾问，我们有两个顾问。一个是高的，就是大佐，还有一个是低的。他是顾问之一，那我就要求换。

访 一：嗯！

张学良：他们日本一个负责这件事的特务长官说我没有权力要求更换顾问。他说这两个顾问是政府派来的，政府派谁就是谁。我就跟他说，既然我没有权利更换顾问，但是我有权力不见他。我告诉我的人，土肥［原］顾问随时来我随时不见。无论什么时候来，我都不见，我有这个权。

访 一：嗯，对呀，对呀！

张学良：后来他就被调走了，他们等于妥协了。我认为我成功了，结果是大失败。

访 一：那您再给我说说。（笑声）

张学良：他就说，你选择谁？我认为日本空军那个上校，我们俩很好。听说这个人被日本处死了。

访 一：您为什么要选择这个人？您认识他吗？他在东北待过？

张学良：我认识他是在中东路出兵，他在中东路上干什么，我忘记啦。反正他有职务，他身边有个什么少将。他告诉我说不要理这个老家伙，他是个坏蛋。

访 一：两个人都是日本人？

张学良：在中东路上都是日本人。

访 一：有些人说他很超然的。

张学良：所以挑选顾问，我就挑了他。据说日本对他很不好，因为我挑了他。

访 一：说起来，在这一桩外交上，您是很成功啊，那么你怎么是失败了呢？

张学良：失败。

访 一：您怎么是失败了呢？

张学良：奉天最高的日本的特务机关长，原来的特务机关长是后来很有名的秦真次①，他走了之后，你猜谁来了？

访 一：嗯？

---

① 秦真次，日本陆军中将，日本福冈县人。先后毕业于陆军士官学校和陆军大学。日俄战争期间任第一军兵站副官，后历任驻荷兰公使馆武官，陆军省新闻班长，第二十一步兵团团长，第三师参谋长，东京警备参谋长，第十五步兵旅旅长等职，1927 年任陆军大学教官，同年任奉天特务机关长，参与策划皇姑屯事件。1931 年升任中将，任东京湾要塞司令。1934 年任第二师师长，1935 年编入预备役。

张学良：土肥原来了。

访 一：哎呦！他高升一步。

张学良：我就知道这个事情麻烦了。

访 一：那么土肥原第二次到东北来，他变成特务长了，那他跟您之间的关系怎样？

张学良：很不好。

访 一：很不好，他来您不见。

张学良：我根本就不见他。

访 一：那么，他的工作由谁来做？

张学良：日本的特务机关，特务这两个字你明白。后来，他很好呀，后来做了师长。中日战争时他是师长，最后处死的时候好像已经是大将了。

访 一：嗯！

张学良：大概，他也入了日本的靖国神社啊。

访 一：那第三名是松井石根。

张学良：嗯，这个人厉害！

访 一：您说他怎么厉害？

张学良：他是弟兄两个，他是哥哥，他弟弟也做过奉天顾问①。

访 一：嗯。

张学良：那么他呢，那个时候好像在日本军队里很有地位，他是位大将。

访 一：他跟东北有什么关系？他在东北驻军过吗？

张学良：嗯，松井石根，他弟弟做过顾问，他当什么，我现在记不清楚了。日本出来的人大概都和东北有关系，东北是日本的势力范围啊。

访 一：日本侵略……

张学良：等于他的势力范围。

访 一：然后就是武藤章。

张学良：这个，我不知道。

访 一：这个您不知道。

张学良：武藤章好像做过关东军司令。

访 一：关东军司令，那是老帅的时候。

---

① 松井石根的弟弟是松井七夫，1924年至1928年任奉天顾问。

张学良：我记不清了。

访 一：下面是板垣征四郎。

张学良：板垣，这个人厉害。

访 一：您说说。

张学良：他是，后来做什么我不知道。他跟我有过关系的时候，他是——那个时候日本有一部分部队好像是保卫铁路，他是那儿的司令，板垣征四郎。这是日本上层派第一。

访 一：在关东军里也是祖传的。

张学良：他也是个骨干。

访 一：您说他怎么个厉害？他在讲武学堂做事吗？板垣，他是在讲武学堂做过事吗？

张学良：没有，没有。

访 一：没有，他训练您的军队是怎样一种身份？

张学良：他很愿意。

访 一：有目的的。

张学良：给军官讲课了，是没有形式的。

访 一：没形式，他在东北很久了，是不是？

张学良：板垣征四郎，我都不记得了。

访 一：还有一个是广田弘毅。

张学良：广田弘毅是文人，当时是外交部长这样子，那我不太清楚，广田这个人是文人。

访 一：最后一个是木村兵次郎。

张学良：这个人，我都忘了，这个家伙我〔忘〕啦。

访 一：这些人里边，您可知道哪些人跟杨宇霆有密切的关系，或者说关系比较近？

张学良：那我不知道。

访 一：您不知道，哪个曾经跟老帅有过关系？

张学良：这里没有，跟我父亲有关系的是町野武马。

访 一：町野武马？

张学良：嗯！

访 一：东条临死以前啊，这个美国特别保护他们，也是照顾他们。不许任何人参加，也不许任何人看这个绞刑。但是有一个法师，因为他信他们的天主教。这个法师叫花山信胜法师①。这个名字，您听过没有？

张学良：不知道。

访　一：这个花山信胜就是最后给他们一些仪式啦，祷告啦，还有上香啦等。可是呢，到最后东条要求美国监护他们的军人，让他跟花山法师个别谈话。那么到最后，他们准许东条跟花山特别谈话，别人都不在。那么东条的意思就是给花山一条遗嘱，但是有美国兵在那里监视，所以他不能做记录。

张学良：嗯！

访　一：但是花山就把这些话记下来，第二天，他就把这话记录下来了。但是美国的条例是不许发表的，这样一直就没有发表。到日本独立后，不再属于美国管辖之内。

张学良：嗯。

访　一：这些东西，就是花山所记录的东西就透露出来了。

张学良：嗯。

访　一：同时，日本还拍了一部电影，关于东条他们七个人绞刑前后的电影。

张学良：嗯，嗯！

访　一：那么，也就是说，花山在东条受刑后的第二天，凭着记忆所写下来的东条所说的话，现在是唯一存在的东西。这里也有简单的几句话。东条说，这是东条受刑以前说的。

张学良：嗯。

访　一：他说，第一，日本发动战争不是侵略。

张学良：嗯。

访　一：他不承认是侵略。第二，日本是一个战败国，我们这次打败了，主要的原因是没有得到东亚各民族的合作。

张学良：嗯，嗯，嗯。

访　一：第三，今后东亚民族必须要团结。

张学良：嗯。

---

① 花山信胜，日本佛教学者。以治日本佛教史知名。石川县人。毕业于东京帝大文学部，曾留学英、德、法等国，后从事印度史迹的调查工作。历任东洋大学、东京大学教授、美国佛教研究所所长等职。曾获文学博士学位。战后，远东国际军事法庭审判日本战犯，第一批甲级战犯东条英机等被宣判处以绞刑。接到判决书后，应战犯要求，花山信胜博士得到准允，曾以教诲师身份，进入监狱为犯人做祷告和弥留安抚。

访　一：第四，第三次世界大战是不可避免的。

张学良：嗯。

访　一：第五条他说，把中国东北变为赤化的根据地，把朝鲜分南北，这两件事情将引起亚洲最大的纷争。英国和美国今后必须要负责挽救亚洲。这是他死前最后所说的。

张学良：这是他的看法。

访　一：那他怎么能知道东北曾经作为赤化的根据地？他又怎么能够分析出朝鲜分成南北呢？

张学良：这是他的想象。

访　一：朝鲜是分成南北了呀！

张学良：是他的看法。

访　一：到现在还是南朝鲜、北朝鲜（笑声）。这是他临死之前所说的话，您认为他……

张学良：那当然他也是个人物，政治人物有他的一套。我跟他也不接近，所以不知道。

访　一：不过，他分析朝鲜的事情是事实了，的确分成南北啦。

张学良：是。

访　一：他是日本的首相，战时的首相。这些是东条伏法的经过。一共用了一个钟头。

张学良：还有？

访　一：没有啦。

张学良：东北，那时候日本的野心……日本……

访　一：还有关于中东铁路的事情。他们说实际上苏联老早就作计划了，中东铁路的事情并不能说是因为张学良将军要拿它来试试自己的实力，而是因为苏联有他们自己的一套计划。他们要引诱——当然不是您的军队了，那时是南京政府——南京政府怎么样，后来南京政府当然也吻合您的想法，这样一拍即合。结果中有一大部分是苏联的阴谋，而且苏联的阴谋不只是……

张学良：阴谋什么呢？

访　一：阴谋就是借这个什么样的机会，能够消除一番国民党南京政府的势力。这个大概跟您所知道的也许不是……

张学良：这个我不……

访 一： 不太确实，是不？

张学良： 我不知道。

8. 我反对我父亲当大元帅

访 一： 另外还有。您刚才说那个掩护和保护不同。朱海北说……

张学良： 朱海北？

访 一： 他说老帅出事的时候，您在北京，然后在滦县停了一两个礼拜，安排撤军的问题才回到东北，您先住在伊雅格家里，然后伊雅格第二天开车送您回大帅府。

张学良： 那我不晓得，他胡说八道。

访 一： 不是这么回事。

张学良： 我回家一直到家。

访 一： 他说，那时候是寿夫人在。

张学良： 不但是寿大人，我的四姨母还在，外面都知道我的五姨母有名望。

访 一： 我们上一次曾经跟您请教过，是不是您记得您小时候婚礼的情况，现在没有人知道是怎么回事了。

张学良： 那是旧式的婚礼。

访 一： 旧式婚礼，对。当大元帅到了北京做了大元帅的时候，那时候您在什么地方？您是否跟在他身旁？

张学良： 不，不，不。

访 一： 您在前方作战？

张学良： 我带着军队，我忘了在哪儿了。我反对我父亲当大元帅。

访 一： 是啊，签名里面没有您啊。

张学良： 我反对。

访 一： 那大元帅当然感觉到……

张学良： 我说我不太赞成他当大元帅，不过他愿意，大家公举他，他也不理会我反对不反对。

访 一： 那后来杨宇霆他是什么感觉？

张学良： 杨宇霆没有反对。

访 一： 不，对您哪，您不签名，他有没有什么？

张学良： 他？所以，我对杨宇霆，为这件事非常……那时候，他什么话都跟我讲。他说，元帅这老头子，你不让他起来一下子他也野心勃勃，你让他摔一下子就老实了。所以，为这件事，我觉得他好像不是忠心耿耿。让他（指老帅）摔一下子。

访　一：那时候，老帅旁边忠心耿耿就是杨宇霆，还有[别人吗]？

张学良：他（指老帅）信服他、他喜欢他。他很会对付我父亲，把我父亲吃透了。

访　一：摸着老帅的心理啦？

张学良：是。

9. 从家塾教育到讲武堂教育

访　一：您从东北讲武学堂出来以后就开始做事，参军之类的。但是那时候您也相当年轻，您在讲武学堂所受的教育都是军事教育。那么在接受军事教育之前，您有家塾？

张学良：是。

访　一：那您第一次进讲武学堂，从家里头跟老先生学习这些个经书啊，到讲武学堂，那您的感觉怎样？

张学良：那我跟我爸爸面前没什么说的。那时候，不能天天见他的面，他干他的，我干我的。

访　一：可是，您从家塾……我的意思是，您本来接受的教育都是家塾，您那时候有别的人陪着您一块儿念书，对不对？

张学良：是，在家里念书。我和父亲聚少离多。有时候，他叫我说事情，就说两句话。也不是跟我谈，他也没工夫，我也没工夫。

访　一：您入讲武学堂之前，您的教育[是]跟老先生念书？

张学良：没有，与他没关系。

访　一：不是说跟老帅？

张学良：不是，不是。是跟另外的先生，那我也差不多见不到我父亲。

访　一：对，我不是说见老帅。我是说您的心情，您本来念书……

张学良：我不喜欢念那书。

访　一：您不喜欢念那书。然后您入讲武学堂，您的心情感到怎么样？很愉快吧？

张学良：那是。

访 一：讲武学堂您最喜欢的是什么课程？

张学良：那所有的课程我差不多都……那时候要紧是战术，那是军事的事，那你也不懂。

访 一：嗯。

张学良：我在讲武学堂考第一。

访 一：是啊，您门门考第一，所以才让人家觉得异新。

张学良：也不是这个缘故。那时候讲武学堂都是军人来的，唯独有我这个学生……讲武学堂也闹过一次小风潮。

访 一：不过，这个风潮过去之后，也鉴定了您的这个……

张学良：本来在一块儿念书，同学都知道。因为那个，我也吸收了几个同学。

访 一：也就是说，大家伙对您，的确不是认为您是老帅的儿子才……

张学良：儿子？

访 一：对。

张学良：换句话说，有这个才干，所以大家……

访 一：在那一阵，您认为跟您最好的同学或您最看得起的同学是谁？

张学良：那我一下子说不出来，后来在我手底下做事情。

访 一：我还希望知道，现代啊，这些现代化的。比如说，我在这念书的时候组织同学到前线歌唱、游艺，慰劳将士，最荣誉的是到金门①去慰问金门的将士。所谓劳军哪，那个时候有没有？

张学良：没有。

访 一：没有这一套。那跟现在完全不一样，难道没有一点游兴吗？

张学良：没有。他们自己出去玩，跟外面接触很少。

访 一：很少。那么后来军队新式化一点了，摩登化一点了，像您从海外回来做剿匪工作的时候，那有没有？

张学良：那是有。我等于我不掌握军队了。不参与军队了，间接的，我就高高在上了。

访 一：对军人的抚恤，对军人的慰问？

张学良：主要的政策，那这种小事，我不管。

访 一：您都不管。

---

① 金门，指金门岛，位于福建省厦门市以东。国民党政权败逃台湾后，长期控制着金门、马祖等岛屿，1954年和1958年曾出现两次台海危机。1958年8月23日至1978年底，中国人民解放军曾长期对大小金门、大担、二担等岛屿实施炮击政策。

张学良：那时候就是我的几个大将：于学忠、王树常、何柱国、邹作华，就是我的五虎将。

访　一：有王以哲吗？

张学良：那时候，王以哲还不高，有刘翼飞，察哈尔的。

访　一：五员大将，五虎大将。

张学良：那时候好多啦，我就说地位高的。

访　一：这都是他们的责任。比如说，打仗伤亡啦，这些事都归他们管。

张学良：照规矩就是了。

访　一：那您到西安之后（不是指西安事变），那还有机会到上海去真的去看女朋友吗，假的去看女朋友，还有机会吗？真假了？

张学良：什么？

访　一：真心看女朋友，或是假意的？

张学良：在西安我就不自由啦。

访　一：嗯？

张学良：在西安事变后，我……

访　一：在西安事变之前呢？

张学良：在西安事变前，我都说不出来了。那时候很忙。

访　一：像贝太太一直同您有联系，是不是？

张学良：那我都不记得了，她好像还在上海，她丈夫做中央行的行长。

访　一：后来，您怎么知道她在纽约呀？

张学良：嗯？

访　一：她在纽约，您一直还有联系吧？

张学良：这把我问住了，那这是过去的事，我到纽约就住她家。

访　一：您在军校受训的时候，跟他们的士兵一样受苦吗？

张学良：一样。但另外有房子让我们两个人住，我们另外有个勤务兵。

访　一：您受的训练和他们一样吗？

张学良：那是一样。

访　一：那时受训怎么受训呀？最苦的是什么？

张学良：出操，上演习。

访　一：那您吃的也跟大家一样吗？

张学良：那一样。我记得有一次，出去演习，结果走回来走不动，躺在门口里。有的人走到半路就走不动。我勉强走到学校大门口，坐了一下，到屋里，在床上连绑腿也没脱就睡着了。

访 一： 那是演习呀？那要走多少路呀？

张学良： 是演习，我不能随便说出来那时要走多少路。演习的4个字就是困、苦、缺、乏。困就是困难，苦就是不吃不喝，一天给两个馒头一壶水。那时是冬天，馒头烤糊了吃，剩那个糊渣，我的同学就告诉我别扔，说等走累了还想吃。那是真的，走累了就还想吃。

10. 家人、朋友

访 一： 那时老帅知道你跟他们完全一样？您还有弟弟进军校吗？

张学良： 一样。我有个堂弟弟，后来被我枪毙了。

访 二： 就是您说的跟日本人勾结的那个？

访 二： 其他的弟弟还有进军校的吗？

张学良： 还有被我枪毙的这个堂弟的弟弟。我的二弟（张学铭）当过天津市长，我不喜欢他。有危难的事就赶紧逃跑躲开，有好事就上，我看不起他。

访 二： 您的四弟（张学思）是在黄埔军校吗？五弟（张学森）没有进过军校？不过以前是空军，是吧？

张学良： 嗯，四弟在黄埔。五弟学飞机的。我有个六弟（张学浚①）是南京军校的，死掉了。

访 二： 您家都成杨家将②了，都为国家做事。七弟（张学英）呢？

张学良： 七弟死掉了。

访 二： 也是军人？

张学良： 他不是。他死在台湾，死的很早。

访 二： 您来台湾，知道你这些弟弟都在这里吗？

---

① 张学浚，张作霖六子，张学良的六弟，母亲为张作霖五夫人寿懿。1922年出生，北京辅仁大学肄业。抗战时曾加入军统担任翻译，负责与美军联系，后定居澳门，当老师，教中文，时而也做篮球教练；1967年举家迁台，1984年病逝。

② 杨家将，指北宋名将杨业（又名继业）一家精忠报国的故事。杨氏世为麟州（今陕西省神木县）地方势力首领，杨业早年为北汉建雄军（今山西省代县）节度使，守卫北疆。979年北汉灭亡，杨业归宋，曾在雁门关大破契丹兵。宋太宗雍熙三年（986年）北伐契丹，杨业随西路主将潘美作战，因潘美和监军王侁的错误指挥，使杨业在朔州南受到伏击，重伤被俘，遂绝食而死。后其子杨延昭继为北宋守边20余年，屡破契丹军，号称杨六郎；延昭诸弟亦多效命疆场。宋仁宗时，杨延昭子杨文广曾随主将狄青南征广西，神宗时又在西北防御西夏。杨家事迹在宋代即被传述，元、明两代平话、戏曲、小说复大肆加工渲染，不仅在杨延昭和杨文广之间虚构了杨宗保一代，还附会添加了佘太君、穆桂英及十二寡妇等杨门女将的故事，逐渐形成一套极其丰富的杨家将传说。

张学良：知道，他们来的时候，他们很有几个钱。我那时候很苦，我的六妹（张怀敏）对我很好，给我点钱。

访　二：寿夫人来看过你吗？

张学良：没有，我的五母亲不大喜欢我。

访　二：寿夫人要是活着多大岁数了。

张学良：比我大九岁。

访　二：后来琳达、小妹可以随便看你，是吗？

张学良：那随时，……我的三妹妹最喜欢我，她是我第四个母亲生的。……

访　二：您哪个母亲姓马？

张学良：第六个，我们都喊她马姨娘，其余都叫夫人。

访　二：她的女儿就是六妹？

张学良：就是六妹。

访　一：还有一个出家了？

张学良：我的三母亲，不是出家了，我父亲不要她了，给她一部分钱。后来我给我父亲办的，给她一部分钱。我父亲不喜欢她。

访　二：为什么不喜欢她呢？

张学良：她不得宠，有一次，她假装服毒，我父亲很不高兴。据人说，她喜欢打麻将，好多男人陪她玩。后来就是因为这样死的。……

访　一：您经过的女人中，最好看的是谁？

张学良：我跟王小姐，王正廷的妹妹，你晓得。蒋夫人说你真是好胃口。她长得难看，但很有学问。

访　一：后来她怎么样了。

张学良：她靠卖文章。

访　一：你怎么和她认识的。

张学良：这个事情说起来很好玩。王正廷到奉天开中俄会议，他的弟弟在我们这开矿务局，王正廷就带着他妹妹，带着他的闺女住在他家。我那时候就招待他们，我自己开车带他们出去玩。我这个人很体谅人，我对她们女人说，要是方便就到那边的树林，我就停车了。王小姐后来跟我讲，说我这个人很厉害，这种事情都想到了。其实我不喜欢她，我喜欢王正廷的姑娘。在路上照的相片呀。她的名字我都不知道，我就写封信把照片寄给他们，写的称呼叫王小姐。我的意思是给王正廷的女儿。她收到了，就这样，我们就开始通信了，就发生感情，没有关系。我现在很难过，那时候王正廷想让她给冯玉祥当太太，后来就这样算了。

访 一：您的男士朋友中，谁最风流倜傥？或者长得漂亮，或者是人格上。

张学良：那要分出来，我玩的朋友就是胡若愚，他也不能说漂亮，可是好多女人喜欢他。是谁？他可是怪人，他也有一套，好多有名气的女人都跟他有关系。胡光儦①的太太你知道不？她是周学熙②的小姐，周学熙是袁世凯的四大将之一。……她后来当修女出家了。……大家都看不起胡光儦。因为他靠着这个女人起来的。

11. 办报和宣传

访 二：听说以前办报都是赔钱，现在办报都发财，您说为什么呢？

张学良：广告。以前没有人知道广告，不懂广告，报纸上也很少有广告。

访 二：您以前办过好多报纸，都是赔钱的吗？

张学良：赔钱，还有，就是人也不看呀。人家不买你怎么办？那时候那个人也没有这么高的教育水平。

访 二：您说的关键是有广告就有钱，销路就好。

张学良：替你办报的人，不给你钱，那又有什么办法？那时办报很难，大赔钱。

访 一：您那时候办了多少报？您还记得吗？

张学良：我办过好几回报纸，都大赔钱。

访 一：您最早的报纸是《盛京时报》吗？在奉天？

张学良：不是，但我不记得。当时有一个姓张的人，是北大的一个学生，他替我办的。

---

① 胡光儦（一作光镳）。据周学熙晚年自撰之《周止庵先生自叙年谱》卷下记载，周学熙的第七女周多庆于1922年正月嫁与清朝翰林胡葆生之子胡光儦，"成婚未满百日，以猝疾殁"。

② 周学熙，字缉之，号止庵，安徽至德（今东至）人，中国近代著名实业家。其父周馥曾任两广、两江总督。周学熙最初在浙江为官，后为山东候补道员。1900年入袁世凯幕下，主持北洋实业，是袁世凯推行新政的得力人物。1903年赴日本考察工商业，回国后总办直隶工艺总局。1905年，任天津道，1907年任长芦盐运使，办商品陈列所、植物园、天津铁工厂、高等工业学堂等。他开办的滦州煤矿公司在数年后与英商投资的开平煤矿公司联合，组成开滦矿务总局。1947年病逝。

访　二：是不是以前的报纸以社论为主，所以也没有人要看？

张学良：社论是《大公报》①的。那写社论是不容易。

访　二：很有学问。您办的《北洋画报》，现在有人要重新翻版印出来。就在这，我也看过一份。因为《北洋画报》出得很好、印得很精，他们在资料馆找出来，又重新整个翻印。您说您办报赔钱，那您为什么还要办呢？

张学良：为了宣传，你可以发表你的意见。

访　一：哥伦比亚大学收集的旧的报纸非常全。《东报》②是其中的，我可以回去看看，您认为最得意的是哪份报纸？

张学良：《北洋画报》。

访　一：您在西安也办了报纸？

张学良：我后来不办了。

访　一：那西安的《活路》不是您办的？

张学良：那不是我办的。

访　二：所以报纸还得有好的人写社论。那时有通讯社，也可以用通讯社的稿子，但是内容是不是跟现在也有点不一样？

张学良：那时候没有现在的人知识那么高。看社论，那时《大公报》有。现在《联合报》很赚钱，因为广告。

访　二：看的人越多，广告越多。《中国时报》……

张学良：也赚钱。

---

① 《大公报》，1949年以前中国影响力最大的报纸之一。1902年（光绪二十八年）6月17日创刊于天津法租界，后迁日租界。取大公一名为"忘己之为大，无私之为公"。创办人英华（字敛之，天主教徒）。1916年因营业不振，售于皖系政客王郅隆，由胡政之任经理并总编辑。1926年9月起，由吴鼎昌、张季鸾等接办，成为全国最著名的报纸和舆论界的代表之一。1928年东北易帜、1930年中原大战后期张学良通电全国拥蒋入关两大新闻，皆为《大公报》独家发布。曾先后增出上海、汉口、重庆、香港、桂林等版。上海版于1949年6月17日发表《大公报新生宣言》，继续在上海出版。后移至天津，1956年10月1日迁至北京，以报道财政经济为主，1966年9月10日终刊。现有香港《大公报》出版。

② 《东报》，据王益知编著的《张学良外记》载，1921年12月张学良赴日本观秋操之后，"饱受刺激，再看东北人心，如此麻醉，便创办《东报》，意在抵制《盛京时报》"。次年初夏，张学良利用奉天小南门内县属旧址作为社址，聘张培民为社长，创办了此报。国内外重要消息多由日本"东方"、"电通"两通讯社供给，另邀聘友人从京沪诸埠拍发专电，而奉天电报局则将各报专电密录一份给它，故该报不仅能契合读者心理，且消息灵通，常有他报所无的"独得之秘"。但因其有"排日"色彩，常受日方限制封锁和故意刁难。1924年4月，该报发生所谓对日皇"不敬"事件，被勒令停刊。

访　二：《中央日报》① 是国家的报纸，也就是说无所谓。

张学良：《中央日报》大概是赔钱，政府一办就不同了。

访　二：说话的立场也不一样。

张学良：在销售上不一样。

访　一：所以您说这变迁多么大啊！那时办报赔钱。不过您看那些老报纸，像《大公报》、《申报》② 还行。

张学良：《上海新闻报》③。

访　二：还有什么报纸您那时看的？北京有什么报纸？

张学良：北京《晨报》④。

访　一：东北是什么《盛京时报》。东北的《盛京时报》是日本办的中文报纸。有时政府的事就被说出来，旁人不敢登的它敢说。

访　二：它是中国人来主持呀？

张学良：日本人，那个日本人中文写得很好。

---

①《中央日报》，中国国民党机关报。1928年2月1日由中国国民党中央创刊于上海，一年后迁至于南京。报社采总编辑制，社长由国民党中央宣传部长兼。1932年改行社长制，直接对国民党中央宣传部负责。1938年9月1日迁往重庆出版。1945年抗战胜利后，国民党中宣部派人接收南京日伪《中报》、《中央日报》等，在旧址重建南京《中央日报》，于同年9月10日出版。重庆《中央日报》则归国民党中央宣传部直辖照常出版。1947年该报成立中央日报股份有限公司及董事会。1949年迁往台湾，3月12日在台北续刊。1997年7月1日起开始推出网络版。2006年6月1日停刊改出电子报。

②《申报》，原称《申江新报》，1872年4月30日（清同治十一年三月廿三日）在上海创刊，初由英商人集资创办，持亲英立场。1909年席子佩购进，仍用外商名义经营。1912年史量才出任总经理，以重新闻为办报方针，销量大增。五四运动中持反日立场，"九一八"事变时批评国民政府不抵抗，副刊《自由谈》常刊登鲁迅等进步作家作品。1934年史量才为国民党暗杀。其子继承报社，言论趋于谨慎。抗战期间该报数度停办，抗战胜利后由国民政府接收，潘公展任社长兼主笔，至1949年5月27日停刊，前后办了77年。

③《上海新闻报》，即《新闻报》，中国近代商界著名报纸。1893年2月17日在上海创刊。总董事长为英国人丹福士，主笔先后有蔡尔康、郁岱生、袁翔甫等。1899年11月转售美国人福开森，由汪汉溪任总理。1906年6月改组为公司，由福开森任总董，朱葆三、何丹书、苏宝森为董事。1916年复改组为美国公司，由金煕生、姚伯欣等人继任总编辑。1924年汪汉溪去世后，其子汪伯奇、汪仲伟分任经理、协理。1929年福开森将股权转让华商集团，由吴在章任董事长，汪伯奇任总经理，李浩然任总主笔。1938年9月在美国特拉华州注册，太平洋战争爆发后停刊。1941年12月在日伪控制下复刊。1949年6月改称《新闻日报》。1960年5月终刊。

④《晨报》，民国时期北京主要日之一。初名《晨钟报》，1916年8月15日创刊于北京。由梁启超、汤化龙、林长民等主持，是资产阶级进步党的舆论机关。初创时李大钊曾任总编辑，撰写了发刊词《晨钟之使命》，1918年被段祺瑞政府封刊，年底续出时改名为《晨报》。次年7月，该报第7版改革后，成为宣传新文化运动和社会主义思想的园地。1920年起，该报逐渐转向提倡新文学，介绍新思想、新知识。这期间瞿秋白曾担任特派员，考察革命后的莫斯科。1921年10月21日起，第7版正式定名为"晨报副刊"，单张发行。1926年后，该报依附奉系，1928年6月北伐军入京后，一度停刊。1928年8月5日，由阎锡山操纵重新出版，改名《新晨报》，后恢复旧名。"九一八"事变后，追随南京政府，全面抗战爆发前夕停刊。

访 一：那老帅办过报吗？

张学良：我父亲不懂得这套。

访 一：您接管了老帅的事业之后，人就办报了。您说每一次不管您在奉天，或者在北京、在武昌，总有一人负责给您办宣传的是不是？

张学良：也不能这样说，负责办宣传的，有人就是了。对这个事，我很接近他们，不是有人专门干的，那时有政训处，是公家的。

访 二：您跟记者之间，现在都是说一个国家的元首，像美国总统，老是说这个总统跟记者来往融洽或者不融洽。那时候讲不讲？

张学良：那时没讲融洽不融洽，反正那时记者访问一下不容易。

访 二：哦，不像现在。

张学良：我不接见你，记者会千方百计地……

访 一：您那时有没有举行像现在领导们搞记者招待会？

张学良：有时有发表什么，很少。

访 二：还有一个记者，叫林什么？也是被枪毙的。

张学良：林白水①。

访 一：他不是您枪毙的吧？

张学良：不是。那是他骂那个当时宪兵司令，骂潘复②。

访 二：杜重远是不是写文章被抓起来了③？

访 一：影射日本，骂日本。

---

① 林白水，又名万里，字少泉，号宣樊，中年自号白水。福建闽侯人。1903年留学日本。同年夏回上海，与蔡元培等共组华兴会。1905年复入日本早稻田大学，次年加入同盟会。辛亥革命后，历任福建都督府政务院法制局局长、共和党福建支部长、大总统府秘书兼直隶督军署秘书长、参政院参政等职。1916年后与友人合办北京《公言日报》、上海《平和日报》等，任主笔、社长等。1921年春《新社会报》出刊，以"白水"为笔名，发表政论文章。翌年遭查封并入狱三月，出狱后改报名为《社会日报》续出。1923年10月，因揭露曹锟贿选而再度入狱。1926年夏奉直联军占领北京，他于8月5日在《社会日报》刊出《官僚之运气》一文，揭露潘复与张宗昌勾结丑闻，被京畿宪兵司令王琦奉张宗昌之命逮捕并枪杀。

② 潘复，字馨航，山东济宁人。清末举人。民初曾任山东省实业司司长、山东运河疏浚局筹备主任。1916年5月任全国水利局副总裁、署理总裁，后改任运河疏浚局副总裁。1919年出任北洋政府靳云鹏内阁财政次长兼盐务署署长、山东省筹账会会长。1921年底随靳云鹏内阁辞职，移居天津英租界。1925年张宗昌任山东军务督办时，委其为督署总参议。1926年4月奉系占领北京，10月潘出任顾维钧内阁财政总长。1927年1月改任交通部总长。6月18日张作霖成立中华民国安国军政府，任命潘复为国务总理兼交通总长。是北洋政府末任总理。1928年12月29日，潘在东北易帜中正式下野。

③ 此处指《新生》事件。1935年5月4日，上海《新生》杂志发表《闲话皇帝》一文，泛论中外君主制度，内中提及日本天皇。日本驻上海总领事借口该刊"侮辱天皇，妨害邦交"，向中方提出抗议。后国民党当局查封《新生》周刊，并将主编杜重远判刑入狱。

张学良：那是因为抗日的问题。他被关起来，为了不让他写。

访　一：那时您有没有见到他，安慰他？

张学良：没有见到他。杜重远的事我不明白，为什么？谁把他枪毙了？我不知道。

访　二：盛世才？

张学良：盛世才这个人可恶得很。

访　一：盛世才以前跟郭松龄在北方，他也是东北人？

张学良：东北人。盛世才这个人，我很看不起他。他可能家里有太太，他娶的太太是郭松龄的干姑娘。

访　二：是姓邱吗？

张学良：大概是姓邱①。盛世才没人品，就是投机取巧。所以他又能跟人合作，又能……他杀人像开玩笑，杀好多人。

访　二：我们有一个老师是新疆的满族人。新疆有一部分满族人，一直还说满族话。后来他把那个老师装在麻袋里头放在牢狱里，他们牢狱里一人一个麻袋，摞起来压死算了，他们残忍得很。

张学良：有个人帮盛世才起来，之后他就第一个把这个人枪毙了。

访　二：杜重远？

张学良：不是杜重远，是一个飞行员，他把他枪毙了。

访　二：他是忌妒人还是害怕？

张学良：害怕。他怕把他的事情泄露出来。

访　二：马仲英？②

张学良：是啊。盛世才这个人，他也是我的副官。

访　二：他很早就离开您了？

张学良：是，他很早就离开了。这个人不诚实，说假话。他临走的时候，我给了他五万块钱。他跟我说他要上云南，说云南的汤继尧的儿子找他。实际不是上云南，上了新疆了。他瞎扯淡。

---

① 盛世才在奉军第八旅郭松龄部任参谋时，其原配妻子病故，经郭松龄介绍，与郭之义女邱毓芳结婚。

② 马仲英，原名马步英，甘肃临夏人。其父与马步芳的父亲青海省主席马麒为堂兄弟，属清末民国"河州三马"家族之一。1928年策动临夏回民力量发动新"河湟之变"反对冯玉祥部主政甘肃，时年十七岁，人称"尕司令"。1931年被青海军阀马步芳击败退往甘肃酒泉，1932年所部被国民政府收编，其任新编国民革命军第三十六师师长。后应新疆和尼牙孜、尧乐博斯等邀并联合与新疆军阀盛世才作战。1933年被盛世才击败。后在退往南疆途中，又攻灭所谓"东土耳其斯坦伊斯兰共和国"与和田"伊斯兰教国"。同年7月，带所部200余人赴苏联学习，后失踪。

访　一：您说盛世才起来，是从东北走了以后直接到西北去了？

张学良：是到西北去了。他在新疆借着东北的义勇军呀……

访　二：他还借着东北流亡的一些……

张学良：这人很有点手腕，很会耍［手腕］。

访　一：其实新疆以前很封闭呀，别人不能进去。

12. 老帅丧事

张学良：话说回来。这个漂亮的女人，我只看上两个女人。一个是日本天皇昭和的妈妈，那可真是漂亮。我和昭和同岁，我们两个长得很像。还闹过一个笑话，我去日本观操，坐在敞篷的车里，他们认错了，把我当皇太子了。皇太子一过要吹一种号，叫《八千代》。第二个漂亮的是，我们在日本喝茶，我们都不走，有一部分人走了，有一部分人大约有十几个人不走。为什么不走？因为那个饭馆的老板的女儿长得很漂亮。不是漂亮，是甜。

访　一：老帅发丧的时候，寿夫人，就是第五个母亲主持的吗？是不是？

张学良：那不是。我回家了。

访　一：回家以前是她？

张学良：我父亲的尸体停在她房间里，外头人都不知道。

访　二：那时办丧事时，几位夫人都要出来守灵呀？

张学良：那我们没有这个规矩，南方大概有，我们家里没有。本来我回来能看我父亲，后来不能看了，热了，尸体都坏了。

访　一：那时要是有现在的医术，老帅也许就有救了。

张学良：那时的医生也没有现在进步。当时也许他的肠子断了，医生判断说，他要是撒尿，恐怕会死。果然，他尿完以后就死了。详细的不知道，反正是肚子被炸坏了。

访　二：主要是那时候流血过多，没有办法止血。

访　一：我记得您提过一下，那时日本派个人来吊丧，您心里非常气。那是怎么回事呢？

张学良：日本来了个董事，当时我难过得哭昏过去了，我想把他枪毙了。后来我想我不应该这么做，这样做会惹出更多的事情。同时这个人也是无辜的，也与他无关，我不应该这么随便的气愤。

访 一：我觉得在这个时候，像老帅这一番事业和这个对国家的贡献，忽然间被他们谋杀了。当然，您心里气愤，除去了父子之情之外，而且还有国家……

张学良：国难家仇嘛。

访 一：对，国难家仇。那时候您能控制住自己，而且又能够马上料理这事情，您相当地辛苦了？

张学良：那当然。国难家仇系于一身。那时我没法子，又没人可商量，所以没办法我就吃鸦片。

访 二：您说您那时候对东北的安抚的一些处理的事情，日本人有没有出乎预料之外？他估计您会做到这样吗？他是否想到您受到这样的打击会受不了？

张学良：可是日本相当害怕我，也不能说怕，我这个人也不好惹。这个家伙也不好惹。

访 一：对日本人也是个刺猬。（笑声）

访 二：您说他们没有想到吧？

张学良：日本人认为我比我父亲老实点，其实我比我父亲还厉害。

13. 子承父业感觉孤独

访 一：那个时候，您有没有想这一摊子的事业，如果您要不接下来的话，可能就整个烟消云散的损失了。

张学良：不是讲事业的问题。国家的问题，那个时候是国难家仇啊！我有责任，扔不了呀。

访 一：前两天，我们在电视上看了很多历史的名剧，很多都是因为身为帝王家，不得不做皇帝。

张学良：愿生生世世不要生在帝王家嘛。

访 一：所以您那时的感觉和这个是一样的。

张学良：那我不是帝王家，我没有那感觉。我没有后悔的意思，我是想做事情，可是事情到我身上，我感觉孤单呀！我没有一个帮手了。后来，韩麟春帮我。

访 一：韩麟春可以说替代郭松龄？不过他也很不幸呀。

张学良：是啊，他也很不幸呀。我感觉上帝对我特别宽厚。韩麟春这个人也真是可惜的。我们俩是很好的朋友。他也很喜欢女人，我们那个时候住在保定，他找了一个十七八岁的女孩子。她是一个中学还小学的教员给他带来的。人家不是暗娼。我现在不明白，为什么这个女孩子给他戴孝。

访 二：他走了以后，杨宇霆才来，是吗？

访 一：但是，您跟杨宇霆不能谈话？

张学良：也谈。我跟杨宇霆也很接近，不是不能谈话。郭松龄、韩麟春、杨宇霆，大的事情由我来办，琐碎的事情由他们办。

访 二：杨宇霆原来是军人吗？

张学良：那当然，日本士官学校的。杨宇霆这个人性情不同，他有他的野心。你比如像韩麟春呀，他真的想帮我的。他不高兴，他会说："我不帮你了。"杨宇霆之死死于郭松龄。郭松龄之变，我早就看出来，我知道他早晚有一天会……因为他这个人的性格、思想和举动都露出来了，对这个事情到现在我是很难过的。

访 一：您难过是因为丧失了他，是吧？

张学良：不是。你不知道我心里头。我跟你讲个小故事。《郑伯克段于鄢》你们晓得吧。那么段于鄢要叛变，要有事情，那个郑伯还宠着鄢，①让他出了事情再……那么郭松龄的事等于一样。郭松龄这个人呀，我已经看出来了，但是我要么做。我说我现在难过，简单说句话，往好了说，人家会看我太厉害。我不肯么做，我要保存我自己的名誉和我的地位。我为保存我自己的利益，让东北的老百姓受了相当的苦，而且我的部下死了好多的人。造成这件事……

访 二：老帅也受了惊。

张学良：是我自己。假设我不是为了保存我自己，我不是把他处死，那兵权完全解除。换句话，我这个人还有自恃，我知道你也玩不出我手腕，我准能把你制服。我也是自己自负得很呀，所以后来我自己很难过。这件事情我应该……所以我说杨宇霆是死在郭松龄的手，后来杨宇霆的事情来了，跟那个事情一样的。我自己就想，我还是保存我自

---

① 《郑伯克段于鄢》的故事，张学良反复讲过多次，可能因年久记忆混乱，常将人物、时间、地点搞错，此处即将鄢误当作人名。郑伯即郑庄公（前757—前701），郑武公之子，名寤生，前743—前701年在位。段即庄公弟弟共叔段。鄢本为一小国，郑武公灭之，后改为鄢陵，其地在今河南省鄢陵县西北。

己的名誉呢?还是叫人家……我既然知道了,尤其后来他跟日本人勾结了,那我就更急了。我为什么不早发呢?后来杨宇霆跟日本人勾结,我就怕了。事情就是这样,一个人,自己又不能跟人商量,思考了又思考,那时苦得很呀。

访 二: 那时老一辈的张作相呀,您也没办法跟他说。

张学良: 我们都离得很远,头一样他在吉林呢。二一样我也不能……王树翰他就跟我说打掉门牙带血吞,他总是要我忍耐。

访 一: 那时候于凤至夫人能不能跟您……?

张学良: 那我不听的。女人的[话]我不听。顶多是知道这件事,说一句话,我从来不听女人的[话]。

访 二: 您说王树翰要您忍耐,怎样的忍耐法呢?要容让杨宇霆那些事情吗?

张学良: 就是不要放炮。他是和平主义。我要杀杨宇霆的事,他知道。

访 二: 他认为不要这样做?

张学良: 他说不要那样干,要忍耐,我就听他的。

访 二: 您从国外回来,他一直跟着您?在武汉和武昌?

张学良: 那没有。能跟我说话就他一个人。

访 二: 您从国外回来之后就没有人能和您谈一谈?像代替王树翰的人还有没有?

张学良: 没有,我也不跟他们谈。

访 一: 那也很孤单啊。

访 二: 杨宇霆跟王永江两人的感情怎么样?

张学良: 原来还好,后来就不好。我们奉天的事情,东北那干什么的,王永江的功劳很大。那个时候我父亲用钱都是往财政厅,跟他说。

访 二: 他管财政?

张学良: 他管财政。我父亲从来没有直接去拿钱的,这是杨宇霆出的道。他说你到官银号,就是奉天省银行那里直接提款,何必找他。那么我父亲……王永江为这件事非常恨杨宇霆。后来官银号的钱被杨宇霆拿出很多,他随便花钱。本来他过去不能随便花钱,要向王永江说,王永江在看财政上有钱才给你拨,那时候奉天钱是有盈余的。换句话,他给我父亲出的道就是他直接就可以拿钱,后来王永江就辞职不干了。

访 二: 那王永江还是很对呀。

张学良：这个人是一个人才。他后来跟我也不怎么样，因为我是主战的，他是不主战的。他认为自己对关里、关外好好保守，好好治理，不要对那个……

访　二：您是主战的，他是主张保境安民的。后来老帅出事之后，您去找他？

张学良：他不出来，他绝对不出来了。

访　二：哦，绝对不出来了。这点也可以说是您重新去求贤而他不出来，历史上如果有批评的话，也就是说对您也没有反面的批评。

张学良：不是这样的，他的意思我也明白。他也知道，我不会听他的。换句话说，他也是个很有主见的人。当我父亲去世以后，有几个人都离开了。他们看我这个人不会听他们的，我要怎么干就怎么干。

访　二：那在您那阵子管理经济的是谁呀？

张学良：那时候不是我管钱，政府管。一个是财政厅，一个是官银号。那就是省主席啦，是我的妹夫的爸爸，后来我把他撤差了。我这个人很……

访　一：大公无私。

张学良：我毫不客气。你知道撤差很丢人。他跟官银号总闹别扭……我想你们怎么自个儿闹意见，怎么拿政府的事情这样呢？

访　二：那后来怎样呢？把他撤差之后？

张学良：另外派人。奉票稳住了，是这样的，这是我的政策：取之于民，用之于民。可以说老百姓吃了很大的亏呀。我就跟官银号的总办说，你一个我一个，只有我们两个人知道。我信你，你也知道我，我绝对不干那个，在外头绝对不许你搞鬼。怎么样呢？我们让奉票毛，大量收入奉票。不管它，等到相当时候，我就宣布了奉票五十块钱兑一块银元。这样就把奉票定住了。那么钱是哪来的呢？奉票毛的时候就是我们吸收来的钱，取之于民，用之于民。咱俩都不能干那个事。那官银号有这笔资金，还有我自己家里有点钱，也存到官银号当资金。这就把钱维持住了，一直维持到五十块钱兑一块。这就是取之于民，用之于民。

访　二：您说是当时因为奉票毛的关系，奉军后来经济有段时间很不好？

张学良：有关系。后来奉票不毛了。奉票毛那阵子很麻烦，很难过就是了。

访　一：不过这事后来您给整理好了。因为时局那么不稳，情况那么紊乱，可是您给整理好了，所以这段经过也是相当困难，不过您心里也应该觉得安慰呀。

……

访　一：假如说那时老帅分地的时候，郭松龄要做热河的督军，是吗？

张学良：那不是，那个原因太多了。我父亲他不听我的那一套，那时他听杨宇霆的。我对杨宇霆不高兴，也是他（指老帅）听他（指杨宇霆）的。我一说，他骂我说你这小子有野心。最后，他让我回奉天。

访　二：老帅让您回奉天？他为什么在紧急的关头让您回奉天呢？

张学良：他的意思是都不要听他们扯淡。

访　二：那时是不是冯玉祥也在里头鼓动？

张学良：也有他的关系。

访　一：冯玉祥的太太跟郭松龄的太太是同学吧？那不就是共产党吗？

张学良：是同学。她们都是北京协和的学生，后来协和变成燕京。

访　一：那也就是说，他们开始有共产党的思想了？

张学良：不是共产党。

访　二：李德全不是共产党吗？

张学良：那不是。不能说左倾，是思想进步。

访　二：您说郭松龄会不会受了他太太的影响？

张学良：那多少也有一点。他太太野心很大，自己要出头啊。她同时看不起我的五姨，那时奉天女人出头的是我五姨啊，觉得比她有学问，有地位。我五姨她的母亲外号叫"花蝴蝶"。王老太太的母亲姓刘，刘老太太，叫"满仓飞"。她的父亲是山东的将军①，很有地位。她父亲死掉了，她妈妈是姨太太，家里一个当差的姓王，带着她们就逃走了。

……

14. 张宗昌其人

访　二：还有这么一说，日本人想鼓动张宗昌到东北去，让他独立，还有想利用他做傀儡。日本人把他弄到大连去了。

---

① 张作霖五夫人的父亲是黑龙江将军寿山，张学良记忆有误。

张学良：张宗昌有他的骨格。

访　二：他好像还有些地方很正直，做事很爽快。听说他打败了，他送给白崇禧一匹马和一部分钱，说你去劳军。是有这么回事吗？这人很大方。是不是？

张学良：张宗昌这个人……你知道顾维钧的太太喜欢他喜欢得了不得。……她当着我们的面搂着他，叫张大哥。他很高大，叫大个子。长腿也是他。"狗肉将军"。吃狗肉的意思是去推牌九。这个人也是历史的怪人。张宗昌不听我劝。陈其美是他打死的，是冯国璋买他做杀手的①。我劝他好好的，将来中国和日本一定会打起来，那时候你就会出头。你到东北去当游击队。他不听我劝，后来他……

访　二：杀他的那个也是买来的凶手？

张学良：张宗昌他也自己不好，你在山东，你跑山东去活动，人家当然不愿意。

访　一：不过那会儿他走投无路了，又不能回东北。

张学良：不是走投无路，他在北京待得很好。他是不安分，还想活动。

访　一：您给他在北京安排做什么呢？

张学良：不做什么，我养着他。给他钱什么的。我说："你呀早晚会有用的，中日不会不打的，要打起来你到东北是有用的。"他疑惑我管着他，不让他活动。他白个儿走的时候偷着走。

访　二：好像他母亲不让他走？

张学良：我不知道。

访　一：他是不是很孝顺母亲？

张学良：他不是孝顺母亲，是姐姐。他讨饭的时候，是姐姐把他带大的。旁人话他不怕，就怕他姐姐。

张学良：他说，现在我爸爸不要她了，那怎么办？我说那很简单，你再去找个爸爸不就得了。（笑声）

访　一：结果他母亲跟了他一辈子？

张学良：后来在他家。

---

① 辛亥革命中，张宗昌率部下百余人赴烟台投靠山东都督胡瑛，后任上海光复军团长。"二次革命"时，张在徐州转投直系冯国璋。1916 年春，张派自己属下营长程国瑞暗杀了策动反袁的陈其美。1932 年 9 月，张从日本返回山东，被韩复榘派人刺死于济南车站。

访 二： 那老帅对他怎么样？

张学良： 我父亲对他很宠爱，很喜爱。他很会跟我爸爸开玩笑。我跟你说一段小事：那个时候有李景林。李景林这个人很不大好，郭松龄倒戈与李景林有关系。后来我父亲对李景林很不好。但是也没有对［他］怎么样，后来他的河北督军也丢掉了。我父亲进关来，我和张宗昌都去接。我们俩成心没告诉李景林，那么李景林为这个事就很气，好像意思是，我倒霉了，你们就不理了。李景林开了专车撵到山海关来了。我们知道我父亲的脾气，怕他见了李景林火就上来，再把李景林给枪毙了，那也不一定。我们俩是好意，见了我父亲先给李景林疏通疏通。结果，他认为是我们有意的。等车到了，我们两个还在那儿坐着，他就上来。我父亲看到他来就进屋睡觉去了。张宗昌就拉着我进去了，他就走到我父亲的床前，跪下。他把我摁下来一起跪下。然后他对我父亲说，"我跟你南征北战，这是你的大儿子，他也跟你南征北战，你看我俩的小面子，你把他答对走了。你教我怎么办，我就怎么办。您别生气。"后来我父亲起来，出来，跟李景林说两句话。

访 一： 所以也很义气，照顾李景林了。

访 二： 也有他的一套。您想还有什么其他的事可以让老师……

张学良： 他的四姨太太住在国民饭店，乱七八糟的。她在那儿哭。张宗昌来对我说，你去搞她一下看她了还搞不搞。

访 一： 他喜欢赌钱，把军饷都输光了。

张学良： 他赌牌九。当年他跟我父亲认识就是从这开始。他领了三十万军饷。这个家伙乱七八糟的事有他的一套。江西陈什么①，是冯国璋的部下。那时段祺瑞跟冯国璋是不太对付。那么湖南败下来了，他从湖南退出来，收容败兵俘虏上万人和枪。他就在江西边上自己成立个第一师，他就是第一师师长。那时北京方面的段祺瑞很想利用他，来解决江西的问题，那么就给他三十万块钱。他老人家拿了这三十万块钱去赌，当时他的军队都没军饷了，他的部下也知道他拿这三十万，可是一晚上他把三十万块钱都输光了。他想赢啊，怎么都捞不回来。这样风声就传到他的军队里去了，大家都知道拿了三十万

---

① 应指江西督军陈光远。

块钱的师长老爷给输了。他就是这么认识我父亲的。他的军队里头结果就鼓噪了，那么监视他的军队就动手了，把他的军队都缴了。没有了，所以他想回也回不去了。

访 一：一夜之间从师长就变成了平民了。

张学良：他就是这样跟我父亲认识了，跟我父亲到了奉天。这个事情也是该着，到了奉天后，就到了直奉战争。他在绥芬河自己有块地，绥芬河是俄国人交界的地方。孟恩远就派他的姑爷到那去，因为他原来在那里驻过军队，在那儿当过师长。他去了那个地方，想解决那个人。结果到了那，老百姓把那个家伙给杀了，他叫卢什么的①，就把卢的脑袋给他了。这让他又立了个功劳。这个问题又解决了，后来他又在那绥芬河弄点破枪破炮又编了一个旅。那么直奉战争要起来了，问题来了。我们就讨论张宗昌的事怎么办？把他搁到后头，还是带到前线，怎么样？行不行？能不能打仗？后来我们，有郭松龄、李景林，就计划调他的军队演习，试验一下。结果看他不错，就把他编到李景林那里，还打了个胜仗。他有他的能干，他收容了很多败兵游勇和枪支。后来他到了山东。

访 二：您说他把吴佩孚的散兵游勇都收集起来成为他的兵？他没有跟奉天的军队一起回到奉天，他自己去了山东？

张学良：不是。他们就到山东去，不是自由行动，就把山东拿下来了。

访 二：那就是在老帅的服务领导下拿下山东？

张学良：也不能说领导。在东三省以外他就等于半个人行动了。

访 二：听说吴佩孚军队里好多都是山东人，因为张宗昌是山东人，所以他们顺从张宗昌是有道理的。

张学良：吴佩孚他也没办法。这张宗昌这个人也是一个特别的怪人。顾维钧的太太喜欢他了不得。

访 二：顾维钧后来怎么不帮您在东北做事了？

张学良：他也不是帮我做事，我跟他是好朋友，他就在东北待着。

访 二：他为什么不帮您做点外交的事？

张学良：不是做事，是请教他了。

访 二：奉天也有一个外务署啊。

---

① 应指胡匪卢永贵。

张学良：那地位很低。

访　二：上次那个五爷和五奶奶为您这件事情去哥伦比亚大学。有一天，说请您礼拜五去哥伦比亚大学，您忽然要治眼睛，所以没去成。哥伦比亚大学准备了很大的一件事情，后来五爷和五奶奶去了，哥大当场拿出一件东西，就是您和顾维钧两个人的通信。因为顾维钧把他自己的一些文件都交给了哥伦比亚大学了，他们就特别把它找出来，给五爷和五奶奶看。这些东西都是您自己亲笔的，还有盖章的信。保存得非常好。

第五十四次访谈
郭松龄之变

访谈者：张之丙（简称"访一"）
　　　　　张之宇（简称"访二"）
被访者：张学良
同座者：赵一荻
访问日期：1993年6月26日

访　一：今天是六月二十六日，继续在张府录音。

1. 陪老帅打麻将

访　一：那天您借我的这本书，就是您刚刚买的，您说您看过了？
张学良：我大概看了看。你看了？
访　一：我没有看完，没有您看得那么快。我看得比较慢。皇姑屯事件之后，和您易帜之前。
张学良：这人写得不错，我大概看了看。
访　一：前头有几段我觉得……待会儿我问问题时，有些就是参考它的。因为我觉得它参考的东西比较扎实，您认为呢？
张学良：是呀，这个人写得不错，可惜死掉了。
访　一：这个人太年轻一点。
张学良：他写我的东西，我还有一本。
访　一：还有一本关于您和老帅的事，您有两本，您借了我一本，我姐姐在看那个，他前边也有一点……
张学良：他写得很好，总是写我好的，不写坏的。
访　一：我觉得他很公平。也就是说，您觉得他写得好的话，也就是说他很公平，不偏不倚的，但其中也有些他不知道的地方。

张学良： 那倒是。

访　一： 我先给您说说他这儿，这一点。

张学良： 你问我的事。

访　一： 他说您的事。王卓然写的一篇关于您的东西①，您看过吧？

张学良： 看过。王卓然是我的家庭教师，我小孩子时跟他念英文，后来又做了秘书。

访　一： 给您当秘书，办外事是不是？

张学良： 也办点外事。

访　一： 后来就当了大学校长，代理东北大学校长。

张学良： 是他。他差不多知道我的事情，很详细。

访　一： 对，他参考了很多。他撰文指正，张学良"是绝顶聪明"，相信"他的智慧系数一定很高"。更盛赞张学良的"理解迅速，记忆坚强，常识异常丰富，是非善恶之心，特别清楚，人生观［更］非常豁达"。而且张学良的"趣味非常广泛，会开汽车，能驶飞机，好各种运动，桌球、网球、高尔夫球，无一不精"。但是，他还没有提到您照相、摄影、兰花。

张学良： 我什么都干，那个时候我还没有这套。

访　一： 所以我就想，后面的兰花、摄影和您名贵的收藏，我们想哪天把录像机拿来，请您以这两个专题说一下，以补充他这个。另外，他这本书上说过，您小的时候，老师很喜欢跟您打麻将。

张学良： 不是小时候，是年轻的时候。那时我们在讲武学堂念书。我们礼拜六回家，我们陪他打麻将，他请我们吃饭。我就说打麻将苦透了。

访　一： 怎么呢？

张学良： 他是高兴啊，让我们陪他打麻将，可我们要快走，自个儿干，去玩去。我跟我姐夫要陪他打麻将，他是高兴，那我们当然陪他高兴了。吃饭，然后打麻将，打完我们好走，告诉我们自个儿玩去。

访　一： 一打打几圈？

张学良： 陪他打四圈，有时高兴打八圈。他要高兴，要打几圈打几圈。

---

① 西安事变中，张学良送蒋介石回京后却遭军法审判和囚禁。王卓然闻讯，连夜赶写了《张学良到底是个怎样人？》的小册子，自费出版，于1937年初由北平东方服务部发行。下面访者所引，即出自该文。

访 一：那这一打，您就得坐那坐定了。您曾经说过，老帅打麻将，向来都可以拿过来就……

张学良：打得很快。

访 一：那您打不过老帅？

张学良：那是。我没跟你说过，因为打麻将，我父亲打我那个……我们让他高兴，让他赢点，陪他玩就是了，也不是钱的问题。

访 一：老帅跟谁发脾气？

张学良：跟我四姨①嘛。

访 一：怎么呢？

张学良：我没跟你讲过吗？

访 一：您没有讲过这个。

张学良：我四姨、我父亲、我太太和我，我们四个打麻将。我到现在还记得，快完了。他（老帅）混一色的对对和。他底下已经是清一色，对对和万字，我也是清一色万字对对和。他就在地下找牌，牌要黄了，怎么不见呢？

访 一：顶着了。

张学良：不知道他说什么，但我是明白了。这个，这个把我吓坏了，我给四姨作揖叩头，我这，这……我就明白了，他在那找。我也万字一色和，一对"发财"。我到现在还记得，我也清一色，我拿了一个万字，就把"发财"打了，我知道他在找"发财"。我……

访 一：您是故意放了？

张学良：放，放。我真是故意放。他就和了对对和，混一色对对和，也差不多满贯一样。我四姨就说："你撂下牌，我要看你什么牌？"我说："我打错了。"就撂下吧。她还问我："你为什么打发财？"我说："我做一色。"她说："这么晚了，你对对和，你还要做一色，你们爷俩儿你跟你爸爸打伙牌。"我们那时候打牌……现在好了，谁打谁给钱，那时候大家给钱。完了，说着说着，我爸火了："打牌嘛，你还管人家？"四姨说："你们爷俩打伙牌。"我父亲火了，啊呀，可把我吓坏了。那时我们打牌用现大洋啊，现大洋跟牌在一块堆儿那多重啊！他拿过来，"哗"的一下子就打过去了。

---

① 四姨即张作霖的第四位夫人许澍旸。

访 一：打着了？

张学良：那打得好重的，站起来就走了。我四姨哭啊，我说："怨我，你别哭，你别哭了。"我父亲脾气好厉害，那牌跟大洋钱打过去，多重啊！我说："你就是陪他玩玩。"我四姨那人很认真的。

访 一：就是后来到美国去、又回大陆那个四姨吧？

张学良：到美国去，是我那三弟，他很可怜。后来我知道得不大详细……她有几个钱，她有四十万美金，她自个儿做养老的。所以我三弟呀，到现在……前两年，去年看过，我那三弟，到现在脑子不大好，他为这件事儿刺激很大。四十万块钱还在他手里头，她为她养老的，交给他了。那他，我这三弟也是不好，他想这四十万块钱在我手里，这不白存吗？存在银行里，也得一点利息。他就拿它倒把了，都给赔了。

访 一：不过出于好意。

张学良：不是好意，是他自己倒把。

访 一：不是为了老太太？

张学良：不是。他自己拿着钱可以做生意，这老太太自己碰墙啊！她说："我可怎么活呀。"那没法子，一气之下回到中国去了，找我那四弟。可他也没有钱啊。

访 一：就是学思了。那四妹和五妹是谁呀？

张学良：我家里是这样：我自己的母亲生我、我姐姐，还有一个弟弟，二弟。我母亲死后我第二个母亲就扶正了，她生了我二妹、四妹，生俩儿；四老太太生我三妹、三弟、四弟、五妹，生四个。

访 一：也是……后来回去之后……

张学良：五老太太就生我五弟、六弟、七弟、八弟四个。

访 一：都是男孩子。上一次咱们打牌的时候我曾说过，在美国我教学生们打牌。因为我老觉着，打麻将，你要玩钱就是赌博了，要不玩钱的话，是一个很好的智力游戏。

张学良：打牌也可以玩。

访 一：您从什么时候开始玩？

张学良：我从小就会。这个打牌呀，原来我们那个地方叫打马掌，是用纸牌斗的，跟这一样，是17张。

访 一：您是说那长条的，是不是？

张学良： 长条的，跟这个情形差不多。因为我从小就会斗，我们叫斗马掌。

访　一： 哪个掌？

张学良： 我也不知道，是麻将叫白了叫马掌。那是，所以叫叶子戏①嘛。

访　一： 怎么呢？

张学良： 它的来源呢，是牧猪②为戏。小孩子拿树上的叶子在那做，后来就慢慢变成了纸牌，再后来变成了麻将。

访　一： 您说这麻将有多少年历史了？

张学良： 那可长了，不是麻将的历史，是那叶子戏。

访　一： 就是叶子戏。

张学良： 那恐怕宋朝就有了。宋朝可不是这样，宋朝叫打双六③，我没考究。

访　一： 那后来您真的打麻将，是跟着老帅了？

张学良： 我们小孩子时就会打。说这个东西啊，我跟你讲一个真事，美国人……九个幺就倒了，那当时是很大的一个新闻哪。

访　一： 我不知道，您说一下。

张学良： 一个人和天和了，他拿起来就天和。这个人和九个幺，倒了。

访　一： 那怎么办呢？

张学良： 打官司呀，所以外国人有意思。

访　一： 这是外国人打麻将出的事儿？

张学良： 外国人打麻将，打官司，那这是很有名的呀当时，这外国人打官司不在乎钱。后来就讲到这，他这个九个幺倒了，他们……咱们打麻将，庄家要跳一下。他后来研究，他说九个幺在前，你天和在后。

访　一： 因为他跳的。

张学良： 后来那张没抓到，你九个幺先倒了，所以美国人研究这个。

访　一： 到那么精的地步。

---

① 叶子戏，古代众多博戏方式之一。最早出现于唐代，因所用纸牌仅有树叶大小而得名。五代、两宋时流行，《宋史·艺文志》即著录有《叶子格》3卷、《偏金叶子格》1卷、《小叶子格》1卷等叶子戏著作。元代时传入西方，一般被视作塔罗牌和现代扑克牌的前身。而中国明清时期的叶子戏，则逐渐演变为牌九和麻将。

② "牧猪"乃蔑称。朱熹曾有诗："近从新谱识枭卢，拟唤安阳旧博徒。只恐分阴闲过了，更叫人诮牧猪奴。"（《朱文公文集》卷6）其典出自《晋书·陶侃传》，陶侃因痛恨属下参佐、将吏纵酒、赌博误事，乃将属下的酒器和博具投之于江，且鞭扑将吏，曰："樗蒲（早期一种用骰子的博戏）者，牧猪奴戏耳。"

③ 双六，亦称双陆，是唐宋时颇为流行的一种"博"戏。据宋人洪遵《谱双》记载，两宋时弈棋（围棋）、象戏与双陆、打马、叶子几乎"家喻户晓"。而双陆玩法多达10种，一般二人对局，有类似于棋盘的"局"，各有10余枚棋子，使用两颗骰子，轮流掷骰子按点数行棋。

张学良：他说你为什么跳呀？你应该一个一个抓，你为快你就拿这……

访　一：他得做东呀？东家才能跳呀？

张学良：所以研究啊，研究出来，你为什么跳呢？你就是到这个时候了，应该是这个抓一张，那个抓一张，跳一下子拿起来就是。所以跳牌的人在后，那个九个幺倒的在前。

访　一：这个我还不知道。我觉得，比如说大陆吧，麻将成了一种疯狂的情况。我就分析，你知道大陆没有什么游兴，而且，他们心里头有很多的……

张学良：现在有很多样子，打十六张的。我六妹他们打麻将，那我说我不打，他们那打麻将少一张，心里有一张，愿意那张是什么，就是什么。

访　一：每一人心里都可以有一张，那就跟咱们打白的那个一样，可是每个人有一张。

张学良：在心里头呢，你少什么就算什么，那可费事。我说我才不干呢，打麻将，为玩玩儿……

访　一：费脑筋，不过六妹的……还有另外一种，她要教给我呢。

张学良：她打麻将打得好。我跟她说："你还上师范大学？你别去师范大学了，教人打麻将得了。"①

访　一：不过，那天张教授提了一个事情，我觉得……说最好鼓励人啊，如果退休了。像我那天跟她说我也要退休了。她说，退休的人最好打麻将，因为这个东西动脑筋，您有这种感觉吗？

张学良：没有。那她是喜欢打麻将，什么都不活动脑筋。

访　一：这种麻将在军队里常玩吗？

张学良：可以。

访　一：这是许可的，赌钱也没关系？

张学良：军队里不许赌钱，军队里也没有麻将可以打呀，谁能有麻将牌呢？

访　一：对呀，那他们要想玩，在军队里玩什么呢？

张学良：赌牌九什么的。

访　一：是呀，掷骰子。

访　一：呵，掷骰子。那会，军队里怎么样可以让他们发泄发泄情感……

张学良：军队不允许赌钱。

---

① 张学良的六妹张怀敏，生于1924年，1947年毕业于北京辅仁大学，与原奉天省长翟文选之孙翟元堃结婚。1948年随母去台湾，在台北师范大学家政系任教。故张学良有此戏语。

2. 我这个人讲人情的

访 一：可以让他们干吗？要打起仗来那么紧张。

张学良：那就难说了。现在，多少已经……很干什么了。主要是给他们找女人——营妓，① 这是打日本传来的。

访 一：营妓？

张学良：营房的营。

访 一：这是从日本传来的？

张学良：对，后来中国有。

访 一：现在军队里头现代化了，有电视、卡拉OK。那会儿，军人可以唱唱吗？

张学良：没有，那时军队苦，没这套。

访 一：也没报纸看？

张学良：报纸看是看，军人他也不认字，那时候兵都是老粗嘛，读书的人很少呀。那时候都到山东招来的兵。

访 一：那时候您带军队，他们要是说没有什么打仗的事情，您怎么安排他们？

张学良：训练，出操。

访 一：出操，占用他们的时间。您看，现在还有慰劳队。

张学良：现在是现在，那会儿没有。说起来，那会儿的兵真是可怜啊！那门口呀，来一个岁数很大的老太婆，我们管她们叫缝穷的，就是给士兵缝衣、鞋呀。他们就跟她们搞一下。

访 一：真可怜。

张学良：给点钱，那时候兵也没什么。

访 一：那会也没好东西吃。这会儿美国出兵去，还带巧克力。

张学良：那时兵可怜死了。

访 一：穿也没的穿，而且战车也很少。

张学良：没战车。

访 一：那身体都得很好。

---

① 营妓，随军队的妓女。

张学良：那时候，一个军队，一个监狱，同性恋很多。他没有泄欲的事。

访　一：那不犯法吗？

张学良：那他不算犯法，我就说没有办法子泄欲。

访　一：现在美国正因为这事吵吵嚷嚷呢。

张学良：所以我这个人讲人情的。食色，性也。性欲是人情啊！那时候……你像那时候阔家庭的姨太太、小姐，差不多都跟当差的有关系。……

访　一：您说这事很有意思。那个时候那个时代，像老帅或者其他的将领、教官，都可以有原配——正夫人。

张学良：那多了，五个、六个、七个、八个，几个的都有。

访　一：对。可是现在呢，现在时代变了，现在的领导如果有一个，还想有另外的一个，在舆论上就不允许了。可那个时期的军队里，像您说的，因为军队一天到晚打仗，而且生活比现在苦，待遇也不好。所以，这种事情，做将领的都是睁一只眼，闭一只眼，也不认为……

张学良：那也没法子。那个军队打仗时，出去强暴女人，那就不行了，是死刑了。

访　一：可是营妓是正规的。

张学良：那没法子。良心话，不讲理。那个事情，睁着眼睛眯着眼睛。我不是说吗，那些缝穷的女人，他们要搞就让他们搞一下。

访　一：您看现在美国政治上争论的最激烈的就是，军队可不可以允许同性恋？可在那个时候，您带兵的时候，那时候就不管？

张学良：那不管。

访　一：现在就变成一个很要紧的事，管得很严。就是……本来美国有同性恋，你就不能入军队。现在它的新总统刚刚上任，强调这一点……

张学良：现在有没有我不知道了。那时候年轻人，听大家讲……我说："好！管他们叫生折个子（翻跟斗），王八。王八不会折个子吗。"

访　一：这是社会的改变。

张学良：社会改变了许多。那时候没什么自由，好多姨太太、小姐啊，都跟当差的有关系。而且很奇怪，家里用的当差都是很漂亮、年轻的。

访　一：那要有了小孩怎么办？

张学良：那我还不知道。

访　一：社会上会不会批评这些事？

张学良：差不多。那时候督军姓段。他的姨太太就跟当差的［有关系］，那时候好像公开的秘密一样。

访 一：那会儿人的态度跟现在的想法不一样？

张学良：不是不一样。没有接触。那时候的问题呀，我这个人是讲道理的，人嘛，他没有接触。他有接触，他当然可以。那时候，差不多阔人，都有当差的。还有，很奇怪，我看了几家，那当差的都是很漂亮的，都是年轻人。不过，也有，我什么话都跟你讲，我的［二］大爷的姑娘，她长得很难看。她脸上有麻子。……

访 一：您的思想跟别人不一样吧？

张学良：我就简单说吧！我的太太于凤至喜欢我一个……她已经去世了，我就不应该说她。……我对她不满意，就是她不坦白。……

访 一：但是您很坦白是吧？您自己的事对她很坦白，是吧？

张学良：我不是跟她坦白。……

访 一：不过您要求人家坦白，您也得对人家坦白呀，互相之间嘛。

张学良：她问我什么，我全都……我没什么。

访 一：这就是男女平等。

张学良：我这个人是这样子。你知道，我这个男人……男人之中像我这么怪的，很少有。

访 一：您在那时候是非常少有的作风，是不是？

张学良：我这……她那样，所以我们后来离了婚。……

访 一：我们就是想找到这一点。因为您很多事的做事，您都做得非常地开明、前进，我想在那时您是不是少有的，到现在还是……

张学良：我这人有时是很怪的。我是个怪人。换句话说，我这个人平生也没有什么旁的缺点啊，就对女人这个事有缺点。我不能提名道姓的说，……我年轻时大概长得相当漂亮。

访 一：您的相片能瞧出来。

张学良：大多数人喜欢我，那是一回事。我要喝点茶，酽茶。

3. 婚姻自主问题

访 二：您最喜欢的兰花是什么？

张学良：那兰花太多了。我有一盆很贵，日币五十万呐。后来我都卖了。养兰花不容易，水、太阳和肥料，哪一样都不能少。

访　一： 您跟于夫人结婚的时候，你跟她不相识。而那个时候，你的思想已很前进了，所以您认为婚姻要自主？

张学良： 那不能这么讲。我的父亲和她的爸爸是好朋友。当年，别人认为我父亲是土匪的军队一样，人家都看不起他。她爸爸也是慧眼识英雄。我父亲驻防的那个县叫通辽县，那个地方叫郑家屯。我一会儿再说通辽县的笑话。于凤至她爸爸慧眼识英雄。他特别赏识我父亲，说这个人非凡，他一定有前途。就这样我和我太太很小就订婚了①。他那个地方叫郑家屯，现在叫通辽县。现在改成辽北省了。我跟你们说郑家屯三种宝。沙子打墙它不倒；嫖客进院狗不咬；姑娘跟人跑了妈不找。

访　一： 那这位于先生是做什么的？

张学良： 商会会长。

访　一： 那生意做得很大？

访　一： 那后来，您跟老帅表示，您认为婚姻要自由？

张学良： 他知道我很不高兴。他说，你以后愿意就再娶姨太太。

访　一： 那个时候，原配要父母做主？

张学良： 那后来孔家要和我女儿做亲，我说那我管不了，先让两个孩子玩一玩。我的姑娘和他玩了一个月，她觉得孔令侃自大得很，她不喜欢他。她要把女儿给我儿子。让他也娶姨太太。我说那么我可保证不了我儿子。

访　一： 后来，您说您一生有两个父亲辈的长官。老师对您的这个事情，就是说好原配由父母之命，其他的人我不管。但据说您从国外回来，蒋先生曾经跟您说过，他年轻的时候，也很喜欢女人。可是他做到这个总司令总裁的时候，他的生活就特别检点了。希望您呢……他是这么说的吗？

张学良： 他不是这么说的。他说他年轻时也是好玩，"你这回回来，不要玩得太厉害"。

访　一： 他也的确从心里头［劝您］？

张学良： 是呀，他劝我。

---

① 张友坤、钱进主编之《张学良年谱》（上）记载：1908年1月，张学良"奉父命与于文斗长女于凤至订婚"。

访　一：不过说实话，老帅都没说过。
张学良：老帅，他说得更不……我爸爸喜欢我，……
访　一：所以老帅也说过这话？
张学良：我父亲也喜欢我。

4. 我知道郭松龄早晚要有变

访　一：郭松龄好像生活上非常严谨？
张学良：不是非常的严谨，不能说……郭松龄的太太，我们管她叫郭大嫂。她很凶的。
访　一：这人很凶啊？
张学良：啊，她是燕京大学的学生。
访　一：她对他为什么这么凶呀？
张学良：她管他呀，不许他乱来。
访　一：不过郭松龄……
张学良：相当听她的。
访　一：打牌不打？他也会赌？
张学良：他不打牌。也赌，推牌九。郭松龄这个人，我可以说他一半受他太太的影响，她太太是燕京大学的学生。他太太的野心很大。
访　一：那他们认识、结婚，是怎么回事？
张学良：那我不知道。
访　一：据说有个笑话，不知真假。郭松龄这个将军不打牌，不什么。后来有人说，谁说他不打牌呀，他不输钱就是了。因为输了钱，都是副司令给。
张学良：不是那么讲。他喜欢赌，但是赌得不好。我跟你讲，他领了月薪，一宿就输没了。不是总那样。他把钱搁在屁股后头，一会儿就输完了。他不会赌，可是他喜欢赌。
访　一：那他输完了，您代他给？
张学良：不是，那就是帮忙。他那人就是这样。
访　一：还有说怎么一句话，您批评他是"宁折不弯"。有一次，郭松龄事件后，您好像跟韩麟春将军在辽河那边布置战局，韩将军的意思跟您的意思不一样。后来您给韩将军解释，您说我了解他的这个作风，他是宁折不弯，他一定把他的主力军派到正面来打。那是什么意思？

张学良：没说，我没说过。

访　一：后来呢，韩麟春对您的这个战略这个上边的能力……

张学良：没有，不是外面传的那样。我作战向来是这样，大事我做主，小的事情他安排。

访　一：不过，您布置战局的时候，的确考虑到郭松龄是这样的一种作风？

张学良：那不是，这跟作风没关系。

访　一：他不是把主力军……

张学良：不是这样。

访　一：关于郭松龄有几个补充。以前您说过。郭松龄反奉有许多原因。其中有一个，说他曾经给老帅提过几次的建议，老帅都是没听。

张学良：那不是，那是我提的。那是另外一件事，就是安排人事的问题，我父亲没听。如果他要听，也许不会……

访　一：您还记得吗？

张学良：是这么样的。我父亲这个人呢，有一点。当然我是他儿子了，所以郭松龄自己个儿说：我倒霉！你是他儿子，他压着你，就把我压到第二个位置了。那时候，我们打胜了，杨宇霆是江苏督军，姜登选是安徽督军，李景林是河北督军，张宗昌是山东督军。换句话，我们打胜了，最大的力量是我们的军，是郭松龄。但是他什么都没有，所以这个问题很大呀。所以，我跟我父亲提出条件，可我父亲没听。如果我父亲听了，事情会改变。

访　一：您建议什么呢？

张学良：我建议给郭松龄一个督军，让他当一省的督军。我父亲说：妈的！你小子有野心！我说：不是我。您要不愿意呢，你给我一个督军的名义呀，我叫他代理。那么，郭松龄他也知道这个事情。他说：我倒霉！我在你手底下，他压着你，把我压到第二层去了。我父亲这个人呢，我不说他有大度，但是没有大的安排。我给他安排，他不听我这套，我当时就知道那个事情要出来。所以，杨宇霆后来之死，就死在郭松龄。人家外头都不知道这话怎么讲，那郭松龄之变我看出来了。

访　一：除去这件事情，还有别的事情他表示……

张学良：他表示，对我父亲看不起。这就危险了，一个部下看不起长官，那就危险了,你知道!把长官不当长官看待。我知道,郭松龄早晚要有变,因为他心里怀了不满和不平。可是我,所以后来杨宇霆之死死在郭松龄。人家不知道,我当时自己想。我很后悔呀!我应把郭松龄的兵权一切权力都给他夺掉呀,那是可能的。但是我自己想,完全为我自己,因为我为我自己,后来我难过了。我要是么做,人家会说我太凶了。可后来发生那么多。所以我说杨宇霆之死……那我难过什么呢?东三省人民受苦,而且我的部下死了好多人。如果我要把郭松龄早处置了,就没有这件事发生了。但是我为了我自己呀!我要那么做,人家对我……就像《郑伯克段于鄢》一样。我这个人自信力很强,我想郭松龄怎么也逃不出我的〔掌心〕。换句话,你搞不过我。所以我很难过。

访 一:不过,您说他不满意的地方并不是没有道理?

张学良:不是不对。

访 一:而且有一段记载,好像是说他这个军队真是为老师卖了命,结果也没有抚恤金,也没有补充,他很不满意。

张学良:那不是。那是另外一件事,不是郭松龄事件。那是中央的事,与这无关。我父亲这个人,有时他不大听我的,我一跟他说,他就把我大骂一顿。我说:你老先生那些部下我带不了,但是我那些部下你也带不了。那时我父亲很喜欢郭松龄。他说:我还不如你?我说:问题不是这个样了。他对郭松龄还像待他部下那种法子,反而惹得郭松龄反感。他还是用旧时代的法子,那是不行的。我不跟你说过,我父亲打过我一茶碗,因为我跟他说话也没客气。我父亲说我听我姐姐的话,我说我才不听女人的话呢,你才听女人的话。我父亲抓了茶碗就给我一下子,所以我父亲这个人还拿我当小孩子,他不听我的。他要是听我的劝告,不至于这个样子。比方说他当大元帅,我反对极了。

5. 我反对他当大元帅

访 二:到北京去?

张学良:我反对他当大元帅。

访 一:您跟老帅说过吗?

张学良：我没跟他说，我反正不吱声就是了嘛。虽然我是他儿子，我也没签字，所以这件事我对杨宇霆很不高兴。

访 一：据您的分析，您不赞同老帅去做大元帅。您的理由是什么？

张学良：那个大元帅完全是名义的事，而你也不能统治。可以说，完全是你付了牺牲的代价，你没有代价，你做不好的。其实你又没有权力，你的力量又达不到，你不过有个虚名。可虚名之下，你有很多危险。这都是杨宇霆他们撺掇出来的。他跟我讲过，这老头子非要搞一下子，你要他高高地，叫他摔上一下，他就老实了。

访 二：那这一摔真是不得了。

张学良：所以我说，我父亲不大听我的话。

访 一：当时跟您思想和见解一样的有没有呢？杨宇霆跟你的想法不一样了？

张学良：不是不一样，杨宇霆有杨宇霆的心哪。

访 一：他们并不是真的想……

张学良：也不是真正，他是另有别的想法，可我父亲很喜欢听他的话。我那时跟韩麟春在一块儿，我也很为难哪，我也不能太跋扈了。本来这个事情是这样的，我父亲做这件事，我也很愿意这么样做。我父亲让我回奉天当督军去了，可是杨宇霆他想干这个，所以他在那捣乱……

访 一：这是什么时候？

张学良：就是我父亲做大元帅的时候。

访 一：您想回奉天去？

张学良：不是我呀，那大元帅，他奉天督军也不能当了。后来他还是兼着呢，这也是杨宇霆的主意。本来我当督军……

访 一：也就是说……

张学良：政治上的明争暗斗呀很多的事儿。

6. 带兵、待人从不耍手段

访 二：您说郭松龄、杨宇霆、李景林和当时这几个督军，哪个能力最强？

张学良：那还是郭松龄，他很会打仗。

访 二：可是别人就得了这个机会，比如说杨宇霆得到江苏，那这是大元帅的主意了？

张学良：所以郭松龄他自己说：我倒霉！我在你底下，你爸爸压着你，把我给压到第二层去了。所以我跟父亲说。可他不听我的。

访　二：所以您说他的意思是，至少他能跟那几位平着，对不？

张学良：那是呀，打仗是我们打的。结果邀功请赏都是人家，我们什么也没得到。

访　一：可那时老帅不想给您什么地位，是不是他不愿意别人说他故意搞私情？

张学良：不是。他说你一个小孩子，还早的很呢。

访　一：可他没想到您旁边还有一个郭松龄。

张学良：对。他甚至说那是你的部下，你应该管他。

访　一：我想老帅会不会有这种心理，因为部下跟您合作很好，希望永远合作？

张学良：我说我父亲有雄才没有大略，他没有这种政策。他想干什么就是什么，没有一个整个的安排。这个说起来，我很痛苦的，假设那个事情……

访　一：您也相当为难，一方面您看出来郭松龄有这样的才能，一方面又看出来他心里的不满意。

张学良：我也没办法，郭松龄自己也明白。

访　一：但是，后来为什么老帅派他到日本去观操啊？

张学良：那是随便，没多大关系。

访　一：可是等于说让他放洋了？

张学良：也不是放洋。那还是回来呀，那没什么关系。

访　一：那时没有别人能去吗？还是他争取要去的？

张学良：他愿意去，就让他去，那没关系。那观不观操，问题不大。

访　一：可他到了日本，问题就来了。他到了日本和韩复榘在一起。

张学良：那也没什么关系。

访　一：您不知道，他到日本有没有不回来的打算？

张学良：那与这没关系，换句话，与反奉没有多大的关系。

访　一：您认为最主要的原因是什么？

张学良：我不跟你说过吗？我知道他要叛变，我很明白。他自己也知道搞不过我。他叛变的时候，那军队都是我们两个人的。他下命令，别人都不收，他一看，也没打就走了。人家说当面怎么是张学良，我怎么跟他打呢？

访 一： 但是有一个报道说，老帅本来问他要不要去江苏做督军，他说他不去，他说……

张学良： 没有，没有。所以这里头跟杨宇霆关系很大。

访 一： 他要去？

张学良： 不是杨宇霆要去。也没有让他去，根本就没这个打算。我说我父亲有雄才无大略。他说你的部下管好你的部下就行了。那我父亲还想这个天下以后还不是你们的。他不是生活在现实中。

访 二： 那您说杨宇霆在江苏失败了，是什么原因呢？

张学良： 杨宇霆他这个人啊，人家说他是小诸葛，他这个人胆量又小，贪财贪得厉害。干我们这行玩意儿的，舍命不舍贪钱财，一贪钱就完了，不管他有多大才能。所以，我跟我那弟弟说，你别看我这样。你那个哥哥是拿命要呀！那么比方说打仗。那么你的部下怎么对你……你要身先士卒啊？有一句话不错，你能跟他同甘苦，他才能跟你共患难。

访 二： 当然。

张学良： 就说打仗吧！每回打仗，我不能说我身先士卒，但我也不躲在后面。所以我的部下对我那么样，因为我跟你们全一样啊，所以，我的兵对我说，你能舍得我们怎么舍不得。所以这样才行嘛。中国从前的兵都是人的兵了一样。现在大概也是一样，你光坐在后边吹那不行。

访 二： 他们说打沙漠的那个将军，也是……

张学良： 我跟你讲一个事情。我们那会儿作战的时候，我骑着马在高坎上，底下的兵说这才是我们的司令呢。所以带兵很不容易。

访 一： 您说您这么对军人，他们对您有这种情感，当然这是您会带兵了。所谓的会带兵是学来的？还是……

张学良： 当然我一小就跟兵在一块儿，不是会带不会带，而是你真拿他们当个人对待是要紧。不但是带兵，待人也是这个样子：不要手段，我真心真意地跟你就是了。所以我的部下对我就是很真心真意的。我也不是要滑头的人，就是我要枪毙你，我也告诉你为什么，杀你不是咱俩有私仇私怨，也不是你把我得罪了，而是你犯罪了。我就是这个样子，我不要什么手段，这一点我跟郭松龄不一样。我说我疑人不用，用人就不疑。我们常为用人和分配人吵架。我说：我对你呢？他说：咱俩关系不同！我说：谁的关系也是一样。他说：你怎么这样子？我说：我这人疑心，你也许也会叛变。我说：你不是不会，你要是叛变，我也许会失败。但我问心无愧，成败不足论英雄，问心无愧。我也没耍手段，我也没想利用你。所以我俩闹到这个程度上，我把他追了回来。我跟他说，我身上什么都没有。枪在你手里，你要干什么？我是你长官，有我在这儿，你动不了啊。你要动也可以，你拿枪把我打死。他哭了。我说：你哭什么？你自个儿决定吧，你是一个服从啊，还是要反抗。我这个人说话很公开，那你自个儿决定。他掉眼泪。我说：我这人就这样。我对部下从来就……我也不向于学忠耍手腕，我都跟他公开讲，能做你就做，不能做就算了。

访 二：您是说带兵以诚心换人心，有的将军待人就耍手腕、揉搓人？

张学良：不管谁呀！就说蒋先生，他最会耍手腕，我不来这套。早先我那赵××的部队，我跟他们说你要跟我去，我就你带去，你要不愿跟着去，你带兵走，我绝不妨碍你，也绝不缴你械，你自个儿带着走。就高桂滋，我说那你走，我可以给你枪械。我不妨碍你，你走。

访 二：高桂滋？

张学良：对。

访 二：他在什么场合？

张学良：他原来也是我的部下，后来他走了。

访 二：他走哪儿去了？

张学良：我们进关了，他剩下了。你愿意跟我去就去，不愿意就留下。

访 一：您这作风跟老帅很像。我记得打吴佩孚是什么军来着，他说，你们谁能给中国做事，谁就留下来。

张学良：我是这样，什么事咱们公开说，我也不跟你耍手腕。

7. 郭松龄之变的若干细节

访 一：您刚才说这个好像是在郭松龄事件之后，很多您自己的，本来都是二、六旅，是吧？很多人发现原来这个起义的事情怎么来着？他们有一个流口辙了，"吃张家饭做张家兵，郭鬼子什么什么的"，反正他们就是不反正，都归你了。

张学良：也不是不反正。他们开始的时候，不知道怎么回事，郭松龄下的命令。向来我是正的，他是副的，他下的命令就是我的命令。那后来，到了新民府的时候，他就把我这个总司令给免职了。就他自己的名义了。不但这样，那前头就是我了，就跟我对敌了。那我的部下就奇怪了，我们怎么跟他（指张学良）打呢？所以我的部下就没打，可以说是一枪未放。那郭松龄的命令，不是全部了，有的旅长就是不接受了。他一看不对了，就给团长下命令，团长大部分也给他退了回来。所以他看大势已去。我认为郭松龄最后之死啊，不太英雄了。他要不走，我要把他俘虏了，我绝对把他放走。这是头一个。二一个是我到后来给我父亲打了电话，我就说我的主张。所以我对杨宇霆之死，背后和这个有很大的关系呀。我主张让回奉天开军法会审，问他为什么叛变，让他把话都说出来，我父亲也答应了。这完全是杨宇霆造的胡说，说日本要抢他，所以在路上把他枪毙了，这完全是杨宇霆造的谣言。

访 一：您的一个秘书叫刘鸣九①的，他说也感觉这件事很痛心的。他说，听说他们把郭松龄抓住了，您就让这个刘鸣九赶快发一个电报，让他把郭氏夫妇经过兴隆镇，就是您所在的地方。刘还问为什么要经过我们这个地方，到奉天去，我们这不顺路。您说我有我的主意。刘鸣九说您把他们弄到这儿来做什么呢？您说要把他们放了。刘鸣九说老帅已经很发火了。您说把这电报写了，赶快发了。这电报还没发呢，那边儿的消息又来了，说中途有人把他给截给枪毙了。您说：完了！② 您记得这事吗？

张学良：我是要放他走。

访 二：您要把他放了，老帅还不很生气？

张学良：我父亲我会对付，我要放他。这也是上帝的旨意，他要走了，我也是麻烦的。为什么呢？我的军队有一部分是他的，他一出去，他要煽动一下，我也很难办。天下的事情是上帝的旨意。其实他糊涂，他自己要不逃走，叫我给逮住，我把他放走。

访 一：您曾经给他写过一封信，那封信也发表了。告诉他，如果你怎么样，

---

① 刘鸣九，曾任张学良的书记官、第三军团秘书处长等职。
② 此段介绍，可参见《世纪同龄人的述说——刘鸣九忆旧》，载马尚斌主编：《刘鸣九文集》，第10页（香港同泽出版社1999年版）。

　　　　　我来负责你的生命。①

张学良：不是，不是。他临死时给我写过一个条子。他从来不称我汉卿弟的。可是他写信称我汉卿弟。说，"我现在只求速死，但是我家里后事我只能求你，我想来想去，只能求你"。

访　一：不过在这以前，他给您写过一封信，他说他跟您说了他的目的是什么，希望老帅下野，让您掌权。

张学良：没有这个。我们两个人作战时通信，开玩笑，大多是开玩笑了。我跟他说：你是我老师，演习我们对战，今天我们不演习了，我们是真打了，看看是老师行啊，还是学生行。

访　一：我还是按着这个来跟您请教一下吧。关于那个在天津的会议，您记得您是带着老帅的密令到天津去。您本来是有两个任务：一个是跟国民军谈怎样停火；第二个就是把密令给他们，怎样作战。您头一个任务成功了，但是您这个密令没给他们。是不是因为那时您已经听郭松龄对您表白了，他表示对老帅的不满，以及您已经看出来，他有希望老帅退位、希望你主政的这个想法？

张学良：不是。

访　一：不是这个意思？

张学良：那时我是带着这个东西，我一看这个情形不对。那时候李景林要……还有旁人，吴光新什么的，我看情形不对，所以我就没拿出来。

访　　：怎么不对？就知道他们有？

张学良：不是。他们就是不愿意再打了，就是说再打这个仗没意思了。那我一看这情形不对头，我说我给我父亲打个长途电话。父亲说，你赶快回来！就是不要在那听他们说。甚至李景林都很害怕。他这个人很坏，他说你回去，我可替你担心。那我就回去了……

访　一：那时在天津，您看见他们把他们的情绪把您都包括进去了。所以李景林说您要回去，他们很担心？

张学良：不是。他说我父亲怎样惩罚我，骂我，甚至把我关起来。他是这样的话。那我父亲这个人呢，我说他有雄才没大略，不听我这一套。

访　一：您本来建议是？

张学良：我建议？我这命令就没拿出来，因为我看这情形不对了。我就给他

---

① 指1925年12月7日《申报》刊载的张学良致郭松龄函（节略）中云："果能即此停止军事，均可提出磋商，不难解决。至兄一切善后，弟当誓死负责，绝无危险。"

打电话，他就火了。他让我回来，我就回来了。

访　一：别的记录说您回去了，已经跟老帅说了。老帅说要你把郭松龄找回来到奉天谈事情，因为你还是他的长官嘛，郭松龄感到这次要回去，一定会被老帅兴师问罪。

张学良：我回到奉天，他就叛变了。

访　一：后来他跑到医院去，说他有病住院了，住在一个意大利医院里。

张学良：不是住院，那是他在医院开秘密会议，那后来我知道了。

访　一：那么，他本来预备反抗的时候，好像他真的发事比他原来预定的提早了几天。

张学良：这我还不知道。

访　一：还有，就是老帅为什么要把他从日本调回来？

张学良：这个不是日本，他是观操。

访　一：可是他自己还没有完。

张学良：已经完了。

访　一：他自己的记录上面，还有齐世英和韩复榘，都说观操完了，他还要在那儿多停。

张学良：是呀，他想多停几天在那玩玩。我要他回来，不是老帅找他，因为有事情。

访　一：您说什么事，还记得吗？

张学良：那时要作战了。

访　一：是和孙传芳……

张学良：忘了。反正很多事都在他手里，我都是大事情，小事情都是他，没有他我自己也搞不了。

访　一：后来郭松龄曾经跟您提过。他说上将军，他管老帅叫上将军吗？

张学良：没有，他叫老将，我们都叫老将。

访　一：后来，他的事情发了的时候，您是在奉天还是在哪儿？您还没回到奉天，您好像是在……您跟我们说过，您有一次忽然间接到一封信，是老帅。

张学良：不是。那时郭松龄已经叛变了，我忽然接到一封电报，那时我的部下都在呀。我所有的部下联名，举我当奉天总司令。我接了电报，我父亲跟王永江请我回奉天。

访　一：您觉得很奇怪，说"我父亲说我为张学良先生"，是不是？

张学良：是呀。

访　一：那接着信您的感觉是什么？是有人造反了吗？

张学良：不是造反。政治事情，父子两个变成这样，跟我这么客气。

访　一：那会你接到那封信之后，您怎么打算呀？老帅大概生气，怎么办呢？

张学良：不是打算。我当然知道这情形有很大的变化，我得对付。所以，我就坐船走开了，我就到大连去了。

访　一：在大连您看到杨宇霆，您预先不知道吧？

张学良：他也走开了。

访　一：他为什么要走开呢？

张学良：就是知道反对他。

访　一：郭松龄是为了反对他？

张学良：他走开。后来他劝我：你得回去，我也得回去。这事情到这个时候，不能脱责、躲避了！我就想走开。

访　一：您要走到哪去啊？

张学良：他们劝我：那要走也是我们走，你怎么走？他说我们能脱离这种长官与部下的关系，你脱离不了父子关系。

访　一：也对嘛，您本来想走哪儿去哪？

张学良：想出国。随便走到哪里去，海角天涯。

访　二：那您回去，老帅是不是很生气？骂您没有？

张学良：生气也没办法。还是得我。所以，王永江就觉得我回去以后，就不应该再做事情了。可是，后来事情还在我手里。这就是王永江走开的原因。

访　一：您什么时候说过"我跑了不是你儿子"？

张学良：那是我在车站上。我接到一个长途电话说，我父亲要走了什么的，到日本站上，还把房子都烧了。我爸爸说："我怎么能跑？人家说你跑了。"我说："我跑了就不是您儿子！"他就说："我也跑了不是你爸爸。"

访　二：就是说有这种默契。

张学良：也不是说默契。我爸爸也是喜欢我，我为他南征北战的。

访　一：后来老帅就给了您四十万块钱和军火？

张学良：不是，他给了我四十万块钱。那时候我在前线打仗，后来我打败了，打算拿这些钱上山当土匪。

访 一：到哪儿去当土匪呀？

张学良：我的决定有两个：一个是带着我这部分［钱］上山，想起来很好玩；一个是我要到黑龙江，我要把吴兴权①给撵跑了，夺了黑龙江。

访 一：吴俊陞啊？

张学良：嗯。

访 二：您怎么想起去黑龙江啊？

张学良：没地方走吗，我就得往那地方退了。后来没有了。

访 一：在那个时候，差不多有1000个人从郭松龄手下过来，他们不知道这件事情？

张学良：知道。

访 一：过来的时候还不知道呢，还向您报告。好像是知道您跟郭松龄还在一块儿。

张学良：那是工兵，也都是我的学生了。郭松龄跟他②说，张作相叛变了，让他把桥给炸了。他把电线和桥梁都给破坏。我在火车上，他来向我报告了，他看张作相坐在我旁边，他很奇怪。他说：您给我的任务，我都……我说：什么任务？他从靴子兜儿里拿出个条子。我一看是郭松龄下的命令，可是是我的命令。我说你怎么破坏的，你怎么把它再修上。他才明白了。

访 二：所以那兵也……

张学良：那时部下就不知道怎么回事。

访 一：不过，我下面要说的这段，我觉得跟您刚才所说的……"你要有才能，我用你，你要跟着我，你跟着我，你要不跟着我，你可以走。"这些人都知道老师给您四十万块钱，您就对他们说，你们是愿意各自分钱奔前程啊？还是跟着我一块决心一打？结果，大家都不要这钱，就要跟着您打。是这么回事儿吗？

张学良：是这样，但不是这样讲的。我是说，现在这情形，我这有四十万块钱，咱们要打的话就打，要不就把钱给大家。我为什么这么说呢？因为那个时候纪律都不大好，他们开枪打鸟呀什么的。我说如果那样的话你们还得听我的话，那可不行，那我还……

访 一：让他们选择。您后来还是一直想把郭松龄劝回来。您到秦皇岛的一

---

① 吴兴权，即吴俊陞，字兴权。
② 此段张学良所说的奉命炸毁桥梁、电线并向他报告的"他"，指当时的工兵营营长杜维刚。

个军舰上，叫"镇海"号，是不是？

张学良：我记不得了。反正我到秦皇岛了，我想把事情挽回，他已经叛变了。

访 一：您反正是……

张学良：我要跟他讲话，他拒绝不跟我见面。

访 一：您还托一个日本顾问叫仪峨①，还有一个跟他在一起的医生叫宇田福玉②，也是老帅的医生。

张学良：不是，不是，就是奉天的一个医生。

访 一：还是希望他回头。

张学良："自古英雄多好色，未必好色尽英雄，我虽并非英雄汉，惟有好色似英雄。"这是我自己的诗——自嘲诗。

访 一：您写下来过没有？

张学良：没有。

访 二：您后来有没有听说过，郭松龄要失败时，他对他自己的失败有没有过后悔？

张学良：他没有，他这个人是从不后悔的。不过后来我有点看不起他，他可以不跑，自杀呀或干什么。何必要逃？

访 二：是不是他太太的原因？

张学良：不是，他这个人……

访 二：他应该是很坚强的一个人哪。

张学良：很坚强，后来到最后一刻……我很奇怪，他很有些变化，不像以前那个人。

访 一：跟他决裂以后，您给了他所有的机会，希望他回心转意，到最后……

张学良：他不能回心转意，他这个人。我也没给他机会，我知道不可以挽回。

访 一：到最后还是兵戎相见了，那时候有两个报道，一个说是在辽河，一个是在巨流河。

张学良：什么？

访 一：说您屯兵辽河东岸还是西岸呢，东岸是吧？

---

① 仪峨，即仪峨诚世，张作霖的日本顾问。1926年，町野武马一连做了三期顾问后，不能再续，日军派仪峨来接替町野，町野改做张作霖的私人顾问。这时，张作霖身边已有四名日籍顾问，除松井武夫、仪峨诚也外，还有町野和滨面又助为张的私人顾问。

② 宇田福玉，张作霖的日籍医生。1925年郭松龄反奉时在郭的身边为郭治病，为劝郭放弃反奉，张学良托宇田给郭送信。

张学良：是呀。

访　一：但是又有说是在巨流河？

张学良：巨流河就是那个河。

访　一：巨流河是辽河？

张学良：不是，它是辽河的一个支叉。

访　一：那您到底……

张学良：巨流河东岸。

访　一：那时候战局是怎么样的？您知道他打不过巨流河吧？

张学良：也不是，我就知道他打不下来了。因为部下都是我的，换句话，我有把握，所以我给他写信。我是他的学生嘛，我们从前在那演习过。我说：今天真打了，看咱们今天到底谁胜。我还开玩笑。

访　一：这有几个报道，我们觉得很有意思。一个是您前线喊话，这个使那边的军队豁然了解这个事情跟他们知道的不一样。

张学良：也没喊话，我就派了几个学生告诉那边军队是怎么回事。他完全是拿张学良总司令的名义嘛。

访　一：所以听张总司令在那边呢，这个仗也就没法打了。

张学良：对。

访　二：他们那边打仗损失多少人呢？

张学良：那回打仗，差不多没打呀。

访　一：这有几个人，邹作华出了一些书，对这次战役很有……

张学良：那没有。

访　一：说他发炮弹。

张学良：不是，那是外面的传说，邹作华这人很滑头。

访　一：高纪毅？

张学良：那是他（郭松龄）的人，可后来给我做事情。

访　一：是郭松龄的人？

张学良：是他的同学。

访　一：他从敌后给您通话，说一切局势已经控制住了。

张学良：不是。我跟他通电话，我也……他后来也不跟我通电话了，他没说局势的事情。

访　一：那高纪毅在这次战役上有什么贡献呢？

张学良：没有，他是跟他的、帮他的。后来逃到日本。

访　一：还有伊雅格好像把水塔怎么？

张学良：那是伊雅格要破坏他的军队，他出的一个主意。因为我们这边要准备呀，所以要挡他的军队慢点来啊。他出主意，一个是他的火车来了，不能让它上水，我们把水塔给炸了。二个是把道叉给打坏了，它只能直线走。你明白？

访　二：嗯。

张学良：这是他的主意，因为他在铁路做事。不能上水，就得用人挑着上水。

访　一：这么说，他还是很有脑筋的？

张学良：他是铁路上的人嘛。

访　一：还有，日本对这件事也有一些协助，因为他们牵制了郭松龄，在他们铁路范围内，本来说二十公里，后来是十二公里内不能过。

张学良：那倒不是，日本铁路两旁三十公里内我们军队不能到。否则打死勿论。

访　一：那他根本就过不来啊。

张学良：那是。

访　一：可是，后来说有一个"日张密约"，是杨宇霆联络的。

张学良：什么？

访　一：就是跟老帅有一个秘密的约定，老帅没有签字，只是口头上有这个约定。

张学良：什么约定呀？

访　一：就是不知道啊！后来日本就调了军队，拿了钱，帮助老帅……

张学良：没有，这是外面谣传。

访　一：另外呢，老帅给您很多枪支，虽然您没用。还给您四十万块钱。是吧？

张学良：也没有，兵工厂里的库存没多少。是给我些钱。

访　一：等到这个事情已经快解决的时候，您把什么信给烧了？

张学良：是到了新民府，来自各方面的欢迎郭松龄的信，明白？

访　一：拉拢他的信。

张学良：不是拉拢，是欢迎他的信。他们大家粘好了的，粘了4本，你能说这要有多少信。我没看，我说谁也不许看，把它烧了。

访　一：您的意思是什么？

张学良：一看就不好办了。大家一看那些人欢迎郭松龄，那怎么办呢？我只能把它们都给烧了，这些事情大家就别认真了。

访 二：这样安定人心啊。

张学良：我这个人是这样的。我知道不能看，一看麻烦就大了。所以我不喜欢我太太（指于凤至），她不跟我坦白啊。

访 一：您说欢迎他，就是他声称要反奉的时候？

张学良：不是因为他已经胜了吗？人不都是这样吗？这个做事，您就别太认真，明白？谁还不是为了一碗饭？他已经战胜了，谁要到那个时候失败呢？你把那信一公布，你怎么［办］？把他们都免职了吗？他们也知道我没看信，把信都烧了，也就安心了。不但我没看，我也不许其他人看。

访 一：所以在这一点上，是您的一个很独特的作风。别人还这样做过吗？

张学良：那我不知道，我是这样做了。

访 一：还有一件事。就是完了之后，军队里很多人都是曾经顺从过郭松龄的。您就问他们，谁还愿意忠于郭松龄的，不想回来的，就可以走。结果只有一个叫魏益三①的走了。

张学良：不是，魏益三根本没来，他当时在山海关。我跟郭松龄的军长说，我这个人的作风啊，你们岁数也比我大，你们怎么不跑啊？现在怎么办？当时剩三个军长，一共是四个军长，有一个不知怎么就没了，大概是逃了，就不说他了。就三个人，有一个说家里已经死了两个兄弟了，就剩他一个了，给我留条活路。第二个说，副司令，你也知道我不是郭松龄的人。他原来是边防军的，改编的。第三个就是姓刘那个，他说总司令，他不管我叫军团长。他说，你不用问，您给我们枪，让我们自杀就是了。我知道你不肯把我们枪毙了。后来我让先前两个人走了，留下那个姓刘的当旅长。②

---

① 魏益三，字友仁，河北藁城人，毕业于保定陆军军官学校第一期炮科、北京陆军大学第五期。1921 年加入奉军，历任第三混成旅参谋长，东北军第二十七师参谋长。1925 年参加郭松龄倒奉，失败后于 1926 年投西北军，任国民军第四军总司令兼滦河防守司令部副司令。1927 年为蒋介石收编，任第四集团军总参议，未就职。1929 年后历任第五十四师师长，军事参议院中将参议，军事委员会北平分会委员，庐山军官训练团教官，武昌行营陆军整理处研究委员会主任委员。1936 年 10 月赴欧美考察军事。抗战期间，先后任中央伤兵管理处中将处长、军政部荣誉军人总管理处处长、军政部中将参议等职。1946 年 8 月退役回北平。1947 年任东北保安司令长官部中将顾问。1948 年初任国防部中将部员，11 月改任国防部荣誉军人总管理处中将处长，12 月在昆明参加起义，后任北京市人民政府专员室专员。

② 1925 年 11 月 22 日郭松龄发出"养电"起兵后，将原第三方面军团大部约 8 万人，改编为 4 个军，各军长依次为刘振东、刘伟、范浦江、霁云。事后，张学良对郭属下将领一般不咎既往。刘伟（佩高）性情倔强，曾当面顶撞张，反而得张赏识，委以兵权。

访　二：他可是好样的。
张学良：我叫他当了旅长。当时我父亲的一个参谋处长给我打电话说：你怎么这么大胆！你还让他当旅长！我说：你不要管。你大本营不能干涉我前线的事，你没有这个权力。
访　二：后来他怎么样了？
张学良：这个人上前线打仗以后，后来他心里难过，得了神经病。
访　二：也很有骨头。
张学良：他是陆军大学学生，他很好，我很喜欢他。后来得神经病了，我很难过。
访　一：还有一个人叫刘伟？
张学良：刘伟呀？就是他，后来疯了。
访　一：真可惜！后来您派他到前线打仗，好像您说过这段事情，具体我不大清楚，能不能说一说？本来您在辽河的旁边，您跟老帅经常有消息，老帅就说在那边李景林跟张宗昌都有了危机。
张学良：那是另外的事情。
访　一：嗯，不是这回事。后来，老帅说不要过辽河？
张学良：是这样的。我当时事情做完后，就打电话问我父亲的决心是什么？还打不打？那我父亲说不打内战了，那就守滦河，是滦河，不是辽河。军队天天在那练兵啊，我没事儿，就在秦皇岛那玩。那有个日本领事的饭馆，我就吃吃饭、玩玩日本女人。我父亲这个人也很好玩，给我打个电话说：你小子怎么在滦河那逗留不进？玩起来了。我说：什么？你走的时候怎么跟我讲的？我父亲说，李景林跟张宗昌叫直隶冯玉祥的军队打得很要命，他们向我们求援，很可怜。所以我父亲说我在滦河不打了。现在又说我逗留不进。他说不是那样。让我去援助他们。
访　一：所以是刘伟带兵过去的，是不是？
张学良：他是在另外一处，我们就过去玩……
访　一：所以老帅对您……
张学良：他说，哎呀！他们怪可怜的呀。我说：你骂我逗留不进，当初走时，你怎么告诉我的？
访　二：大帅也真有意思！
访　一：您知道，郭松龄这件事失败了，一方面他的军队都是您的军队，而且他们对张氏父子真是忠心；另外一点，是后面也有扯后腿的。因为李景林，冯玉祥和郭松龄他们本来是三角同盟，结果，后来李景林跟冯玉祥都没守约。

张学良： 怎么没守约？他们没来？

访 一： 他们给他扯了后腿。本来李景林是要供给所有的军火，就是他们三角同盟。

张学良： 不是供给，他就是在后面不动就是了。他也没要求他们，李景林后来后撤就是了。

访 一： 老帅把他……

张学良： 把他撤了。

访 一： 后来李景林怎么样了？

张学良： 他这个人哪！我跟你讲，后来我越想……他的大部下叫荣臻，一个是胡毓坤。后来我把荣臻收编了，所以荣臻跟我很好。

访 一： 有点像于学忠。

张学良： 我就说荣臻这个人哪！当时我心里还挺不大……后来一想他是对的。李景林这个人不够格呀！那时，我们跟山西打，他就到山西。派人来送信。他写信给荣臻，叫他叛变哪，因为荣臻是他的大部下啊。荣臻回这封信回得很厉害。所以，徐永昌跟人说他倒霉了，是他派的一个副官送的信。当时这人就被荣臻枪毙了，这就是回信。

访 一： 荣臻把送信的人……

张学良： 这是回信，就是把送信的人给枪毙了。

访 二： 也没看信？

张学良： 所以，李景林就在山西待不下去了，没脸待。他就不能再活动了，他送信的人都给毙了。当时我心里很难过，后来想了想，荣臻是对的。他答复了，不但答复了，他把送信的——徐永昌的一个副官给枪毙了。后来，徐永昌跟我说：倒霉透了！我想他这个办法对了，李景林一下子就不能再活动了。

访 一： 那荣臻还是有脑筋的。胜利以后，他在北京还做了警备司令。是不是就是那个荣臻？

张学良： 是的，他原来是李景林的大将。

访 一： 李景林后来跟了阎锡山了吗？

张学良： 不是。徐永昌派来的人叫荣臻枪毙了，所以他总说自己倒霉。

访 二： 这副官倒霉。

访　一：这下面提到郭松龄的事完了之后，您帮助解决了，您回大帅那去了。据说大帅非常生气，狠骂了您一顿。是这回事吗？

张学良：没有，是后来人瞎说。是这样的，王永江的意思是我就不该再做事了，他就是因为这个走的。

访　二：不愿给您权力。

张学良：意思是这件事是我造成的，我得下野。可我父亲很信任我，他对我实在是好，我们父子的感情实在〔好〕

……

8. 我认识蒋夫人比认识蒋先生早哇

……

访　一：您一生中有没有你所敬爱的而又没有关系的女人？

张学良：噢！我对蒋夫人很好。蒋夫人对我也很好。那确实没有关系。

访　一：从南京到今天，那蒋夫人一直在保护您了。伊雅格曾经跟蒋夫人哭着说要见您。蒋夫人不仅很欣赏您而且也看得起您。

张学良：那我对她也是很恭敬很客气很尊敬的。西安事变什么的……

访　一：后来读经，读《圣经》也是她的主意？

张学良：我认识蒋夫人比认识蒋先生早哇。蒋先生还问：你怎么认识他呀？蒋夫人说，我认识他比认识你还早呢。那时候大家都知道他是孙中山的小姨子儿。

访　一：您说您跟大姐吵翻了。皇姑屯事件后，您掌家。有这么一个传说，有一次您去看您大姐。大姐生气了不见您，把门也锁上了，表示不欢迎您。

张学良：那没有。我大姐她不敢跟我这样。我凶，我比她凶。

访　二：她比您大几岁，大两岁？

张学良：大四岁。我很不喜欢她。

访　一：后来您从溪口到湖南这些地方，只有大姐给您写过信？

张学良：那没有。那时候我有通信自由。顶多他们看看检查检查。问题是这样的，以前他们都是怕，后来他们就不怕了。人情的事儿，我心里明白得很。怕连累他们。我对这些人情世故都有研究，也看得太多了。我家里的事儿我都看得很清楚。

9. 郭松龄反奉的原因与影响

访 一： 您说老帅这个人很宽宏大度，而且不念旧恶，对您后来在军队做事有很大影响？

张学良： 很大影响。

访 一： 比如说于学忠，也比如说高纪毅和刘伟这样的人，是不是？

张学良： 我就看见，可是我后来就……我也，不能说对我影响，我这个作风也就学我父亲的。

访 一： 但是有这么一点。我的几个顾问都在研究啊，郭松龄的思想跟您也很相近。因为他也是想把这个军队现代化，以及怎么样不走老一派的那种人事的作风。而且呢，也有一些民主的思想。所以他能跟您合作，也是因为两个人思想有一样的地方。那么，现在郭松龄的事情失败了，您是不是在这一方面应该收敛呢？

张学良： 后来就是韩麟春嘛！日本留学生。我还是这套，我还是我，并没有改变，没受什么影响。换句话，没什么关系。

访 一： 可是您对郭松龄这么百分之百的信任，后来引起郭松龄的这个事件，而杨宇霆之死也是因此而死。对韩麟春您是不是多加一分小心呢？

张学良： 没有，没有。不是这么讲，我用人不疑，不加小心。我一直是这样。我对你说这段不是这么讲，我就是这么讲杨宇霆这事。郭松龄之变呢，我心里是知道的，但是我自个儿为我自己的利害呀！换句话，我这个人很自负，我知道你就是变，也逃不出圈去。但是我很难过，是我为了自己的名望，我不肯对郭松龄有所处置，而影响到东北人民，以及我的部下死了多少人。他们的死，都是因为我要保守我的名誉，所以我心里难过。杨宇霆这事又起来了，是一样的，我那是果断处置呢？还是等他事发呢？所以我决心了好几天，那我就不应该这么做。我知道要这么做，人家看我这家伙好凶啊。

访 一： 我也不知道从哪拿来的这段消息，我给您念念，就当给您听听解闷了。

张学良： 谁呀？他写的？

访 一： 也是他写的。他说郭松龄事情完了以后，您就回去见老帅去了。但是您可以想象到，老帅一定会加罪于您。于是，您就请张作相和吴

　　　　　俊陞两位老人家跟您一块去。

张学良：没有的事。

访　一：没这事。他后来分析，因为郭松龄的事，就像您说的，让东北人民受了很多的苦。所以呢，郭松龄之死使张学良在心目中的偶像幻灭了。您一向待人热诚，事件后也一时冷淡下来，消沉下来。而如今好的一方面是，您心目中唯一爱戴的就是老帅了。

张学良：这也不是。我还是我，一样没什么变化，我没受郭松龄的影响。我这人做事，我很少……尤其是郭松龄之死，他写了个条子，就是关于他的后事，还是由我办的。

访　二：这也是一个奇闻奇事。因为他写信给您托付他的后事，您那时等于是他的敌对的人。

张学良：是呀，他说我的事只能托付给你。

访　一：现在太晚了。我还有一个问题。大家分析郭松龄失败的原因，从战略和准备上的分析，一个外国人的分析说：他没有一个周密的计划，计划得仓促。从日本回来以后，觉得形势一不好，于是马上决定。同时，准备得不够充分。

张学良：他分析他的。

访　一：他说，执行起来太过仓促。他（指郭松龄）估计得特别单纯，就是他把日本人想得太简单了。他让日本中立，好像日本就听他话了。同时他认为，冯玉祥和李景林会帮助他，因为已经订立了三角同盟嘛。但绝没想到他们都有变化。第三，他不知道，他把军队名字从东北军改为国民军，这好像是迎合了冯玉祥的心理，但他没想到日本人最怕冯玉祥。

张学良：他没把军队改为国民军。

访　一：他后来把他的……

张学良：没，没有。这个人分析得一点儿也不合理。这是外国人的分析，我的分析不这样。这完全是外国人的看法，这与日本人也没关系。

访　一：另外呢，这个外国人说：他要想成功的话，有一部分群众是会支持他的。

张学良：也不是群众支持，这完全是拿他外国人的心理看我们。他批评的一点儿也不合理。他的失败不是在这上面，换句话，他最要紧的失败是跟我对敌，这才是主要的。那些军队的人都没想到跟我对敌，那些人是我的军队，他们是服从我的。你带着服从我的人跟我打，那不是自个儿倒了霉吗？人家都不接受命令，那怎么打。人家说奇怪了，前边怎么打的是张学良啊？是这样的。

访 二：所以他希望您代替老帅的位置，就把您推上去，没想到不是这样子。

张学良：他完全想用这个，后来大家发觉这事，就不打了。所以郭松龄茂宸这个人呢，跟李宗仁、白崇禧一样。我们在一块合作会很厉害的。为什么呢？我这个人吊二郎当地大的事情我做主，我们在一起合作是很好很好的。

访 一：事实上证明你俩合作得很成功。

张学良：后来不合作，也是天下事情也是该着的。不过他这个人脾气不好，我劝他。他说：你很讲哲学呀！我说：什么哲学？他自个儿说他很穷，他们夫妇只有两个茶碗，一个茶碗没把儿的。他自己承认，我要不是你，他恐怕早死了。他有自知之明。

访 二：他也非常地感激您。

张学良：不过他自己说他脾气使然。他这个人就是这样，"我要干就干"。

访 二：后来，大概也受了后面一些人的左右吧？

张学良：什么？

访 二：齐世英、盛世才。

张学良：要紧的是齐世英，都是他鼓励的。问题在这，他们这些人就想出头。只有他出头了，他们才能跟着出头。

访 一：对。但齐世英不是您给送出念书的吗？

张学良：他不是，过去他就反对我。因为他是支持国民党的，这也是国民党利用齐世英反对东北。后来他就做成了这个，那时候，东北的党部都在他手里。

访 二：呵，在他手里。

张学良：所以这个人也不是开诚布公地对人。

访 一：您说齐世英也是被利用的，是吗？

张学良：也不是，他支持国民党的陈果夫，陈立夫，他那时是CC派的大将。

访 二：CC不是蒋先生的班底吗？

张学良：不能说是蒋先生的。CC跟老戴戴雨农对敌呀，可以说兵戎相见啊。

访 二：您说这不是领导人培养两个彼此……

张学良：这话难说，蒋先生心里我不太知道。他有成功，也有失败。蒋氏衰败，我觉得很有道理。国民党没有人［才］，蒋先生的力量没有了。

访　一：不谈蒋先生怎么样，就是作为一个领袖，有CC、戴笠，又有中统、军统，弄那么多，不是……

张学良：那，那可以，所以用人就不同了。

访　一：老帅那时候也没那么多，顶多是士官。

张学良：那也不能说。他有一套，我父亲这个人不用底下人。

访　二：用人才。

张学良：他不用下级的人，高级的人在他手里头。这个用人呢，我跟他差不多，我把这件事给你，是你负责任，下级的人都归你了。我要疑惑的话，我就不用你了。吴兴权那时候给他趴在地上叩头，他说你既然这样，回黑龙江好好做事，别让人骂我祖宗，他就是这种人。所以，他这人有些跟我做事不同的。

访　二：时代不一样。

张学良：所以我父亲这个人哪，真是包容大度，他的度量比我还大，但是他不像我这么好色好玩呀！他顶多打打麻将。我五姨很会哄他。……

访　一：您这个灯要不要给您关掉。

张学良：关掉吧。我要睡觉了。

访　一：太晚了。冷气也给您关了。我们走了。对不起呀！太晚了。

第五十五次访谈
杨常事件　戒毒出洋

访谈者：张之丙（简称"访一"）
　　　　张之宇（简称"访二"）
被访者：张学良
同座者：赵一荻
访问日期：1993 年 6 月 28 日

1. 奔丧和易帜

访　一：我这有一篇东西呀，是朱海北①写的，中央文史馆②的。看到了关于您的电视剧，叫《少帅传奇》，后来他就写了《忆当年往事》。这东西您看见过吗？

张学良：没有。

访　一：他这有几大段儿……您看这儿，两篇呢。

张学良：这个登在什么地方？

访　一：登在……我得问我姐姐这是从哪儿剪下来的。

张学良：他大概说什么……

访　一：说 1928 年 5 月 30 日，大将军召集大家，决定回东北。6 月 3 日皇姑屯事件之后，您过生日时得到消息，以及后来怎样的经过，奔丧治丧时的少帅。这段叫"风云乍起，匆匆离京"，这段是"奔丧治丧时的少帅"，这是您的相片。后面是"皇姑屯事件"，"易帜前的种

---

① 朱海北，原名渤，以字行。1909 年生于辽宁铁岭。朱启钤之子。1928 年起，曾任张学良副官多年。1933 年春任东北军第一○五师第十旅中校副旅长，后脱离军界转而经商。1979 年被聘任为文史研究馆馆员。

② 中央文史馆，即中央文史研究馆。1951 年在北京成立。是中华人民共和国成立后，中国共产党和政府为团结和安排老年知识分子而设立的，具有统战性和荣誉性的文史研究机构。其宗旨是"敬老崇文"。馆长、副馆长、馆员由国务院总理聘任。受聘者都是耆年硕学之士、社会名流和专家学者。

种努力"和"当年的一些生活琐事"……

张学良：生活琐事，说什么？

访　一：哦，是说您最亲密的"五大少"。一位是曹汝霖的儿子曹璞，一位是吴俊陞的儿子吴泰勋，何东的儿子何世礼，张海鹏的儿子，他没提名字，和他（指朱海北）。

张学良：哦。

访　一：他说他具体的工作是给你管内勤，每天晚上把第二天的活动准备好，你告诉他第二天做什么，然后他准备应该穿的衣服。他对外的任务，就是陪人打桥牌和高尔夫球。平时外出的时候，为防意外，很多军官都穿上和您一样的服装出去。您出去多半都坐小汽车，他们和您分成两辆汽车，这是为了保护您。他的身材跟您的身材最相似，所以在外订做衣服，都是他去替您量，有时服装都是一式两套。他记得最清楚的，是您的衣服在北京的一个增茂洋行①订做的。

张学良：增什么？

访　一：增茂洋行，是很有名吧？

张学良：不是，是英国人开的，做我的衣服什么的。

访　一：专门做了一套双十节阅兵的礼服，为了这个，他曾经三次从沈阳到北京试穿。这套衣服是陆军大礼服，上衣是灰色的，裤子是黑色的，而且镶着红道。还有一顶法国平顶式的军帽，帽子顶上有一个十字的金花牙子，正面有金质的"面牌"。"面牌"是什么呀？

张学良：我也不知道他说什么。

访　一：没有什么璎珞之类的装饰品。同时因为工作的关系，又加上张家和朱家是世交，而且是儿女亲家，所以他说，他在张将军那儿可以进进出出。他说您很注意和家里人以及同僚之间的彼此称呼。您叫于凤至夫人"大姐"，叫赵小姐"小妹"，而不是外面说的"小四"，她俩都称呼您"小爷"。

张学良：嗯？

---

① 增茂洋行，近代外商在华开设的洋行之一。其初创时间不详，早在1885年刊行的张焘《津门杂记》卷下中，已载有天津增茂洋行，谓其与法商亨达利洋行类似，以商行而兼售洋物。该行应系在天津的英国商行（或谓系德商行），专卖钟表、八音盒、挂灯、玻璃器、寒暑表、风雨表、显微镜、放大镜等仪器什物。时紫竹林租界盛行赌博、彩票，该行也曾在1888年销售彩票，甚至大量贩卖军火。以后，其业务向北京、唐山等地扩展。民国时，北京的增茂行不仅经营绸缎、布匹，而且在1934年还开办过广播电台业务。

访　一：称呼您为"小爷",这是什么意思啊?

张学良：他说的不对。

访　一：您最讨厌人家叫您"少帅",因为这种称呼和衙内一样,令人觉得是依仗父亲权势的人。您是这种感觉?

张学良：没有,这都是他说的。

访　一：他说,您要求部下称呼您不同时期的职务,如军团长、司令长官、总司令。能叫您汉卿的只有几位父执辈的,像张作相和张景惠。胡若愚和周大文虽然跟您是莫逆之交,但在公共的场合,还是以您的官职相称。私下管您叫汉爷。只有老帅一个人叫您"小六子",其他人都不叫。他说,"我和张将军相隔已经半个世纪了,追忆前尘,恍如隔世。相信有生之年,能再次聚首"。他说您再回到奉天的时候,有一个专车一块回去的,车停在沈阳的西便门车站。下车以后,您暂时住在伊雅格家里。当天夜里,由伊雅格开车送您回帅府。这些陪同您回去的人,到沈阳后……

张学良：这都是胡说。

访　一：两天以后再到帅府办公。

张学良：胡说,他乱写东西。

访　一：他说您上身穿白夏布大褂,胳膊上缠着黑纱。可是大家祭悼时您没露面,也没陪灵。那时您正在戒除鸦片烟,杨宇霆建议您用一种叫卡尔因的东西,一种对戒烟有好处的针剂,所以有一个马医官。

张学良：那是有的。

访　一：这医官每天都按时给您打针。可打了卡尔因后,虽然你可以不吸鸦片了,但您又离不开卡尔因了。后来您知道这个后果,大为恼火,一怒之下,把医官给撤职了。对吗?

张学良：嗯,那……

访　一：后来他说您易帜以前的事情,蒋先生这边儿派了一个人叫方本仁。

张学良：方本仁。

访　一：他作为特使向老帅吊丧,又通过胡若愚牵线,派李石曾到沈阳。李石曾就住在一个德国人开的凯宁饭店,也不露面,都是胡若愚、朱光沐和这个李石曾谈。李石曾先生与张学良会面的地点,是北陵高尔夫球场内的少帅专用休息室。

张学良：是在高尔夫球场外面,我有房子。他是胡写,都没那些回事。

访 一：双十节的事您要听吗？

张学良：什么？

访 一：他说，那一年的双十节，张学良将军为了检查和显示自己的军事力量，在北大营举行了非常隆重的阅兵式。

张学良：嗯。

访 一：阅兵的时候，张将军身穿新式陆军大礼服，头戴法国平顶式军帽，腰系金丝织刀带，并佩挂着礼刀。刀柄和刀鞘都镶着金花，系着金丝的带穗，非常地神采奕奕。往常您都很少骑马，可是这次双十节阅兵时，您骑着马显得雄姿英发。

张学良：我是骑马出身的。

访 一：这双十节是在奉天？

张学良：他说的，我不知道是哪年哪月。

访 一：就是易帜那一年。后面就说1928年12月29日您易帜了，然后，南京政府任命您为东北边防司令长官。典礼上您穿着中山装，向总理遗像宣誓，表示东北和全国的统一，作出历史上有着相当大的贡献。您能说一下，陶尚铭①是谁吗？

张学良：是日文翻译。

访 一：他曾经被捕，是不是？

张学良：后来被捕。

访 一：因为王家桢的事情，是怎么回事？

张学良：他跟日本有关系。

访 一：还有一个日文科的科长，叫安祥的，他们两个人在一块儿被捕的，是不是？

张学良：没有那一个。

访 一：就他一个？

张学良：对。

访 一：他是外务署的？

---

① 陶尚铭，生于日本东京，1910年毕业于日本早稻田大学，回国后在父亲江西任按察使陶大均处谋职。后任职于南满铁路局。1917年，张作霖就任奉天督军，入张幕府并担任张作霖日语翻译。皇姑屯事件后，张学良任命其为东三省交涉署署长。他曾力劝张学良归顺南京政府。1928年12月5日，他与交涉署的日本科长安祥突遭拘捕。据日人森岛守人所著《阴谋暗杀军刀》记载，当时人多猜测此举可能与陶频繁出入日本特务机关有关；而日后陶则声称，这是张学良未防止"除杨（宇霆）"密谋泄露而采取的措施。1933年张学良下野出国前，任命他为河北省滦榆区行政督察专员。

张学良：他是一个日文翻译，他跟日本人勾结，给日本人情报，叫我们知道了。

访　一：后来怎么样了？

张学良：没怎么，后来不让他做事了。

访　一：他是杨宇霆的人吗？

张学良：不是，他是外交署的老人了。

访　一：这相片我们谁见了谁都说帅，不过印得很不清楚。您还有吗？

张学良：我不知道搁哪了，大概有。这家伙是朱启钤的大儿子，朱启钤有两个儿子，那个是前妻生的。

访　一：他有好多的姐姐。

张学良：就朱三、朱四、朱五、朱六、朱七……她（张太太）本来要嫁给他的，朱家跟赵家在过去历史上是交通系的嘛。

访　一：梁士诒也是。

张学良：梁士诒手下大将叶恭绰，他的爸爸就是叶恭绰底下的大将之一。

访　一：哦。

张学良：叶恭绰有四大将，他是之一。

访　一：那会儿，几个大家庭都互相有关系，是不是？

张学良：都有关系。

访　一：因为这是社会交往的关系。

张学良：她（张太太）家里跟朱家都有关系。

2. 赵四小姐及《北洋画报》

访　一：您记得怎么跟张太太认识的吗？

张学良：她的大姐夫是我的秘书。

访　一：冯……

张学良：冯武樾①，冯耿光②的侄子，我认识她（指赵一荻）是在她大姐

---

① 冯武樾，广东省番禺人。1911年赴法国留学，后转至比利时，学习航空及无线电技术，曾遍游欧美实习考察。回国后，服务于航空界，1921年与赵一荻的大姐赵绛雪结婚。1923年，张学良任东三省航空处总办时，他任该处设计主任，后改任东北文化社社长。1926年7月，由张学良资助，在天津创办了《北洋画报》。通过他的介绍，张学良认识了赵家的兄弟姐妹。1929年，回天津定居。

② 冯耿光，广东省番禺人。早年入日本陆军士官学校步兵科学习。民国初年曾任袁世凯总统府顾问兼临城矿务局监办，参谋本部高级参议，授陆军少将衔。1918年出任中国银行总裁，1922年改任常务董事，并兼任北洋保商银行、大陆银行和中国农工银行董事。1926年，再任中国银行总裁。1928年起，任新华银行董事长、联华影业公司董事等。

那里。

访　一：那《北洋画报》是……

张学良：是他给我办的。

访　一：是您要办的，他来主持是不是？

张学良：是我办，他主持，他就是我的秘书兼宣传的。

访　一：为什么要办《北洋画报》呢？

张学良：那个时候我很喜欢办报，好多报与我有关。

访　一：不过这个《北洋画报》不一样一点，图画多些。

张学良：就是画报。

访　一：两年以前，这儿有个朋友问我们要不要看《北洋画报》。当时并不知道和您有关，我说《北洋画报》是很老的报了，难道又出了吗？他们说不是。他们把过去不知存在哪里的《北洋画报》，大概是在资料馆吧，拿出来重新一期一期地印的。因为现在技术也高了嘛！您想不想看，我给您找一份？

张学良：本来我自己有一份，不晓得弄到哪去了。

3. 周恩来是很恭维我的

访　一：昨天在家里，我和姐姐研究这个"千古功臣"，是周恩来先生说的一句话？

张学良：是，是他说的。

访　一：您说，他的意思是什么？

张学良：完全是对共产党说话。

访　一：说您是那边的千古功臣。

张学良：我想，他的意思是我救了共产党。我不懂，我猜是这样的。

访　一：不过，您说他们共产党一向以人民为主。所以，是不是这不一定为共产党，也是为国家和人民。是这个意思吗？

张学良：也许，我不敢说他有何所指。

访　一：他这么说您，您觉得怎么样？

张学良：我不知道他有何所指，不过，他对我是很恭维的。他也许是说我救了共产党。

访　一：说实话，近代史上还很少有人可以说当得起"千古功臣"这个名字。

张学良：那我不知道，我不敢那么说。他是很恭维我的了。

访　一：阎伯川（阎锡山）他没这样的名字吧？

张学良：那他，我不知道，不能说这个。

访　一：周恩来这人也不随便说话。

张学良：可能那么说。所以在大陆上，就因为他这些话，把我这……大家都对我干什么。

访　一：不过最近有很多大陆的演员呢，比如说报界都来采访过您。他们有没有说起来，在国内对您的了解深不深刻？

张学良：我对这些个毫不关心。

4. 我把杨、常请来就枪毙了

访　一：我想关于"杨常"的事情补充一点，您愿意谈一谈吗？

张学良：你说怎么谈？

访　一：大概就是几个小的问题。就是我从您那儿借的这本书，司马［桑敦］写的这个，还有另外一本，最近出的一本关于您的书，您有吗？

张学良：什么，大陆出的？不是台湾出的？那我不知道，我没有看过。

访　一：好，这两本书里都提过，1928年您在撤军的时候，就是把东北军撤到关外、撤到奉天的时候，杨宇霆不是留在后面，您先回奉天了吗？

张学良：你说怎么回事吧？

访　一：就在他跟白崇禧两军对峙的时候，他们两个人有过两次谈判，可谈判的内容没人报告。白崇禧事后就告诉蒋先生说，东北可以以杨代张。然后，蒋先生就把这秘密告诉了您，同时有这几个字"先下手为强"。您还记得这事吗？

张学良：没这回事情。我不知道！他从哪得来的？这外面传的太多了。

访　一：这是从一些文献上抄来的。

张学良：没有。

访　一：另外一个，是杨宇霆和常荫槐曾经有一次在一个什么场合说叫您"阿斗"，您记得吗？

张学良：没这回事儿。

访　一：哦，没有。另外还有一点，就是您易帜之前，杨宇霆好像做了很多活动，阻止易帜。

张学良：也没有，谁也阻止不了。他也不敢有这种行动，如果有，我立刻就把他［干掉］。

访　一：他暗中时常地在家里请客，请那些老帅在时跟他来往的客人，同时很多高级人员都接到了杨宇霆的任命状，意思是机会到了，你坐等什么？

张学良：没有，这也没有。

访　一：在这期间，这有一个报道，说您跟邹作华是儿女亲家。

张学良：我不是。

访　一：那现在，就到了非常有戏剧性的时候了。我记得您跟我们说，你拿一块银元的那件事。您大概是头一天拿银元跟于凤至夫人来算卦，是第二天才杀的他们。

张学良：那我也记不住了。

访　一：不是当时的事儿？

张学良：不是。

访　一：您还记得？这两本书说的都不一样。我记得您说，让他们拿报告来看，结果他们说要吃完晚饭。

张学良：没这回事。外头的流言太多。

访　一：说什么杀西瓜？

张学良：不是，不是。

访　一：您记得怎么一回事吗？

张学良：那没什么了不起，我把他们请来就枪毙了。

访　一：那他们来的时候是不是身上经常带着武器吧？

张学良：也许带，我不知道。

访　一：您叫他们来报告。

张学良：没有，就是叫他们两个人来，他们就来了。我就准备人，把他们枪毙了。

访　一：他们也没带武器什么的？

张学良：带不带武器毫无关系。他们也不能使用。

访　一：您还记得那个高纪毅？

张学良：他怎么？

访　　一：高纪毅、王以哲、刘多荃、谭海，是这四个人吧？

张学良：是谁，我现在……反正我记得有高纪毅、谭海，［其他人我不记得了］。

访　　一：高纪毅曾说，这次我心里对得起郭松龄了，因为他是郭松龄的人。这地方是老虎厅，也是您的大客厅，对不对？

张学良：我有好几个客厅，有一个厅有老虎，是人家打死的老虎送给我父亲的，是真正的老虎。

访　　一：所以叫老虎厅嘛！那时候，您说最主要的是常荫槐，因为他又要做山林警备。

张学良：主要就是他们两个人，常荫槐是他的谋士。

访　　一：后来有一个日本人，可是他入了中国籍，他的名字叫黄木①。这个人是个中国通，一直跟着您。

张学良：他说他入了中国籍，事实他那是假的。

访　　一：他的确对中国的事情很熟悉？

张学良：他一直跟着我。

访　　一：您说他有没有为日本做事的私心？

张学良：你这话问的！日本人都有。

5. 我小时候很顽皮

访　　一：我们各地方找了好多您小时候的趣事。您母亲很喜欢请神，把一个女的请来祷告啊什么的，叫什么？

张学良：跳大神②。

访　　一：跳神是为了什么哪？

张学良：那是一种迷信，跳神的会请大仙，可以解决问题，我讨厌透了那个跳神的。我跟你说，我小时候淘气的事情。我们家里请跳神的，她连蹦带跳的说大仙附在身上了。深更半夜的要什么槽子糕（指蛋糕）。那么晚，哪儿有什么槽子糕。给你二毛钱那有。我在她脚下

---

① 黄木，即日本人荒木五郎。

② 跳大神：旧时东北民间缺医少药，常有神汉、巫婆装神弄鬼，借此骗取钱财。一般头戴神帽，穿红绸裙，系腰铃，手擎单鼓，边敲、边舞、边唱，装作神仙附体，为病人或求祈者驱鬼、招魂、求药、增寿，以骗取人家上供、烧纸、许愿还愿的钱物。中华人民共和国成立后曾被取缔，但未彻底根绝。

放块西瓜皮，她滑个跟头，把那个大仙摔得也没有了。我妈妈恨透我了。我妈妈就死在他们身上，她本来就有胃病，她总是喝那个烧纸的灰，她的胃慢慢就弄穿孔了。我不信这套。

访　一：有一段关于你小孩儿的故事，说老帅给你算命，说你克母亲？

张学良：我母亲算命。是她不喜欢我，就说是我克死她的。人家给我认干妈，谁都不要我，怕克死。奉天有一种路上的植物，叫马兰。它的叶子可以用来捆东西。也开花，开得像兰花。但是不香。他们说我认马兰当干妈，我给它绑上红带子，给它磕头。完了马兰就干死了。我不信那套。给我算命，说我生的时候差了一个时辰，否则我就当皇帝了。

访　一：还有您身体不好，让您做跳墙和尚。您那会几岁啊？

张学良：我大概不到十岁，八九岁吧。我"小六子"的名字就这样来的。那时候，我原来有个名字，把那个名字写在纸上，然后烧了，我从板凳上跳出去，之后别人叫我什么，那个名字就是我的。如果有人叫王八蛋，我也就叫王八蛋了。

访　一：你原来的名字是什么啊？

张学良：小喜子。

访　一：那是因为老帅的什么事情啊？

张学良：打仗打胜了。

访　一：还有一段，说您小时候很聪明，其他小孩都不跟您玩，结果您把狗放出来了。

张学良：不是，我们家养条狗，那狗很听我话的。奉天有炕啊。炕上有炕毡。我姐姐她们女孩子在炕上玩欻籽儿①，我要玩，她们说这是女孩子玩的，不要你！不要你！我"嘘嘘"，那条狗一下子蹦到炕上去了。那条狗把她们吓得嗷嗷一直叫唤。我姐姐就骂我。

访　一：您小时候很顽皮。

张学良：我顽皮。那时候，正月下雪后，院子里下的雪都化成水了。院子有坑啊，坑里有水呀。别人穿着新衣服从旁边过，我就用脚往坑里一踩，就崩了人家一身泥。人家就骂我，说你看你。我说我也崩了一身泥。谁让你从我旁边走了。过年人家都穿新衣服啊，我姐姐就

---

① 欻籽儿，即嘎拉哈，一种用猪、羊等足关节做的玩具。

骂我。

访　一：您小时候都玩什么？

张学良：我小时候很坏。我有个奶妈的儿子，他十六岁，我八岁。我说我小时候坏就在他身上。我家后院有个姓侯的，打开我家的后门就可以到人家去。我家就把这个房子买了。那个奶妈的儿子就自己住在那里看这房子。这房子后面的门可以出去。他差不多把我们那个胡同的七八个女孩子都搞上了，我就奇怪了，那些女孩怎么听他调动。我说我坏都是他造成的。

访　一：您那会儿不是上学吗？

张学良：不是。那是我们放暑假，放学。我到现在，什么都跟你说，那时候我小孩子都不懂，……

6. 学医未成却学军

访　一：有一本书上说，您从六岁到十五岁就上私塾，跟一个姓杨（杨景镇）的老师学，听说您时常逃学？

张学良：不是六岁，是八岁。我最不喜欢这老师，我就因为不喜欢老师才出头的。

访　一：是呀，因为您那篇文章。不过我就在想，这个老师教的东西肯定是古板的，您应该念《三字经》吧？

张学良：不是，我这个老师有点背景，他原来教我父亲，是我父亲的启蒙老师。

访　一：等于您师爷了。我们从小就跟师爷念《三字经》。您那会开始读什么呢？

张学良：《三字经》是最早就念的了，我们那会就开始读《大学》、《中庸》。

访　一："四书"了。

张学良："四书"、"五经"之后就念唐诗。

访　一：那时您得背吧？

张学良：是呀，都得背。虽然是老学究，也有好处，好多书到现在我还能背。

访　一：我觉得，不管现代化教育……当然很普及，也很先进。可我觉得，那几年虽然您不喜欢那老师，可学到的也是一个很好的基础。

张学良：也有好处，也有坏处。但是，我这个老师守旧得很，我写文章骂他。

现在我还记得，文章名字叫《民主之害甚于君主》。我就做了一篇文章骂他。老师火了，要辞馆不做了①。那时候，我爸也不懂啊，因为老师辞职不做，他要打我给老师看。他在老师面前用鞭子教训我，我就从这出头了，到他的秘书处，后来他气得不得了。他预备打我，我也就预备挨打，没有法子。我的父亲的秘书长白永贞要我的文章看。我就知道这个事情有缓儿。

张学良：他一看说，这个老师教不了这个学生。白永贞就跟我父亲说，你儿子不是坐在屋子里念书的人，他要干什么你就让他干什么吧。

访 一：那时老帅一定问您，你到底要干嘛？

张学良：也没说，那时候我想学医呀，他不赞同我学医。他慢慢地就让我学军人。我学军人，也是有个人（指陈瑛）造成的，他说你不该跟你爸爸对着干。我那时想上美国去，他给我出道。他让我跟他（指老帅）说，到那要学什么，干什么。我一听这主意不错，［于是就提出要学军］。

访 一：那么你得先上讲武堂。

张学良：不是啊，我后来这么一说我要学军人，正赶上那时奉天办讲武堂。我父亲说，那你就到讲武堂去吧，就这样，［我就走上了学军之路］。

访 一：大家都觉得你要去的话，大概受不了那个苦，是不是？

张学良：是呀，我爸爸说讲武堂很苦啊。我说别人受得了，我也受得了。人家受不了，你就别怨我。

访 一：他们是不是激将法啊？

张学良：那我父亲说，好了，你要能到讲武堂，［不毕业］就让给你当带卫队营长，我立刻成了少校。我到讲武堂第一个月参加考试，就考了第一名。

访 一：那会你是少校？

张学良：因为讲武堂都是行伍的军官，那我是一个学生。

访 一：得给个名义才能进去，是吧？

张学良：对啊，就是卫队营营长，我就这么起来的。在那里我认识好多人。

---

① 张学良在《杂忆随感漫录》中描述其师："为人顽固守旧，民国成立已十余年，他仍保存他的辫子，他不但不剪，还禁止我也不许剪。"并称自己16岁时，老师以《民主之害甚于君主》为题命文，他为文斥此说乃坐井观天者的"山村愚夫愚妇之谈"，引起师、父大怒。

7. 初涉世事

访 一：您十七岁时做什么，记得吗？

张学良：我十九岁做的卫队营长。

访 一：您十七岁时做什么事情了？

张学良：我十七岁还没正式做事，我也记不清了。我十六七八岁就给我父亲传达信儿，给他送信到北京。我见到很多重要的人物啊，国务总理我都见过，我父亲也是有意的。

访 一：那您去送信，您没有什么身份吗？就是大帅的［代表］。

张学良：他儿子，我父亲的意思也是让我见见人。

访 一：您记得您都见过谁吗？

张学良：那多了。最要紧的是国务总理靳云鹏。我受他的影响很大，他就教训我了。他是我们亲戚嘛，他就跟我说，你知道袁世凯是怎么起来的吗？他就告诉我八个字：挥金如土，杀人如麻。我就想，我自己挥金如土很容易做，可杀人如麻不可能。

访 一：他还跟您说了些什么？

张学良：他没……对我，后来就是……

访 一：您还记得那个白永贞教您的时候，教些什么吗？

张学良：那是正经教书的，四书五经，我那时就是写文章。

访 一：有一篇文章，不知道是哪个老师说的，叫什么，［记得吗］？

张学良：《救荒无善策》，是白永贞的。那个时候，天津发水灾，我不念书，出去帮人募捐。他就出个《救荒无善策》的题目，因为这个我大骂他。我说善策，要是有，荒就不救了。因为这个，他也看出来我在说他，他跟我父亲说，你这个儿子不是念书的人。

访 一：思想前进一点。

张学良：我父亲很想把我培养成文人。他（指白永贞）说我不是个念书的，他的话我父亲听。后来，他说：他想干什么，你就让他干什么，他不是一个坐在屋子里的人。

访 一：您记得您去天津就是为了水灾事情，那您有什么样的募捐方式呀？舞会，演戏？

张学良：那时候大家到各地捐钱。

访　一：就到各地去，您记得那次成功吗？

张学良：那有多少就捐多少。

访　一：您是代表谁，代表老帅？

张学良：不是，是个人行动。

访　一：这个与青年会有关系吗？

张学良：有关系。

访　一：那您是青年会的，说实话，青年会对您生活上有很大的影响。

张学良：有关系，我现在还想帮这地方的青年会，我不知道这地方的青年会有谁？

访　一：这边的青年会是吧？

张学良：青年会叫作YMCA，就是Young Men Christian Association，基督教的青年会。

访　一：因为世界上只有这么一个名，所以就叫青年会，实际上它是基督教的青年会。在美国有一个犹太教的。

张学良：总会在美国，中国总会在上海，是美国来的。

访　一：这儿的呢？

张学良：这也有，周牧师跟它有来往，我还在打听怎么样的情况，我想帮它忙。

访　一：您还给我们讲了一个笑话，您小时候天天和老帅吃饭……

张学良：那是六七岁，我爸爸请人家吃饭，不让我上桌子。我生气说怎么不让我吃，跑到桌子下面用脑袋一顶，把桌子顶翻了。那时候都是圆桌面。

访　一：客人［怎么看这事儿］？

张学良：那客人说，这个孩子可是很特别。我父亲特别喜欢我，他说不喜欢我，我就把他衣服都扯了。我这个人可能是早熟。我年轻的时候有结核病，人家说得这个病的人就早熟。我接触女人就很早。

访　一：您还多多少少记得那两篇文章吗？

张学良：什么？

访　一：就是《救荒无善策》，还有《民主之害甚于君主》。大概齐您还记得吗？

张学良：我大概记得：坐井观天，非天小也。见着小也。

访　一：您从那么小的时候您的文辞就很尖刻。

张学良：我这个人可能是早熟。我年轻的时候有结核病，人家说得这个病的人就早熟。我接触女人就很早。

访　一：还有段小故事，老帅很喜欢您，不限制您交女朋友，但是唯一的事情是反对你抽鸦片。

张学良： 他也知道，他不愿意。不高兴［就］骂。

访　一： 说您陪老帅打麻将，他有点疲乏了，您就让他的副官给他拿鸦片烟，您就走了。

张学良： 他不让我抽嘛，他自己个儿也不抽，就走了。因为那个我很难过。

访　一： 所以，您想老帅的确很疼您。他对其他吸鸦片的人有什么处置吗？

张学良： 我是他儿子嘛。我年轻的时候，家里人都喜欢我。

访　一： 您最近作诗了吗？

张学良： 最近我开玩笑诗了。

……

访　一： 宋庆龄、宋美龄、宋霭龄这三个人您认为哪个最好？

张学良： 那我都是跟她们认识。

访　一： 宋庆龄您也认识。而且您跟她住过邻居呀。在上海您不是她的邻居？

张学良： 跟她来往很少。

访　一： 那宋霭龄呢？

张学良： 这些事儿都是她导演的。蒋夫人很喜欢我，那时候她还没有出嫁呢，还是姑娘呢。她年轻的时候不是很好看，越老越好看。我很尊重她。

……

8. 烟、酒、色、毒

访　一： 东北军队的问题，那您要应付它？

张学良： 应付的能力我还有。

访　一： 可是那您很辛苦了，那个烟瘾会让您精神很萎靡吗？

张学良： 是呀，那很痛苦，强打精神。

访　一： 但是您好了以后，您出国这段时间倒是可以痛痛快快地看风景啊，交结交结。没烟瘾了是不是？

张学良： 是。不过，喝酒有很大的问题。那时候我到意大利，天天跟墨索里尼小姐在一块堆儿，不过我们实在没关系。

访　一： 那您喝酒？

张学良： 就在一块儿，天天喝酒，玩啊。还有一个她丈夫齐亚诺的妹妹，妹夫，他叫什么，也是意大利的外交官，我们在一起玩。

访 一：喝酒对您身体有没有害处？

张学良：这个不能说没害处，我现在喝酒喝得很厉害。

访 一：您现在呀？

张学良：啊，平常我不喝。我很能喝酒，我就是在意大利学会的。

访 一：您喝时会不会醉呀？您醉过吗？

张学良：醉过，那我醉得很厉害。不过我现在请客的时候，差不多每顿都喝很多，但是没有醉过，我现在很能喝。

访 一：您说很能喝，那喝多少算能喝啊？比如 XO 吧。

张学良：我喝白兰地，像那个杯子，四杯八杯吧。

访 一：您真是海量，那一瓶没了吧？

张学良：不，那一瓶是三十、三十一杯的。

访 一：那 XO？就是白兰地，是不是？

张学良：对。

访 一：那您是喝 XO 的。

张学良：XO 不算好酒。

访 一：那您喝什么酒？他们说"路易十四"是最好的。

张学良：那"路易十四"我不知道，我喝过好的我说不上名。

访 一：怎么个好法，喝醉了吗？

张学良：不是喝醉了。女人喝酒最坏。

访 一：怎么了？

张学良：女人喝醉了就要那件事儿。失身，不少的女人失身都是因为喝酒。

访 一：您这一生中喝醉过吗？最厉害的是哪次？

张学良：我以前酒量没这么大，现在越来越大。

访 一：那您喝的醉得不得了的是哪次？醉到什么程度？

张学良：醉得稀里糊涂。

访 一：有的人醉了一语不发，有的人醉了又说又笑，那您呢？

张学良：不，我不。我跟你说个简单的，那时候我太太还在呢。

访 一：在哪儿啊？

张学良：在汉口，不是，在湖北的法国领事馆。……

访 一：那人家喝醉了［怎么办］？

张学良：我这个人啊，我是个很怪的男人，我自己也承认我是个很怪的人。

访 二：那您也是得天独厚。

张学良：也不是，我思想非常怪。

访 一：有人喝醉了要吐，有人要上脑子。您什么都没有，那您没有醉啊！

张学良：我醉是醉了，稀里糊涂，可是我心里很清楚。

访 一：您可知道在您做事的期间，您要是喝醉了，那［是要误事的］。

张学良：我那时很少喝醉。

访 一：那您这在法国领事馆是在什么时候啊，1936年以前……

张学良：那也做事。

访 二：那您喝什么酒醉了，喝洋酒吗？

张学良：我不大喝中国酒，我喝不惯，我喝洋酒。

访 一：那您这么有经验，那您知道喝醉了喝什么解酒？

张学良：解酒啊，喝……

访 一：Soda mint（苏打薄荷）。

访 二：有用吗？

张学良：有用，多喝就管用。

访 一：吃一片薄荷。是喝还是吃啊？

张学良：这是人家教给我的。但是，后来大夫说你那么做很伤身体。喝一杯酒吃一个Soda mint，就能喝好多酒。

访 二：哎呦，那胃受不了！

张学良：那很伤身体啊！Soda mint那东西解酒。这是王正廷告诉我，你用Soda mint拼酒。

访 一：拼酒？

张学良：你拼酒，可以喝好多杯。

访 二：那自己倒霉了。

张学良：这他告诉我的。

访 二：那真是自己找罪受，但是至少不醉。

访 一：可是在官场经常要喝酒，您还是要……

张学良：那不是官场，是在玩的时候。

访 一：外国人说喝醉喝太多了第二天会头疼。

张学良：那再喝一点。

访 二：再喝一点，那不是头更疼吗？

张学良：稍微再喝点。我醉得厉害的时候头很疼，那再喝点就好了。

访 二：香槟算是很淡的酒。

张学良：不能那么说，看什么样的香槟。我告诉你我喝酒可以说很丢人。我这人淘气透了。有一次，我喝多了去睡觉。那些姑娘、姨太太在客厅打牌。……有一个坏家伙，咣地打了我一下子。打得我好疼。呵呵，很好玩。

9. 戒毒与出洋、回国

访 一：刚才我们说您吸毒，这对您身体有很大的坏处，可是您这个治好后，您反而跟以前一样了。听说那个大夫叫米勒，您咬过这个米勒，那也是淘气啊？

张学良：不是，我没有咬过。

访 一：您是淘气还是怎么，咬了他一口。

张学良：我没有咬。那这是真的，我那个副官跟我说，他给我戒针啊，那本来戒死一个。

访 二：那很危险，那不一定会好的。

张学良：要昏迷好几天呢。

访 二：哎呦，那您也什么都不能吃啊。

张学良：很危险，那你不是犯瘾嘛。我那部下跟他说，他要是没有了，你可就没有啊。

访 二：那大夫要吓死了。

张学良：那旁人可不敢。那他说："我可告诉你，他没有，你也就没有了。"

访 二：那就等于他治死了。

访 一：痛苦到什么程度。

张学良：他是这样的，他拔得很深，他给你打一种药，叫你昏迷了。

访 一：就是故意让你昏迷。

张学良：他用一种药敷在你肚子上。我这肚子上好像还有疤痕，看看有没有？

访 一：上面好像有，是起个大水泡。

访 二：像拔罐子。他这个药是给你打到肚子里啊？

张学良：不是，他敷上药，让肚子上起个水泡。之后我昏迷了，他从水泡里抽出水。

访 二：从身体里抽出来？

张学良：你昏迷的时候，他再把这个水打进去。用你自个儿的玩意儿再打回去。那就有一个人就是这样死掉的。

访 一：打回去之后以毒攻毒了。

张学良：那不知道了，我昏迷了好几天。

访 一：这都是在您昏迷的时候他弄的？

张学良：我跟你说过呀，这人要有决心。决心有很大的关系，我也很……我第一个说，我们打仗时，俘获了一个军长，人家是敌人的军长。后来他犯烟瘾了，他闹，因为他是军长，对他都很……我就给他，他就告诉我他犯瘾了。你给他打上木狗，木狗懂吗？就把他扔在那儿。我说谁让他闹呢，死不了的。他年轻，吐哇，闹哇，到后来硬是慢慢把烟瘾给戒掉了。我就简单说，他走的时候，他对我说，谢谢军团长。那时我是军团长，他说谢谢您把我的鸦片烟瘾给戒掉了。我就说我自个儿那时候犯烟瘾了呢，我爸爸要是活着也给我砸在木狗上，我不也得受嘛？

访 二：那老帅要知道您抽的话，[他会怎么样]？

张学良：还有那韩军团长，就是韩麟春。我们在那作战。作战时候退却了，我们都没慌。可当差的慌了，他把鸦片烟给丢了，没拿回来。晚上黑了，他想抽鸦片，没了。他骂，我这倒霉，人家缴械，给我这鸦片缴去了。

访 一：那怎么办呢？

张学良：我说算了吧！他在地下来回踱，犯瘾难受啊。我说你快弄个鸦片烟盘子，你抽上两口，你把我整得觉也睡不好。他就自个儿溜达，他说，"你是小子不？"这是我们奉天话。他打两下自己，就睡觉去了。所以我自己犯瘾的时候，我说韩麟春能这样，我也能，我就自己打自己，问自己是不是小子，这也就过去了。

访 二：是很难过，是不是？

访 一：我不懂怎么难过，闹得慌吗？

张学良：不过鸦片烟那个难过，肉皮好像没有一样，那尿尿啊，都不敢尿。

访 一：为什么呢？

张学良：烫得很，可以说是过敏哪。

访 一：您是全身都……

访 二：所以那时真是想抽。

张学良：可是这样的，等到把这个烟瘾戒了以后，以后身体非常的壮。

访 二： 在医院里住了多久啊？

张学良： 住了十天，我忘了。

访 二： 最难过时，就是每天都是这样。

张学良： 不过有一阵我就昏迷了，大概有三天。

访 一： 您醒了就好了？

张学良： 也没太好。我没说嘛，自己打自己。那大夫见了很难过，就回医院拿药去。后来他回来看见我，说你怎么好了？我说好了，没事情了。

访 一： 还是自己个儿的决心。

张学良： 决心！这人哪，决心［的作用］是很大的。

访 一： 我觉得您做很多的事情都有很大的决心。拿这个戒毒来说，这是很有决心的。您要是怕痛苦，也就不上医院了。

访 二： 谁给您介绍的这个大夫啊？

张学良： 大夫我早就认识。他本来不是一个真正的大夫，是半路出家。这个人胆子也大，他胆子不大，他也不敢。

访 一： 他到奉天去过？

张学良： 我帮他在奉天开的好几个疗养院。

访 一： 他到奉天去找您？

张学良： 没戒毒前，那时候我就跟他……

访 二： 他赞成您戒？

张学良： 他？我想旁人没那么大胆，他那个人很有意思。

访 一： 您这决心，也是……您那会儿是想要出国了，所以您要戒。

张学良： 是，是。所以我戒完了就赶快出国，我出国就碰不上这个东西了。这和出国有很大的关系。可是我喝上酒了。我原来年轻的时候酒喝得很少。没听我说我不喝酒嘛，我喝酒喝得很少，除非吸烟。后来我在意大利就喝酒，一天都跟墨索里尼小姐在一块儿。

访 一： 您出国，那是您第一次到欧洲去？您到日本去了，对不？

张学良： 日本去过。

访 一： 到日本是谁陪您去的？

张学良： 那不能说是谁。我到日本去过好几次，观操啊。

访 一： 您到欧洲这是第一次，都是谁陪您去的？

张学良： 我那时真是花好多钱，我带一帮人。我带着我太太、孩子和翻译。

　　　　　我花了好多钱。

访　一：是谁给您做翻译？

张学良：那时候，英文翻译。是？不是！是法文的翻译，姓沈，叫沈什么①，我一下子叫不出来了。

访　一：那您外交方面是谁办呢？

张学良：也是他。

访　一：那个端纳去了吗？

张学良：去了，去了。

访　一：端纳这次跟您去，是帮您做什么呢？

张学良：帮助做宣传什么的。

访　一：他是很会宣传的。

张学良：他是新闻记者呀！端纳本来也不是什么大学的，就是因为他是《泰晤士报》的记者。

访　一：他文笔大概很好。

张学良：他也能写社论嘛。

访　一：这整个的欧洲旅行，都是他陪着您？

张学良：都陪着。

访　一：外交啊，礼节上。他会意大利文吗？

张学良：他不会。

访　一：蒋先生请您回来的时候，他给您打电报，您马上就回来了？

张学良：他要我回来，我当然就回来。

访　一：那时您也没打听打听国内的情况？

张学良：那我知道，就是粤变②嘛，他怕北方的关系［不好控制］。

访　一：回来时经过香港？

张学良：经过香港。

访　一：香港在那时候……

张学良：胡汉民。

访　一：我记得您说他女儿也来请您，他为什么派女儿来请您呢？

---

①　1933年4月11日，张学良携于凤至、赵一荻及子女和顾问端纳、随从副官等乘船出洋，同行的翻译为其法文秘书沈祖同。

②　应是闽变（即福建事变），此处张学良记忆有误。

张学良：他没有旁人啊。胡木兰①。

访　一：结果他就只带一个女儿去，您在哪儿和他见面的？

张学良：在他家。

访　一：您到他家去了？他怎么跟您……

张学良：我不跟你说，他（指胡汉民）反对蒋先生、汪精卫。他的意思不赞成我回国，让我跟他在香港待着。那时他也有……我说我得回去，我有我的关系。

访　一：他想留您在香港？

张学良：他反对蒋先生。

访　一：他那会儿在香港做什么呢？

张学良：没事，寓公。

访　一：那也让您做寓公？

张学良：那不管，他想拦住我在香港观望，我这人就是……

访　一：他有没有问起您在欧洲的情况？

张学良：他随便谈一谈，没有谈多少就走了。因为我不下船，没多少时间就得走。

访　一：您到欧洲去，您的感觉是怎么样的？大家对您的情况和对中国的情况？

张学良：那也没有，我自己游历，也没见，没……我到欧洲一天都是跟墨索里尼小姐在一起玩。

访　一：您也到英国去了，您也见到英国那个很有名的……

张学良：我到英国。

访　一：英国那会儿驻……

张学良：英国总理（应为首相）是……MacDonald（麦克唐纳），我跟 Young MacDonald 很好，他说英国你来也没有用，那时中国想求援。英国自顾不暇，帮人家帮不了。他说现在你中国只能找美国，因为欧洲国家都自顾不暇，自救不及呢。

访　一：那会儿本来英国还一直世界第一呢。

---

① 胡木兰，国民党元老胡汉民之女。早年留学苏联，大革命后期曾任广州妇联会副会长，北伐战争时一度做过女子北伐队队长。1927 年后在南京随侍父亲。其父获释南下香港、广州后，于 1932 年出任南京妇幼养济院院长。抗战爆发后，辞去院长职务返回广州，后与何香凝等在香港主持妇女工作，曾出任国民参政会参政员。

张学良：不，不是，已经下来了。

访　二：意大利呢？

张学良：意大利更……意大利是空桶了，墨索里尼叫喊就是了。那时候还有谁？哦，希特勒。德国那个空军部长跟我很好。

访　一：戈林。他到中国去过吗？

张学良：没去过。

访　二：他就是慕名跟您认识，跟您是认识还是有人介绍？

张学良：那时候都是空军嘛，这么认识的。

访　二：您觉得这个人怎么样？很有魄力是吧？

张学良：很有魄力。

访　二：他对德国的复兴那一阵子也很有贡献？

张学良：是。

访　一：我给您找一个人的名字，您说有个人对您的影响很大，他叫杜恩承。您说您小时候念书时，在YMCA的时候，对您影响比较大的，其中有一个叫杜恩承的。

张学良：呵，杜恩承？不是，是宁恩承①。

访　一：宁恩承是您的部下嘛。

张学良：不是。

访　一：这个好像对您留洋的影响……

张学良：没这个人。他是我父亲的一个医官，杜医官，他影响我不少，他是基督徒。

访　一：还有一个干事叫余日章。

张学良：那是青年会的总干事，是黄仁霖的老丈人。

访　二：他是黄仁霖的岳父啊。

访　一：还有一个费起鹤。

张学良：黄仁霖起来，就因为那时候蒋先生要余日章见一个人，他说的就是黄仁霖。费起鹤跟蒋夫人很好。

访　一：他们都是基督徒嘛，

---

① 宁恩承，辽宁辽中人。1901年出生，23岁时，他作为南开的学生，发表了《轮回教育》一文而震惊学界。25岁受张学良资助赴伦敦大学和牛津大学专攻财政金融学。30岁任东北大学秘书长，代张学良校长主持校务，使东北大学走向鼎盛。

张学良：费起鹤是天津的①。

访　二：费起鹤的孙女是我们同学，贝满的。

访　一：基督教青年会的干事。

张学良：还有一个人叫王什么，C. F. Wang？C. F. Wang 是王正廷的弟弟，王正黼②，给我们干的。

访　一：辅导的辅？蒋廷黻的黻？

张学良：不是蒋廷黻的黻。他那个字好难写，我不会写还忘了，我们管他叫 C. F. Wang。

访　一：他是给您做事的？

张学良：我们有个矿务局由他管。我认识王小姐，他的妹妹，就是因为他的关系。

访　一：不是王正廷，是他的关系，他跟王正廷两人之间［有关系］。

张学良：亲弟弟。

访　一：亲不亲呢？

张学良：亲兄弟。

访　一：王正廷是给南京政府做事的吗？

张学良：那做事不做事没关系，他们兄弟五个。

访　一：他们是东北人吗？

张学良：不是，我记不清楚了，他们大概是宁波人③。他也是在青年会的，怎么着我忘了。

访　一：还有一个就是军医处长王宗承，给您票让您听演讲那个……

张学良：不是，我现在说不出来，他叫什么？

访　一：承德的承，宗教的宗。

张学良：他叫什么我想不起来了，他也许叫王宗承，我受他影响很大。

―――――――――――

① 费起鹤，现代职业教育家。字云皋，直隶通州人。农家出身，自幼聪颖好学，1901 年赴美留学，回国后曾在天津、保定任中学监督和直隶省高等学堂西学教务长。民国初年供职于南京临时政府外交部、教育部，不久任北京基督教青年会副总干事，创办育才学校，任校长二十余年。

② 王正黼，浙江奉化人，王正廷之弟，近代采矿专家。自幼皈依基督教，早年入天津英华书院，1910 年毕业于北洋大学矿冶系，旋赴美留学，1912 年获哥伦比亚大学采矿冶金硕士学位。1915 年回国，历任奉天本溪湖煤铁公司总工程师兼制铁部长、东北矿务局总办、国民政府实业部矿业司司长，"九一八"事变后创办北平门头沟平兴煤矿，筹办苏北西山煤矿，并曾任河南六河沟煤矿总办。抗战胜利后任北平红十字会会长。

③ 王正廷是浙江奉化人。

10. 我的名字很多

访 一：这都是……尤其是 Joseph Platt，咱们今天等于是闲聊了。您有好多好多的名字：双喜小喜，小六子。

张学良：那是小名。

访 一：第一个名字就叫学良啊？

张学良：原来叫张从善。

访 一：从是哪个？

访 二：从善如流的从。

张学良：后来人家说太俗，就改成学良。

访 二：谁给您改的，老帅？

张学良：我不知道，好像我父亲。

访 一：后来所有的弟弟就是学什么，您大姐叫守芳。

张学良：那不是，她自己起的。本来我们家里都叫兰什么的。她叫蕴兰。

访 一：从是从善如流的从，后来还有一个以诺是什么？以啊，所以的以，承诺的诺。

张学良：那不是，以诺是我现在的英文名字。

访 一：啊，Peter 是以诺啊。

张学良：那是英文的假名字。

访 一：您不用，是吧？

张学良：也用，有时候写东西用以诺。

访 一：做笔名。

张学良：笔名。

访 一：那毅庵是您的号？

张学良：是我的别号，叫毅庵。现在我身份证上叫张毅庵。

访 一：这是您自己起的？

张学良：我不知道谁起的。

访 一：那汉卿呢？

张学良：别号了。

访 一：那不是您自己起的？

张学良：毅庵啊？中国这个毅字怎么讲呢？勇而不言谓之毅，勇气的勇。

访 一：您自己起的，那汉卿呢？

张学良：人家送的，说不出来。

访 一：学良——汉卿。

张学良：大概张良。

访 一：您还有什么号？

张学良：那名字多了，曾显华是我的笔名，曾是曾约农，显是董显光，华是周联华。

访 二：这名字实在很妙。您有没有堂号？

张学良：堂号没有。我们家里的堂号叫三畲堂。比如我父亲的财产吧，大多数写的是张学良，其余的给公共，大家都有的财产叫三畲堂。我也不知道这个堂号当什么讲，大概因为我父亲是老三。他给了我的财产，那就叫张学良。我弟弟没什么，他留下的三畲堂财产不大。

访 二：给您很多？

张学良：他都是给我。

访 二：那不是老帅偏心了吗？

张学良：不是偏心，是喜欢我。

访 一：不过打仗争南战北的也都是您啊。

张学良：除了我那三弟之外，他还比较干什么之外，其他的他都不喜欢。

访 一：也是都太小了。

张学良：也不小，他喜欢我。

访 一：所以您看，您写字、画画，还有什么别号嘛？

11. 我写字还行，画画不像样

张学良：我是跟陈半丁学的画画，后来他也不教我了，他说你也不好好学。

访 一：学了多久啊？

张学良：学了一两个月吧，我就是好玩。

访 二：陈半丁这人很有意思？

张学良：有意思。

访 二：说话很刻薄，是个很小的老头。

张学良：他教我教得不错，有时我能画上两笔就是他教的。

访　一：他画什么？花卉？您还有没有您画的花卉？

张学良：没有，没有了。现在我还能随便画两笔。

访　二：您哪天给我们画两笔。

访　一：您别忘了，您还答应给哥伦比亚大学点东西呢？

张学良：什么东西呀？

访　一：您忘了……

张学良：忘了。

访　一：我给您瞧我的笔记，上头都有记录。

张学良：要什么东西呀？

访　一：他们要您的……是您去年决定的，读书心得、读经笔记、照片、图章、自述……

张学良：那将来我的东西都给他们，那没关系。现在，我一般的东西呀，都到这个什么大学……

访　二：东海。

张学良：东海大学。

访　二：您都给人家了？

张学良：都给东海大学了。

访　一：那您给哥伦比亚大学什么呀？

张学良：将来我把攒的信件、历史的玩意儿给他们。

访　二：他们很重视这件事。因为他们想，您这口述历史完了以后，要把您那……我们就建议他们，比如，您就给他们画两笔，然后给我们解释这画的什么……

张学良：我写字还行，画画……不像样。

访　二：您喜欢的兰花，还有您的鉴赏，看古玩的心得。

张学良：什么玩意？

访　二：绘画啊，书法啊，这些鉴赏能力，您给他们说一下，我们把它录下来。

张学良：不够资格。

访　二：您还不够资格？

张学良：我那是，换句话讲，不是有什么根据，像张大千人家都懂的。

访　一：这代表您嘛！又不代表张大千。

张学良：不是代表张大千，我这个并不代表是真正的鉴赏。

12. 钓鱼是一门很大的学问

访 二： 您值得纪念的鱼竿可以送给哥伦比亚大学一个，然后您钓鱼的心得也给他们。

张学良： 那鱼竿很有讲究。

访 一： 您说那鱼竿怎么很有讲究？我不懂钓鱼，您给我们讲讲。

张学良： 我有一个鱼竿是比国的兵工厂做的。

访 一： 是比利时的兵工厂。

张学良： 那最好的，不过那是外国的玩意儿。

访 一： 没关系，只要是您的，我们就收藏。您说那个好，怎么个好法？

张学良： 那是这样的，鱼竿前边软硬那段要有弹性，若果太硬了，鱼竿就崩坏了。

访 一： 要有弹性，鱼竿都要有弹性吗？

张学良： 也不都是有弹性。我还有个印度的鱼竿，那它不是有弹性，是专门对付厉害的鱼。鱼竿要看你钓多大的鱼。

访 二： 不一样的鱼使用不一样的鱼竿。那就是不一样的钓法了？

张学良： 钓法也不一样。

访 二： 这是一门学问。

张学良： 钓鱼是一门很大的学问。

访 一： 您哪天跟我们说说？

张学良： 那说起来，那不是说"小鱼走，大鱼等"嘛。"大鱼囚，小鱼走"。

访 二： 那就看你有多大的耐性了。

张学良： 那就看你在河里钓啊，那我现在不钓鱼就是因为现在没有河可钓，我不愿意钓池子里面养的鱼苗。

访 二： 那您什么时候上美国来。

张学良： 我现在不钓，没有钓鱼的地方。

访 一： 您上美国来，我们开车带您去钓鱼。

张学良： 那可以，我外甥说他住的地方可以钓鱼。

访 二： 可以站在河里钓。

张学良： 那个钓法我不钓。我愿意出海钓，在船上钓。那他不让我出海钓，这出海钓鱼有淹死的。

访　一：还有，哪天我们得专门和您谈谈钓鱼的事情。现在几点了。二十点三十。

张学良：没关系，没关系。我没事儿。

13. 喜欢玩照相、听京戏

访　一：您最喜欢的照相机有吗？

张学良：有啊，我刚刚新买的。我儿子也喜欢，我太太说我们俩不是照相，是玩照相机。

访　一：对了，我们想找时间和您谈谈西洋音乐。

张学良：音乐我不怎么听了。

访　二：您最喜欢的是什么，钢琴吗？

张学良：也不是，我最喜欢的是几重奏哇。我现在也不喜欢，我现在喜欢的还是中国的京戏。

访　一：您喜欢中国的武术吗？

张学良：武术啊，那时我学过一点。我小孩子时候学的，会打两下。

访　一：您学过少林拳啊？

张学良：不是少林拳，是小孩子的时候学的。

访　二：二十四式，我们小时候学的。

张学良：那都是小孩子时候打着玩的。

访　一：不过那京戏里的武戏啊，有很多是拳术上的架势，最近这有少林的武术表演，您听说了吗？

张学良：我最近不爱看，我喜欢听戏。

访　一：那要是有戏来，您愿意听吗？

张学良：好戏我就听。

访　一：听说您会唱呢？

张学良：我会，不过唱得不好，我五弟唱得好。

访　二：他是唱老生，您也是？

张学良：我什么都唱，唱不好。

访　一：哪天您得给我们说说京戏的事。

张学良：那我很喜欢京戏。

访　一：如果一天不够，我们给您两天。

张学良：京戏我也不是有研究，我跟余叔岩俩是好朋友。他抽鸦片烟，我们在一起讲京戏扯淡玩。

访　二：他很幽默？

张学良：是啊，他很幽默，很好玩。

访　二：他有肺病吗？

张学良：他呀，他本来有肺病，吐血。所以一个男人差不多都死在……我跟你说，男人大半都死在女人身上，真的。

访　一：名人都是如此。

　　　　……

访　一：还有三分钟就十点了。我们该走了。

第五十六次访谈
东北文教　杨常事件

访谈者：张之丙（简称"访一"）
　　　　张之宇（简称"访二"）
被访者：张学良
同座者：赵一荻
访问日期：1993 年 6 月 29 日

1. 政治婚姻

访　一：现在大陆的经济飞速发展，整个大陆有一个阶层发起来了，大家就想着怎么挣钱，不管你会什么。可是咱们认为，在政治上、文化教育上，我们不能……现在大部分的文化人士都出去做事，比如你让我写什么东西，你给我多少钱。

张学良：我昨天碰到一个拉胡琴的，他去了一趟大陆。他不晓得我了。他讲……后来我说这个人是我原来的副官，就是朱启钤的大儿子，叫朱海北。他现在很活跃，写文章，大概是卖钱，因为他写一篇我的文章。

访　一：他现在是国务院的参议［事］室，国务院就等于咱们这儿的行政院了。

张学良：我很奇怪。当年，他也没念多少书。他是讲武堂里我的学生，他现在居然能写文章，我怀疑旁人替他写的。

访　一：我们有一篇文章是他说的，别人整理的。

张学良：哦，那就对了。他原来是我的学生，也是我的副官，后来他自己走开了。他自己的生意做得很大，挣很多钱。那时候，俄国的汽油到中国来不好卖，比如那亚细亚的油啊，美孚油呀。所以他包了，他能拉关系啊，这样挣很多钱。

访　二：我给您找一篇，也是那朱先生写的东西。

张学良：他写的什么？

访　二：关于您在皇姑屯事件以后怎么样。

张学良：那时他给我当副官呢。

访　二：他写关于"九一八"的回忆呀，有好多篇啊。

张学良：写文章卖呗！他在人民代表大会是不是也有名字？

访　一：政协吧。对，是政协。您说他们的政协就像国民党的"国大"代表吗？

张学良：那不同，政协都是地方名流啊，实际上是拿这些收揽社会舆论。

访　一：不过，现在就连台湾都算上，教授们都争着上电视作秀，能拿好多……

张学良：上电视说几句话，你得有地位，没地位不行。

访　一：所以您看现在人的名片上都是头衔。我以前看到的，就是一两个事情就差不多了，可现在都是头衔。您有没有看到这样的名片？

张学良：我看过，我昨天拿了一个人的名片。我一看，怎么这么多虚名啊！

访　一：是啊，但人觉得头衔越多，你地位越不得了，当年也是这样吗？

张学良：当年也是这样，现在又来这套了。不过那时叫手本①，也有很多人是虚说的，也没有人管那么多呀。

访　一：您说那时叫手本，但是得真枪实弹，确实有这事啊。

张学良：虚说也可以啊。比如我们三个人有个什么会，你是正会长，副会长什么的，有什么关系？

访　一：那时候的手本的形状也跟现在一样吗？

张学良：那时的手本可是很大的。就连我父亲……我父亲那时当统领，他军人出身，特别请人专门递手本，后来这人在我父亲底下很红啊。拿手本都有一定规矩的，当年在清朝，你拿错了手本，很大的关系，你会丢官的。

访　一：哦，这么厉害？

张学良：那会儿阶级性很高啊。这个人是跟你平等的，比你高的，还是交情怎么样的，都在手本上呢。他挎在前面一个袋子，里面装着好多东西呢。

---

① 此处的手本，指明清时代见上司、座师或贵官所用的名帖。写信时则附于信中，对方谦逊常封还。

访 一：那大帅不管到哪去，他得跟着呀？

张学良：是呀，后来他变成我们家的红人。……

访 一：很帅。

张学良：你们都知道，我有一个朋友叫胡若愚，……后来一个人跟我讲，他很会哄女人。

访 一：那胡若愚后来做了什么官？我们看到过一篇报道，说有一次，蒋先生还特别托胡若愚把一个信息传给您。蒋先生知道他跟您很亲近了，他说，回去告诉汉卿先生，关于东北的外交，我们中央一定负责。

张学良：那我不知道。胡若愚是我自小在一块儿玩的朋友，他是北大的学生，有点学问。也可以说因为我的关系，后来就起来了，最要紧是他当过青岛市长。

访 二：在南京，他做过什么事？代表您？

张学良：在南京，他不能说是代表。您说的大概是那一段，扩大会议呀……

访 一：易帜以前……

张学良：那我还说不出来了。我那时是军团长，南京开什么会议来着都派一个代表，我派他当代表。

访 二：他没有做过记者吧？

张学良：不是，不是。他是北大的学生。我们那时在一块堆儿玩的朋友，还有一个姓李的，叫李壮飞。这李壮飞是谁呢？是李长泰①的儿子，李长泰晓得不？

访 一：嗯？

张学良：张勋复辟呀，段祺瑞出来把张勋打败了。当时李长泰在天津南马厂是第八师师长，他指挥第八师打败张勋。因为这样，李长泰后来就做了北京的卫戍司令，李壮飞②就是他儿子。后来李壮飞做了一个处长。那时我们一起玩，我们都是穷光蛋，可是他有钱。我太太跑哪儿去了？把门关上，她回来又要骂我。

访 一：我跟张太太打个招呼。

……

---

① 李长泰，毕业于北洋武备学堂，曾任袁世凯新建陆军队官、管带。1912年署直隶大名镇总兵，次年任冀南镇守使，"二次革命"时任第八师师长。1917年张勋复辟时起兵马厂，任讨逆军东路副总司令，助段祺瑞迅速讨平张勋。同年冯国璋特任步军统领，督办京畿八旗官产处清理事宜。1919年去职。

② 李壮飞，李长泰之子，曾任直隶造币厂厂长。

张学良：……天下的事情也是因缘啊。有一种人啊，我是不上当的，政治上的事情我有分寸的。

访 一：我一直在想啊，您从很年轻的时候大家都知道您很浪漫。共产党很会用这一套的。共产党有没有利用您的浪漫心情对您？

张学良：我不会上这个当的。如果我怀疑这个人有目的，我就敬鬼神而远呐。共产党我也就接触过周恩来，他对我很明白。他知道这套玩意儿对我没用。这一套事情都是对那种没有高尚志气的人。好多老粗啊，看到时髦的女人都觉得特别。

访 一：周恩来看人还是很准的。他跟您也没有多少接触，他看您看得那么明白。

张学良：他们跟我没来那一套，他也知道我也不是那样的人。我喜欢的人我来，不喜欢的我不会［跟她来］。

访 一：我们现在都知道，蒋先生本来有一个太太叫陈洁如。可是为了政治上他能够去讨好宋美龄，您知道，他这可是为了［政治牺牲］爱情？

张学良：蒋夫人讲，那完全是她姐姐的意思。

访 一：不过她自己也得愿意呀。

张学良：那完全是政治上的，可以说是互相利用。不是爱情的结合，完全是一种政治的结合。

访 一：蒋夫人也得心甘情愿呀，不然的话她姐姐怎么能……

张学良：那蒋夫人也能做最高的……

访 一：您说是在以前还是以后？

张学良：那不知道，人家那么说……

访 一：那孙夫人也是政治结合？

张学良：宋庆龄啊，那她可以说不。……

2. 年轻时买了好多书

访 一：您那本书看完了吗？

张学良：你说《张学良》那本，我看了些。

访 一：不是。那个书哇？《金瓶梅》。

访 二：您说那本书比《红楼梦》好吗？

张学良：那《金瓶梅》可写得好啊！我很想买，现在出了明本的原版，还是我在美国看的广告呢。

访　一：您所谓的比《红楼梦》写得好，好在哪些方面？

张学良：文章写得顺乎人情。那有的人写的书不合乎常理啊。

访　二：这就应该算当时的白话文。

张学良：当时有人就这么说，说写书的人要害人，说那个书纸上有毒①。那本书上有很多土话，我都看不懂。那个风俗都是当地的，我们现在看会不太懂。

访　二：那本书从前为什么算成禁书？

张学良：那时候不能给年轻人看啊。那时候大家都买得到，市面都有。它越是不许的就买得越多。中国有本古书《国色天香》，那文字很好，不知道谁写的。我从前买的还是旧版的。

访　一：那您小的时候，老帅允许您看这些书吗？

张学良：那他都不知道，我们父子不常见面的。

访　二：您年轻时那些书都看过了吗？

张学良：那有好多书，我年轻时买了好多书。甚至有一个卖书的，背着包卖书。他是我小孩子时的一个小朋友。

访　一：哦？

张学良：我要买什么书，他就过来。

访　一：到您家里来？

张学良：就是背着包在街上卖书的。

访　一：我还没瞧见过还有这样卖书的？

张学良：没瞧见过呀？就是包里装的都是书，走街串巷的。不过我没听见他吆喝，大概人们都知道他是卖书的。你要想买什么书，他去给你整，也做这个生意。

访　一：不过，现在这可没有了。

张学良：要是淫书，他揣在腰里头。他那包里没有，不然是犯法呀。

访　一：这种书他也卖？

---

① 《金瓶梅》成书后，其作者（仅署名"兰陵笑笑生"）成为世人竞相猜测的对象。晚明至清代的笔记野史中，大多指王世贞为其作者。且谓王父王忬因严嵩、严世蕃父子及郎中唐顺之的关系非其罪而死；后王世贞为报父仇，乃作此书，献于唐顺之（或严世蕃）。王召梓工刻书时，"以毒水濡墨刷印"，唐（或严）读此书时"屡以纸润口津揭书，书尽毒发而死"。

张学良：你要，他就去给你找。

访 二：这种风俗，我们那时候已经没有了。

张学良：也许！台北这么大的地面，也许没有。那时我们在乡下，不是乡下。我们住在县里头，就见着背包就知道是卖书的。

访 一：听说您从北方到西北，到南京，从这儿到那儿，您行李中书最多？

张学良：那是外头瞎讲。我的书并没有带走，后来我的书丢了好多。

3. 曾想翻印《四库全书》

访 二：是您想印那《四库全书》吗？

张学良：不是，那是奉天省政府想的。因为奉天自己有《四库全书》，想翻印。因为奉天的也不全，它是文溯阁，还有文什么阁的①，不过我们想凑起来印。你知道，中国真惨啊。商务印书馆说我不敢接承担［翻印工作］。它没有那些纸。你说中国的文化……

访 二：那还要建造纸厂？

张学良：是啊，当时要想印［就得有纸啊］。

访 一：不过，东北的资源多，可以造纸呀？

张学良：是想搞一个大造纸厂来的，不但造纸，还有材料，后来也没成功。因为建一个造纸厂，要好多钱。所以中国惨得很，想印一个《四库全书》都印不了。就商务印书馆敢承担②，可它没有那么多纸，别人也承担不了。

访 二：真是可怜。

张学良：不光那样呀，就是它承担，还得好好考虑，机器能不能承担。

访 一：什么机器呀？

张学良：印刷机呀，它没有承担过那么大的工程呀。那不是开玩笑呀。那时奉天有钱，可是算一下，那是一大笔钱啊。而且，你送这个国，就

---

① 乾隆四十七年（1782年）《四库全书》编成，计达七千九百余卷。书成后，先抄正本四份：1782年抄成首份，藏北京故宫文渊阁；次年抄成第二份，藏沈阳文溯阁；1784年抄成第三份，藏北京圆明园文源阁；1785年抄成第四份，藏承德避暑山庄文津阁。正本抄写精工，均宣纸朱栏，装订考究。1787年复抄成第五、六、七三副本，书型略小，分藏扬州文汇阁、镇江文宗阁、杭州文澜阁。

② 1928年11月，由张学良任社长的东北文化社计划开印《四库全书》。12月中旬，张委托金梁办理影印事宜，且拨私财20万元作开办费，拟交东方印刷所承印，东北文化社出版。随之，张学良、杨宇霆、翟文选等曾联电世界各国和全国各界"拟垫私财"，"影以新著"。次年1月下旬，东北文化社曾组织董事会与干事会，筹备校印。然因种种缘故，终未能实现。

得送那个国呀，这一送那要多少钱哪。
访　一：对，国内的大图书馆都受不了。
张学良：我跟你讲，那中国惨得很！就是自己吹，真正的文化差远了。

4. 捐资兴教

访　一：您在东北主政的时候，您用了一番心思维持和宣扬文化？
张学良：当然了，很想做点事儿。但是不简单啊，你一做起来，问题就来了。脚踏实地去做。
访　一：说实话，自从皇姑屯事件之后，您从老师手里接过了事情，在"九一八"以前的短短两年时间里，大家都认为您很尽力地做事情呀。
张学良：我是想做事，不是都能做的。
访　一：而且您手下也用了一班人。您认为那时手下的大将中有文的，也有武的。武的像于学忠，文的方面是谁呢？
张学良：文的方面就是吴家象，是我秘书长，还有一个姓王的。
访　一：王树翰，可是他们两个人[都很能干]。
张学良：王树翰也不是给我做事情，我们完全是朋友。
访　一：真正替您推展教育什么的是谁呀？
张学良：我那时有一个教育委员会，管的人姓李，他后来是共产党。我那个委员会叫汉卿教育委员会①，有一大笔钱在那儿呢，很可惜啊。当时，我有一个计划，不是东三省，是在奉天从事教育工作到二十年到三十年的人，就可以每个月从这里拿三十块钱，你后半生就不用干旁的了。那有几千万啊，办体育场、办东北大学啊，都是从那里出的钱。我父亲死后给我一部分钱，我又加进一部分钱，大概三千万呢。
访　一：他们到现在还在提那个教育委员会，现在可能又有了。提起教育，您好像在一个什么样场合说过，我们干嘛争天下啊，我们争了好多地盘，连一个县长都派不出来，您说过吧？
张学良：我没有。
访　一：据报道，您说过这话。

---

① 1928年9月下旬，张学良捐私产现洋500万元，作为东三省中小学教育永久基金，以常年息金（约72万元）补助教育经费。11月2日，由奉天教育会组织的"东三省中小学教育基金董事会"正式成立，董事共16人，负责基金的保管、支配等事宜。

张学良：不是，是这样的。闲着的人当县长，成灾了，没一个当县长的人才。
访　一：您记得您在什么时候说的？
张学良：是啊，中国人才缺乏呀。我办了一个童才储才馆。将来出来当县长。说来好笑，头一个毕业出来当县长的那个家伙就贪污。

5. 日本的侵略政策

访　一：这个"九一八"事件把您所有的宏伟大业［都打乱了］。
张学良：全给打乱了。
访　一：可是虽然时间很短，但是大家还都记得，至少奠定了一些基础。假如没有"九一八"的话，那么可以说［东北］是非常模范的地方。
张学良：那就不知道了，那日本也［认为］如果我成功，日本就不能侵略东北了。
访　二：您说日本对台湾和日本对东北完全不是一种心情的？
张学良：那台湾就是日本的，它何必呢？
访　二：有些台湾长大的朋友总说日本人对他们不好，我觉得日本对台湾比对我们东北、华北呀都好。
张学良：我不敢说百分之百，假如你让台湾人投票，你看看台湾人干什么？他们愿意归日本。
访　二：就是说呀。
张学良：日本对台湾它不用那工夫呀，他自个明明白白的。
访　一：所以到现在还是想着日本。您说日本当时对我们中国的政策错了，它对我们好一点，我们就［不斥他了］？
张学良：那也不能那样说。那是它的政策，一种侵略政策嘛，它不是跟你合作的政策。现在日本用经济侵略，那还是会遭到想不到的抵抗。
访　一：那时日本人的势力相当大，而且侵略的野心也很大，尤其是它想把东北作为它的地盘，可是，还有一个苏联或者俄国在那边呢。
张学良：日本当年是要称雄东亚的，它也有这个能力，它的军事力量很大。后来它挨了两个原子弹。日本那几个战舰可以跟美国比，你算算它有多大。英国算不上。

6. 日本的武士道精神

访　一：您到日本去过几次啊？

张学良：两三次吧。

访　一：您的看法？为什么他们小小的一个岛国能够有这么强壮的军事实力？

张学良：那也是日俄战争打胜后，它就成强国了。

访　一：它就那么一小点，可是后来它能打美国，能建一个东亚共荣圈。

张学良：日本厉害，日本人的忠是世界第一啊，武士道嘛。世界没有哪个国家能那样，就算剩一个人也打，这是数量上不能比的。日俄战争的时候，首山日本工兵去破坏俄军的铁丝网，俄国已经有机关枪了。日本兵不管那个。他们身上带着炸药，每个兵躺到铁丝网那儿，这样把铁丝网炸开了，他们真有军人的精神。

访　二：这种精神也不是一两天培养出来的？

张学良：这也是历史传统下来的。他们那投降比死还难过呀，他宁可死也不投降。

访　一：您说他这样的传统和精神，现在日本还有没有了？

张学良：还是有，日本现在是解除它武装，不让它搞，一旦它恢复，它还一样。

访　二：我想这点也是。

张学良：最近，我在电视上看日本派出的兵，去哪个国家参加什么。唉，那个军队那个好哇。那个整齐。我是军人啊！我一看，它那个军队一旦起来，它还是有那精神。

访　二：要想培养这种精神［应该怎么办］？

张学良：它是历史下来的，不是一两天培养的啊。

访　二：不过，那会东北军里不就有……

张学良：那东北军？差得太多了，那不能比呀。那没有办法。

访　一：您说哪点不能比？技术？

张学良：那个士气没法比。我跟你说，我的一个军长叫吴克仁，他带的军队跟日本军队遭遇了。我们讲，最难的是两军遭遇，不期而遇。如果两军遭遇了，碰上头了，要紧的是就看谁能把军队赶快展开，你明白？赶快布阵呐。那我这个军长吴克仁的军队整个儿全灭了，都叫人打溃了。不期而遇，结果人家展开了，我们全叫人打溃了，那东北军在中国军队里还算相当有名的军队呢。同时，还有展开的动作什么的，没法比。展开就是看谁动作快。

访　一：那您那姓吴的军长就全军覆灭了？

张学良：啊，他的姑娘就嫁给马……很有名的，后来到日本去做，后来又回来那个……

访　一：很有名的。

张学良：后来就嫁给他了。

访　一：在台湾做过海军的什么……

张学良：不是海军,他是文人。

访　一：结果东北军还算佼佼者,都不能和人家相比?

张学良：那没法跟人比。

访　一：差的是什么呢?

张学良：我在日本受过训练呢,咱们各方面都无法和人比。自己个儿吹可以吹。

访　一：那吴克仁也是讲武堂出来的吗?

张学良：不是,他是军官学校的。

访　二：黄埔?

张学良：不是,保定军官学校。

访　二：保定,黄埔军官学校。哪个好一些呢?

张学良：那也不能说哪个好一点。保定的历史久一些,黄埔是蒋先生办的。

访　一：那训练上呢?

张学良：那黄埔的毕业时间也短,大概是六个月几个月。而保定军官学校要好几年能毕业,两三年呢。

访　一：所以咱们没法跟人家比,而且军备也不行。

张学良：不能说军备,咱们士气也不行,跟日本人无法比。就是俄国人跟日本人也比不了。

访　一：俄国人也怕日本?

张学良：他一个小小的国家,把俄国那样的大国打败了。

访　一：那是在东三省的时候了。您说斯大林他会不会怕日本?不愿意跟日本起冲突。

张学良：那我不敢说。日俄战争时,乃木大将军[①]真是厉害啊,真凶。我跟

[①] 乃木大将军,即被日本统治者誉为"军魂"的乃木希典。陆军大将,日本近代军事扩张政策的重要推行者。长州藩士出身。1871年毕业于陆军士官学校。1886—1888年留学德国,主攻军制、兵器和战术。回国后,任近卫步兵第二旅团团长、名古屋第五旅团团长。1894年中日甲午战争时,是旅顺大屠杀的主要策划者。日本侵占中国台湾后,历任台南守备队司令、师长、台湾总督,对台湾人民实施残暴统治和血腥镇压。1902年退役。日俄战争时重返军旅,任集团军司令官,曾以"肉弹自杀战术"强攻俄军旅顺要塞。1912年9月13日明治天皇殡葬时,与妻子一起剖腹自杀,为明治天皇殉死。

你说一个小故事，日本的一个骑兵的旅长，那是天皇的弟弟，叫什么宫。被俄军包围了，他就向日本总司令求援。这个总司令就在纸上画个圈，就是死的意思。后来他就打出去了。

访 一：老帅也是跟您说过，要当军人嘛，一定要把死置之度外。

张学良：那中国的军队就不同了。

7. 共产党还是有思想

访 二：不过后来共产党跟国民党打起来，这两个比较起来？

张学良：那还是共产党厉害。

访 二：他们也是有那种牺牲精神。

张学良：他们多少有党的关系。我跟你说，咱们中国人的精神啊！我在电视上看，南斯拉夫呀，一个亲王到法国去坐着敞篷车。有一个刺客就在路上等着他。外头有警察什么警戒着。有一个刺客跑到车前开枪呀。你看哪！这就不同了。枪一响，那些警察、老百姓都向前跑，去抓那个刺客。而我们中央党部那次刺杀汪精卫时①，哧一枪，聋子放炮仗啊，都跑了。我回头一看，刹那间人就没有了。这精神到那个时候才看出来。那当时照电影的，也跑了，要是照下来那就值钱了。

访 一：人的天性真不一样呀。

张学良：我跟你说，有一次，我们晚上在银行里去打麻将。玩完了，我们要出去，就听见枪响了，我猜可能是那个银行守门的枪走火了。张作相的儿子就一下子把我推到门后头去了，他就把枪拿出来了。他怕有人对我怎样。所以人哪，你得到关键时刻才能看出来［是好样还是孬种］。

访 一：咱们人先跑……所以党的教育啊。

张学良：这和教育当然有关，还得看人的性情。

访 一：但是，您说您要统领一大群人，像共产党统领他们共产党的军队，国民党统领他的军队，在没有什么紧要关头时，仍然是共产党比较

---

① 1935年11月1日上午，国民党在南京湖南路中路中央党部举行四届六中全会开会典礼。全体中委在中政会新厦门前照例合影甫毕，汪精卫突被爱国青年孙凤鸣连击三枪。枪响时，张静江从所坐椅子上滚倒在地，孔祥熙则爬躲到汽车底下，独有张继和张学良上前擒捕刺客。故张学良慨叹，关键时刻方显精神。

积极，而且做事情很合心、努力。而国民党却这一股、那一股，大家散散漫漫的，这就是所谓党的教育。

张学良： 这也不能这么讲。咱们中国那时，国民党的军队就是国民党的吗？你说错了，是个人的军队，是蒋先生的军队，或者是张先生的军队……是这样的，吃党饭拉党屎放党屁。而共产党多少还是有思想，共产思想啊。

访 二： 对。

张学良： 这问题在这儿呢，我这个就说实在的。你不要吹牛说假话。

访 一： 不过，我们说国民党的，张学良将军底下的，他们也都赤心报国呀。

张学良： 那是我冲着你，不是冲着党和国家。

8. 蒋先生有什么贡献

访 一： 对，所以……

张学良： 你说蒋先生的力量现在哪里还有？就是蒋夫人了。

访 一： 他们的孙子辈怎样？

张学良： 啊？蒋纬国这人是个小丑，他说他是谁的儿子都不知道，他是日本下女生的。那他太太更不在乎，大概是德国人，在台湾很有名。

访 一： 现在蒋夫人在美国什么地方？

张学良： 不知道，我们寄信都交给周（联华）牧师。拜拜年，贺贺生日呀！

访 一： 她今年有九十岁吗？

张学良： 那多，她比我大三岁呢。九十六岁，她跟我那个于凤至夫人同岁。

访 一： 孔令侃也死了，是吧？

张学良： 死了。

访 一： 蒋夫人身边有谁呢？

张学良： 孔二小姐①。

访 一： 那她（蒋夫人）一个人也怪［孤独的］。

张学良： 政府有卫士跟着她。

访 一： 哦，她在党内还有地位吗？

---

① 孔二小姐，即孔令伟，原民国行政院长、财政部长孔祥熙、宋霭龄夫妇的次女，人称"孔二小姐"。自幼喜着男装，行事一如男子，终身未婚。国民党政权退居台湾后，长期随侍宋美龄，深受后者宠爱。

张学良：没有了，以前她是党的主席。①

访 一：哦。

张学良：现在那个省政府主席宋楚瑜就是这么出名的，他反对蒋夫人嘛，这是很大的一件事情啊。那选党主席的时候，他说我反对，站起来就走了，这会就没开成。后来就选李登辉，本来也不应该蒋夫人当。蒋夫人在政治上也没有地位了。

访 一：您认为她希望做吗？

张学良：那她也想做啊。她很虚心，不！是虚名呀。

访 二：宋楚瑜本来不是蒋经国的人吗？

张学良：蒋经国和蒋夫人是另外一件事。因为在会议场上，他说这话很厉害的一句话，那这个场面就不同了。宋楚瑜很对，他就这样起来的。

访 二：海外说是"五月政变"。

张学良：那我不知道。

访 二：你说蒋夫人离开台湾受这个影响？

张学良：她想做，但是不能。所以她现在不回来，人家要把她的住宅都收回嘛。再待下去面子都不好看了。

访 一：最近说，慈湖蒋先生的坟地去的人越来越少？

张学良：那我都不去，去干什么？问题在这儿，那蒋先生对台湾有什么贡献？自己修了好多的房子自己享受。还不像蒋经国。

访 一：我们在哥大图书馆看见很多关于蒋先生对台湾贡献的书。

张学良：那大概都是国民党写出来的，要说蒋经国对台湾有贡献，我承认。蒋先生有什么贡献？

访 一：那你要说蒋先生对中国的贡献？

张学良：那是北伐，黄埔军校，他办的没有旁的。

访 二：那胜利可以说是我们捡的一个。抗日胜利呢？

张学良：那蒋先生也可以说是假的。蒋先生不愿意我出来活动，就是因为这个嘛。

访 二：为什么？

张学良：我主张抗日的。在蒋先生心里——这是我说的——他的第一个敌人是共产党，而我的第一敌人是日本。

---

① 宋美龄没有当过国民党主席。张学良此处记忆有误。

访 一：您说他那时没有抗日，是不是希望妥协？

张学良：不是那样讲，能保持他政权，他怎么样都可以保持。第一位问题不是抗日不抗日的问题，明白？所以他最大的国家政敌是共产党，谁能把他弄倒了？只有共产党能把他弄倒。

访 一：那第二大敌人是不是所谓的杂牌军？

张学良：那不是，他们没那力量。

访 一：那他为什么怕那些非蒋氏的军队呢？

张学良：他没怕过。他要解散谁，容易得很。不过他不愿意跟他们冲突就是了，你捧我就行了。

访 一：那他为什么老想办法削减他们呢？

张学良：那当然了，他们也要军饷啊，拿钱拿饷没有什么好处啊。

9. 政治上哪有朋友

访 一：那您东北易帜的时候，您给他上税了，您的军队没有拿他一分钱吗？

张学良：那不是。后来政府拿钱，一个月九十万。

访 一：那是军费，是吧？

张学良：对呀。

访 一：那您从东北给他的税收呢？

张学良：我们也不往政府交，地方税收与政府无关，除了官税。

访 二：您易帜之后，一部分官税是给中央了？

张学良：给中央，那都归财政部。

访 二：您说当时所谓的最嫡系的军队是谁呀？

张学良：中央军呐。好多呢，比如胡宗南第一师呀第二师，黄杰①……都是他的学生。

访 二：白崇禧怎么样？他不是嫡系吧？

张学良：对，他是桂系，有时他站在他的立场上，李宗仁和白崇禧嘛。

访 二：陈诚呢？

---

① 黄杰，国民党将领，一级上将。1924 年考入黄埔军校第一期。曾参加东征战役、北伐战争，由排长累升至师长。1932 年参加淞沪战役，次年率第二师参加长城抗战。随后入庐山军训团受训，赴陆大将官班深造。抗战时期，任第八军军长，参加淞沪会战、徐州会战等。1953 年由越南去台湾，次年任台湾陆军总司令。嗣后历任"总统府"参军长、台湾警备司令、台湾"省政府主席"、"国防部长"等职。

张学良：那是他嫡系。

访　二：还有谁呢？汤恩伯？

张学良：他也是。

访　二：那后来熊式辉带着军队到东北去，他不是军人吧？

张学良：军人，他是日本陆大的。

访　二：政治上更没有朋友了。

张学良：政治上哪有朋友？除非两个人一块儿起来的，是真正的好朋友。

10. 政治道德与钱能通神

（录音中断）

访　二：您说这位先生给您做过事吗？算您的部下吗？

张学良：那没有，不过他承认当过我的学生，他现在很活动。他做了很好的几件事情，在美国采购物资啊，你不知道他的背景，你不知道他这套。

……

访　二：您说这人好钱没够啊？

张学良：不是穷人喜欢，越有钱的人越喜欢有钱，钱能通神啊。

访　二：野心是什么？

张学良：没什么野心，喜欢啊。

访　一：您说那个孔先生孔祥熙是爱钱，还是会……

张学良：人家根本就有钱。当年孔家在山西原来就有钱，不是靠政府有钱的。

访　一：他也是靠政府发展的？

张学良：不，不，他家是山西大财主。他好像包办了部分的美孚石油吧。

访　一：那么他到奉天去投资，是办银行啊？还是［办别的什么］。

张学良：不，不，他是中俄会议的代表，到奉天去谈有关中俄的事，而之前我和他有些关系。

访　一：不过奉天本来就有他们家的生意。

张学良：不，奉天有奉俄会议，他把奉俄会议和中俄会议①打成一片了，两

---

① 指1924年苏联政府分别与北洋政府和张作霖的谈判。1924年5月，北洋政府与苏联政府谈判签订了《中俄解决悬案大纲协定》和《中俄暂行管理中东铁路协定》。由于当时中国处于军阀割据的状态，中东铁路属于张作霖的势力范围，北洋政府与苏联政府的协定必须得到张作霖的认可才生效。于是苏联政府与张作霖谈判。双方于1924年9月签订了《奉俄协定》。它以中东铁路为主要内容，即中俄"共管"中东铁路，苏联实现了重新控制中东铁路的目的。

个合并成一个了。

访 二： 您以前就认识他？

张学良： 认识。

访 一： 那他到奉天去……

张学良： 他是代表，也不是，他是负责人。

访 一： 以前他们孔家在奉天的生意有没有？

张学良： 那有啊，北方到处都有。

访 一： 什么生意呀？钱庄？

张学良： 什么银号，很多了。我们军队把他的银号抢了，他开玩笑让我赔他。人家不是说跟政府有关系，人家本来就有钱。

访 一： 不过，据说有一度时间端纳不是给蒋夫人做事吗？据说在1940年左右的时候，孔夫人在上海做了一笔很大的倒把生意。当时因为端纳是宋美龄的秘书，所以他就跟宋美龄讲这件事情了。他说实在不应该做这样的事情，你也不应该插手。而蒋夫人最后还是维护了她家里人，她说了端纳一句。端纳一生气，第二天坐飞机到香港去了。后来因为他又想宋美龄，又回来了。这话又说回来了，如果孔祥熙家那么有钱，宋蔼龄为什么还用国家的钱？

张学良： 那不说了嘛，越有钱，越爱钱。她的那件事情，仗着国家差不多把上海的市场给［控制了］。

访 二： 您说她这样做，是不是也为了显着自己有权力？

张学良： 也不能这样说，她不是仗着政府。她在上海买空黄豆。到期后她不结账，而要现货。因为她有钱啊，她要给人家现钱，可是卖空的人拿不出黄豆。别人没有啊，卖方也没有那么多现货呀，而她本身并没犯法啊。

访 二： 这不是害人吗？

张学良： 这也不叫害人。做生意嘛，有赔就有赚。换句话，我拿钱压你，你没有钱就没有办法了。她就是一个混家伙。那个时候，奉天要买火药，瑞典的火药。她这个家伙可坏透了。她先把消息放出去，就买了一批股票，说奉天要买大批火药，结果股票大涨，她赚了好多钱。然而合同又取消了，股票大掉，她又买回来了。结果合同又重进了，结果又大涨，这回火药是真买了，那做生意……

11. 劝老帅保境安民

访　二：在政治上，她也很缺少正义……

张学良：你要想做政治就没有法子。我说一句话，我父亲骂我。我们在前线要打仗，把前头民房都拆了，我父亲对百姓很好啊，他就火了骂我。我对他说，"你是要打胜，要打败啊"？为了胜利，什么手段都得取呀，你要这样心疼，那你就不应该打仗，就是这样子的。

访　一：您这样跟老帅说，他气不气？

张学良：当然是气，他骂我，说的是真事儿呀，可我是为了打仗。

访　一：不过刚才您说一句话，"为老百姓就别打仗"，老帅也听您的意思吗？

张学良：他也听，我说这怎么办呢？他说我不该拆民房，但是为了胜利，必须这样做。

访　一：所以您跟老帅说话还是很有深度的。

张学良：所以我说，后来，这内战不打了。老百姓这个苦，是谁造的？还不是我们造的。今天打，明天好，后天又翻脸了又打，你到底目的是什么？

访　一：老帅怎么说？那会儿他在北京？

张学良：不在，后来出关不打了。我说，你看看这个业是谁造的？

访　一：那老帅说了，我在北京做一国的大元帅……

张学良：那不是那么说，不是大元帅不大元帅的问题。你要打仗，还说老百姓吃苦，那仗就不能打。你心里要惦记老百姓，你就别打了。我父亲说，我不打了。

访　一：在劝老帅出关的时候，您是不是说过，"谁都可以来北京保护这个局面，但咱们要把东北丢给小日本的话，咱们可是千古罪人了"？

张学良：我没有说这个。只是说，既然这样就不要打了，回东北保境安民。

访　一：说实话，东北还只有大帅回去能保住，否则东北老早就让日本给吞了。

张学良：那也不能那么说。我们不光是父子的关系了，我是他的大将，如果我要是反对，那么这事情有一半就很不容易成功。

访 一：您跟蒋先生谏言的时候，他也像老帅一样接受您的话吗？

张学良：那不一样，我们不是父子的关系，我也不能说那么深的话。

访 一：可是您也是他的大将之一啊？

张学良：是那么说，但是我也不够资格。"可与言而言，不可言而失言。"① 明知道人家不听你的，何必要说那话？

访 一：所以您跟老帅之间，一个是长官，一个是部属，同时还是父子。

访 二：而且您跟老帅的感情又特别好。

张学良：从前也不是这样子。后来我给他干了几件事，无论公私事儿。甚至他不要我那个三母亲了，也是我拿钱给他办的。看我办得很好。

访 二：比如说皇姑屯事件后，您回去写了几份公文都仿照大元帅的笔迹，您老早就会写吗？

张学良：我会学他的字，他下命令的时候，我会写他的字，和他写的一样。我也会签他的字。

12. 早看出杨宇霆别有用心

访 一：皇姑屯事件之后，您要安顿好几件事情。那么，您是在滦州还是回到奉天安顿的呢？

张学良：回奉天。我们没有发表，我父亲死了外界都不知道，只知道受伤，那是臧式毅的主意。他本来是杨宇霆的大将，我这个人用人就是……后来他当奉天主席。他让我三妹出去穿着好衣服，出去看戏呀什么的，所以外界都不知道我父亲死了。如果家有丧事，小姐怎么还能穿那么好的衣服出来看戏？

访 一：所以您在滦州呢，在北京……

张学良：我在滦州，大家人马会齐了开会议。那时候张作相说，汉卿！我跟你说，你别难过呀，他说大元帅早死了。我不知道的，我只知道他受伤啊。

访 二：他怎么会到前线去了？

张学良：他当然知道。

访 二：那时杨宇霆也在？

---

① 此处节略引用《论语·卫灵公》。原话为："可与言而不与之言，失人；不可与言而与言，失言。知者不失人，亦不失言。"

张学良：杨宇霆也在。

访　二：您先回来，杨宇霆后回来的？

张学良：这个，我跟你说过，我对杨宇霆这件事……他自己不小心啊，他别有用心，把话说走嘴了，我才明白了。本来，我的意思让他先回奉天安顿一下，我再回去，而他不去。结果，他去看我的军队，把我的军队全看了。不过，我也没想他有什么意思啊。我要走了，把军队交给他，当然他看看也行。但他后来说话说漏兜了。到了奉天，分配事务的时候，他说出一句话来。我才想，"哦，他原来别有用心啊"。当时事情料理完，奉天已经安定了，我就跟他说，我有很多事情，既然你喜欢带军队，那以后你就带军队。他跟我说："你那个军队，谁都不能碰，拿你当圣人。"这时候我才明白，他出去看看，是为了我的军队呀。

访　二：您那会儿还没觉得他这人会有变化吧？

张学良：我就知道他别有用心了。

访　一：后来你给他别的事情，他也不做？

张学良：他不做是什么原因呢？因为我也不是傻瓜，我父亲在的时候，差不多他是大权在握呀。他还没什么名义，只是一个参议。可是……换句话说，他就是太上皇啊，你明白？等到这个时候，他又来这套，那是不行的。为什么呢？当然他也不晓得了，他也是个傻瓜。他去看我的部下，跟他们说："你们有什么困难，跟我说，他（指张学良）身体现在不大好，但是你们有什么事，跟我来讲。"可是我的部下都告诉我了，我的部下说，他这是要干什么啊？他凭什么要这么拉我？

访　二：故意拉他们。

张学良：我当然不吱声了，他不晓得我暗中看着他呢。可是我呀，我说杨宇霆之死，死在郭松龄手里。为什么这么说？郭松龄之变，我是知道的，我是预感呐，因为他已经露出来了。但我要是那么样办呐，又叫人觉得我这个人［太狠］。

访　二：太厉害了。

张学良：不是厉害。对自己的助手怎么这样呢？我要办我还得厉害地办，换句话说，我有办法制服呢！可是……后来我可为这件事难过呀！我为保存我的名誉保存我的地位，我的部下和东北人民遭了多大的罪呀！我的部下死了好几个。所以，我说杨宇霆之死，死在郭松龄手上了。那么杨宇霆、常荫槐的事，我已经知道了。

访 一：他们还做什么别的准备了吗？

张学良：自个儿打天下呀。

访 一：他们好像还买了军火？

张学良：最要紧的是这样子，他们把我……否则我还在观变呢。他们跟日本有勾结了，这是我最怕的。如果我再不做，这事就麻烦了。

访 二：还有一个说法，杨宇霆和白崇禧……

张学良：那没多大关系。所以，他不知道我在暗中看着他，比如他买军火吧，他要得到我的负责人签护照呀。他跟我的负责人说，你签吧，没关系！可我那个负责人来问我了。他问我知道吗？我说知道，其实我是不知道的。

访 一：这是权术的地方，对部下您不能说……

张学良：所以我就想了，你们买军火干什么？他们要练兵呀！因为，那时常荫槐是黑龙江的主席，他们要在那儿练兵啊！常荫槐是他的大谋士。但是，最要紧的是，后来我发现他跟日本勾结上了，否则我还在那儿观变。

访 二：您说，后来有一个说法。就是说您把杨宇霆杀了以后啊，日本人他们内部有一个会议，他们认为要给您一个警告，结果又没有做。怕外人说他们太支持杨宇霆了？

张学良：我不知道。

访 二：就是他们（指日本人）很火儿，觉得您［太凶］。

张学良：不是，他们日本也有几派人，有一派人支持我的。

访 一：老帅要出关的时候，您直言劝他出关，是杨宇霆不赞成吗？

张学良：没有。

访 一：张作相一直是支持您的了。他对您说过您是老帅的后人，"英雄应该有种"吗？

张学良：没有。

访 一：他也认为您应该解决杨宇霆这件事情？

张学良：那他没说，我没跟他们商量。我不能跟他们商量。假如他反对，我还做不做？

访 一：您刚才说，您看出来他们的阴谋啊，露了尾巴。那您说，郭松龄哪里露出了他要叛变的迹象了？

张学良：简单说，从他的行动就看出来了，他有所准备了。比如说，那一个人忽然来找你来了，你要想他来干什么来了？他打什么主意？那你才能应付这个事件。否则，你随随便便，那不行。无论做大事，做小事你要知道他来干什么。

访　一：再回到杨宇霆。您给他军队他不带，让他做别的事情他也不做。既然这样，您没建议他出国？

张学良：那没有。他就想当太上皇，什么事也不做。

访　二：他要控制全局。那常荫槐跟他的关系很深吗？

张学良：那是他的谋士。后来的事情，也是因为常荫槐起来的。他的地位，当时是黑龙江的省主席，又是奉天的交通委员会的委员长，就等于交通部一样。后来，我和杨宇霆为一件事情起冲突，表面化的冲突。这是原因之一啦。那时中东路有个督办，姓吕［荣寰］①，他主张把吕换掉，让常荫槐做这个督办。为什么呢？我也知道。因为中东路有钱，他可以动用这个钱。我们当时就因为这个冲突了。我就问他，我说常荫槐这个人的能力也太大了，黑龙江省的主席、奉天的交通委员会的委员长，又跑到吉林做中东路的督办，难道东三省就没有这么一个人了吗？

访　二：他一个人干了三省的事情。

张学良：他就非常的争，他说这个事非他干不行。本来吕荣寰干得并不坏呀，那为什么他要干这个事呢？为钱，没有钱不能做事呀！因为中东路有一笔钱，像基金似的。这也许都是常荫槐的主意，那我就不知道了。可以说，杨宇霆的死一半是在他手上，常荫槐是个坏蛋。

访　一：后来易帜之后，南京政府给了东北13个政务委员的名额？

张学良：没有给13个，这也是件让他不高兴的事情之一。南京政务委员只有13个，只给我们11个名额，我是其中之一。杨宇霆想当这个政务委员，但是没有给他②。

---

①　吕荣寰，辽宁省抚顺市人。1924年后任中东铁路公司华方首席理事和理事长。1927年任中东路督办，1929年中东路事件中方战败被解职。"九一八"事变后，投靠日本。

②　东北易帜后，经张学良呈请、国民政府核准，东北不设政治分会，而以原东三省保安委员会改组为东北政务委员会。1929年1月，东北政务委员会成立，主席张学良，委员有张作相、万福麟、汤玉麟、王树常等15人（一说13人或11人），内中确实无杨宇霆。

访　二：那南京政府又重新分配了职务……

张学良：那不是，都是我委派的，跟南京没什么关系。

访　二：杨宇霆没得到他想要的名誉？

张学良：奉天的事情他有。一个人要安安静静地自然起来，可能谁都会有可能。可是忽然自己有一个野心了，这个问题就来了。本来瓜熟蒂落可以，可您生着往下摘就出问题了。

访　二：常荫槐是怎么起来的？他最初的时候……

张学良：他是有能力的一个人。

访　二：他是铁路出来的，是吧？

张学良：不是，他是文人。他原来也在我手底下做过事情，做过军法处长。

访　二：这个人才干还可以？

张学良：很有才干。阴谋，一个人能当谋士的不容易。杨宇霆外号就叫"小诸葛"，给小诸葛当诸葛。该怎么说就怎么说，他是有才干的。

13. 《金瓶梅》及山东人

（录音中断）

访　二：我有好多看不懂。

张学良：看不懂，那是他们那个时候的山东话。

访　二：好像那个风俗也不懂。

张学良：就是那时候的人情，看这种书（指《金瓶梅》）可以了解当时的风情。

访　一：我们的兴趣就是要研究它的语言。

张学良：都不同。

访　一：北京那个时候说什么话，和现在差不多吗？现在山东也不说这个话了。

张学良：山东也还有这样的话，山东的话也不同。咱们中国山东人最难惹啊。

访　一：他们怎么难对付啊？

张学良：山东人坏得很，厉害得很，表面看着老实。

访　二：是因为他们靠海吗？

张学良：也不是，是那个地方的民情。

访　一：张宗昌是山东人，他说山东话吗？

张学良：他一直说山东话。

访　二：他是山东哪个地方的人？

张学良：烟台①。山东人就是这样，表面上很老实，其实才不老实呢，心眼儿很多。你就说张宗昌，好像傻不叽叽的吧，其实他一点也不傻。山东女人也是，我们叫山东大娘。他呀！是这样的，山东过去是交通支点嘛，当年南北交通都在那呢。凡是交通［枢纽］的地方人都凶啊！

访　一：您说天津呢？

张学良：天津人还是老实，它当年还不是交通……它后来才有铁路什么的……所以山东人很难斗啊！表面上……可山东人好凶好凶的啊！张宗昌他其实一点不傻，坏透了，心眼儿多得很。

访　二：外表是粗线条儿。

　　　　……

访　一：那您说，像台湾，咱们说是岛民。日本人不也是岛民嘛，这种岛民的心眼儿是不是也很多？

张学良：那也不能那么说。看哪国，日本人是。

访　二：您这表不对了，才五点半了。

张学良：早就不走字儿了。

访　一：那明儿您要没事儿我就过来呀！您休息吧！再见再见！

---

① 张宗昌是山东掖县人，此处张学良记忆有误。

第五十七次访谈
西安事变

访谈者：张之丙（简称"访一"）
　　　　张之宇（简称"访二"）
被访者：张学良
同座者：赵一荻
访问日期：1993 年 7 月 24 日

访　一：今天是 7 月 24 号，在张府准备开始录音。

1. 阎锡山保守

访　二：开始念书，开始录吧。……社会人民更不相信。又说，"蒋先生对于共产党，决取力剿步骤"。就说共产党，他要先剿共啦，"前途殊堪危险"，这也对啊，你是这样的想法。而且，你还顾虑假如要是开战的话，日本一定要攻打山西的东南。"张请蒋与共妥协。"蒋就对张说，"使共产党当面以手枪逼之，亦不与之妥协也。"这就是说他拿枪逼我，我也不会与共产党妥协。他说这话对吗？蒋介石很坚决，你劝他……

张学良：他这事都说假。那徐永昌怎么写这个东西？

访　一：你先告诉他，怎么会又出书。徐永昌他怎说？

访　二：徐永昌原来出了一本书，是木刻版的。近代史研究所又把它重新印了，你把前头的说明白。

访　一：我姐姐说，让我把前边给你说明一下。我给你说，《徐永昌日记》的资料是怎么来的。《徐永昌日记》呀，是从民国五年一直到四十八年的六月十七号，一共有 43 年，共三百余万字。二十一年以前为雕刻本，木版的，可是没有印出来。

访 二：没有发行。

访 一：二十二年以后还是手抄版，就是用手抄一次。到去年，1992 年，已经八十一年，中央研究院的近代史研究所，影印出齐了，共 12 大册。徐氏就是这么回事。他就介绍徐氏出身，所以他这书经过了三次重印，就不知道哪本是真的了。第一次是他的刻本，第二次是手抄本，第三次是"中央研究院"最近新出来的这个。书中说，最珍贵的史料，是徐永昌在山西省政府做主席的时候，刚好是张学良负责华北军政而初任西北剿匪副司令、兼代总司令的时期。他说，"与张颇有交往，尤其是从二十四年十月，张驻西安负责西北之剿共工作，而至二十五年十二月西安事变前的这一段时间"。就是你到了西安，和西安事变之前。"对于张之言行及其对于中共的态度，以及各方面对于张与中共关系的传说，在《徐永昌日记》中常有记载。"另外有一本，姓杨（指杨奎松）的写的书做参考。那就有两个资料了，一个是徐永昌的，一个是姓杨的资料。他说，姓杨的资料那书里所引述的中共方面的原始资料，和这两个资料对照起来，"更足以了解西安事变前张与中共的真相，以及蒋委员长和其他军政委员对其关系究竟知道多少，或者做何反应。笔者介绍杨著的有关西安的资料之后，再从徐的日记中找出一些证据来"。也就是说，姓杨的是把共产党所有的关于西安事变的和您跟中共的关系的原始资料被放到了前边，后边是徐永昌的日记，他把里边与您有关的都提出来了。我们刚才给您说到哪儿了？就是徐永昌劝您，结果没有什么效果。然后徐永昌说，您曾劝蒋先生，内战不要再打了，我们可以劝共产党与我们合在一块儿抗日。第一，蒋总统回答是什么呢？"即或共产党当面拿手枪要挟我，我也不妥协。"蒋介石又说，共产党不可能没有条件地交枪收编。在您的建议里头，您曾跟蒋先生说共产党可以收编为国军吗？

张学良：这瞎说。

访 一：蒋介石说共产党绝对不会没条件的……

张学良：这是徐永昌的日记？徐永昌很奇怪。

访 一：你得先了解他这三个版本，所以就奇怪了。三个不同的版本，这是刚刚出来的。

张学良：我很奇怪了，徐永昌这人我相当……

访　一：很好？

张学良：很好。这书里的话很不像他说的。

访　一：您是研究历史的，您要看看这三个版本。一个是没有发行的木刻版，第二个是不知道谁抄的抄版，第三个是中央研究院的历史研究所，他们根据什么来印的呢？所以您是研究历史的，您一定会……这里很有意思，所以我说拿过来给您看看，因为徐永昌跟您很接近嘛。

张学良：很接近。这很不像他说的话。

访　一：这第一个本子与第二个本子之间相差那么多年，第二个手抄本为什么从木刻本改成手抄本？为什么待了这么多年又将手抄本印出来？这中间三个过节，不知道这里头是否有"文章"，所以说真是很奇怪的。

张学良：我跟他很接近，这里的话很不像他说的。

访　一：您看，还有好几个写得很实在的地方。比如，您跟阎锡山的谈话，还有他跟蒋先生的谈话，您跟蒋先生的谈话，这里头的记载……您哪天有空，我给您看看。

张学良：这玩意儿！所以出书很有问题。

访　一：所以您大概要……

张学良：你刚才说的，很不像徐永昌说的话。

访　一：您当然会知道，还有他所说的过节儿，比如谁跟谁见着了、什么时候见的，您一定会记得，多少会记得是否有这回事，说说这几个过节儿。这样，您明天要出去？您明天白天呢？

张学良：我没关系。

访　一：我再给您念点儿。

张学良：还有什么要紧的事？我认为没什么价值。怎么没什么价值呢？这东西是谁做的假？怎么回事儿？我不知道。不过他说的不对。我跟徐永昌相当熟，这话不像他说的。

访　一：您听，后头还这么说呢。说徐永昌也曾跟您讨论过共产党的问题，抗日的问题。他跟您谈过，是吧？

张学良：什么都谈过。

访　一：对。就是，"那么后来到了二十一年，上海发生'一·二八'战役，'一·二八'战役共产党曾经不因国军抗日，稍止其滋扰之势力"。

也就是说,"一·二八"战役时共产党仍然极尽骚扰工作,虽然是国民党已宣布抗日了。那么他也就是说,他想促醒您对共产党抗日的迷恋。推断意思就是说,这当然是作者说的,不是徐永昌的话。那么在日记里,他说他很感慨,"对于抗日的实际工作,不能踏实去做,却天天日日在喊抗日,甚至于纠合抗日,要求抗日,此真是时髦与狂妄病,虎城、汉卿皆次之"。他觉得杨将军跟您都有一点儿像这些人,大家都在那儿喊抗日,独阎先生不甚言抗日而配抗日。他说,"只有阎锡山虽嘴里不说抗日,实际上才配有资格抗日,因为他真是日日时时在实际努力抗日"。

张学良:这是《徐永昌日记》说的?

访 一:您觉得他说的对吗?

张学良:他是阎锡山的部下,他捧阎锡山。但是他也许那么说,我很怀疑。

访 一:不过他真是为了捧阎锡山呢?还是阎锡山真做了以下的事,真的要抗日呢?

张学良:也不能那么讲,阎锡山保守。

访 一:保守自己?

张学良:保守他的山西。假如这真是徐永昌的东西,这个很有意思。

访 一:后头他说呀,"虎城、汉卿明知国家力量不足抗日,而力言抗日之要紧,是受了共产党的愚弄,似谋一己之出路,能发展"。他说好像是为己的能有发展。这是他11月2号的日记。后边这一段是,"加紧剿共仍难消除危机,蒋张歧见已无调和之可能"。就是您两位啊。"而且张自洛阳回西安后,经与共产党相约局部停战,并对中共给予接济。"这当然是事实了。"中共军继续北窜,向宁夏、绥远地区进取,以期打通对俄国的国际路线,接取俄援。此举,亦为实现张、杨与共军的西北抗日援绥计划,蒋之不同意调东北军援绥抗日,显然已知张之企图。"就是说您要求抗日,他不让您去嘛!"此时如何消除危机,似乎惟有加紧打破共军北窜计划。蒋在11月1日离洛阳前,约徐永昌就此问题有所商量。"蒋介石约徐永昌商量,在11月1日离开洛阳之前找徐永昌商量。商量完,徐永昌在这天的日记上写着,"十一时,蒋约晤,余对共军北窜,主张截之于宁夏左近之县,决不任其入绥,否则当此思想庞杂之今日,必至妨我抗日阵线。渠略审思",稍微考虑考虑,"命令马鸿逵部堵之,余谓不济于事。又说,联以高桂滋部如何"?蒋介石跟徐永昌商量,那么我们联以高桂滋部怎么样呢?余谓——徐永昌说,"必中央有力部队任之,方无大碍,否则绥远先失于共匪矣"。除非用你的主力部队,不然的话,绥远可能就丢给共产党了。"渠亦思动,谓容即办。"让我呀,容纳的容,即容许我即刻办理,那就是蒋介石说。又问徐永昌其他意见。徐永昌说:"如阎、张者,已居国家肱股地位,能尊阎而礼张,多行其可行之主张,国家福也。"这话倒说的是!如果你能尊重阎锡山,而且礼遇张学良,你多多地行一些他们两位可行的主张,这是国家的福。"因并列举张前日对余所言各节,渠即同情余之意见。"同时他还稍微地说了一说您跟徐永昌所谈的话,后来蒋介石很同情徐永昌的意见。"关于阎先生希望东北军开绥远事",阎锡山希望东北军开到绥远。阎锡山跟您说过吗?

张学良:不知道。

访 一:蒋先生当时没有表示,只说他不同意,"归来恐遭日方误会,致日伪扰绥急进为辞,阎先生颇原谅"。是不是他辞了山西的事?

张学良:辞掉了。

访 一:"在长安时汉卿亦以此为询,当以答阎先生者答之。均无避以告蒋,以免参次误会。"就是说徐永昌辞职了,是因为什么?他跟蒋说了之后,回太原,他恐怕遭到日本方面的误会,而让日本以为扰绥急进为辞,后来您也问到这些事情,他把对阎锡山先生的解释也跟您说了。那么11月5号,"据云,陈辞修奉委员长命令到宁夏,部署阻截共匪不使入绥事宜。"那么,"关麟征原属汤恩伯,亦向宁夏开动。闻之令人神爽,亦可见蒋先生之从善如流也"。听了他的话,后边就是作者的说法了。他说中央军攻击的行动,极为快速。10月6号,胡宗南、关麟征①破共军于甘肃之海原,攻克了靖远、打拉池②,毙其师长陈东升。20号胡宗南部队进占宁夏的同心城和惠安

---

① 关麟征,原名志道,字雨东,陕西户县人。1924年更名麟征,考入黄埔军校第一期。参加过黄埔学生军东征战役、北伐战争、中原大战等。1932年底任第二十五师师长,后参与长城抗战。1936年春,任第五纵队司令官、第十五纵队司令官。先后率部入山西、陕西、甘肃等地"剿共"。抗战时期,历任第五十二军军长、第三十二军团长、第十五集团军副总司令并代理总司令、第九集团军总司令等职,参加了台儿庄战役、武汉会战、长沙会战诸次大战,因屡立战功而步步升迁。

② 海原、靖远、打拉池:均为地名。海原,时属甘肃省,即今宁夏回族自治区海原县。靖远,今甘肃省靖远县。打拉池,村名,位于甘肃省靖远县东部。

堡,中共中央所在地陕北瓦窑堡①,为之震撼。这是郭廷以的日志。那么,中共面临将成歼灭之际,怎么样地应付呢?如同中共资料所述,"不得不改取分路突围,转战内地的下下策",准备进行大逃脱了。"此时幸而由张出马。"

张学良:啊?

访 一:他说啊,这样一来,中共面临瓦解,就不得不改另外的一个政策,就是分路突围,转战内地,就是下下策。可是这个时候呢,"幸而由张出马,请蒋赴西安,发动西安事变,使中共得到喘息机会,而使整个局面为之改变。"

张学良:这,这玩意儿有三种?

2. 联共与申请入党

访 一:还有前头,他说张先生不是要加入共产党?

访 二:噢,前头他说,他说,您啊,共产党的资料,他说为什么张学良这……

张学良:我看这是谁写的。

访 一:蒋永敬②,台湾这儿的。他说,"我们要了解张学良为什么发动西安事变,就要知道张学良与中共的关系。各方面记述很多,繁简不同,都不外根据张学良回忆录所写的"。就是咱们说的《答蒋公书》上所写的。"但是在关键的时间上仍难确定,可以确定的是张在1936年上半年,与中共要人有三次会晤,比较简易的可以参看郭廷以③

---

① 同心城、惠安堡、瓦窑堡:均为地名。同心城,今宁夏回族自治区同心县。惠安堡,村镇名,在宁夏回族自治区盐池县西南苦水河东,今有211国道穿过。瓦窑堡,旧为陕西省安定县治所在。红军长征抵达陕北后,于1935年底将中央党政机关和后方医院、学校等设在这里,人称瓦市、"赤都"。1936年6月下旬,瓦市被国民党地方军和汤恩伯部袭占后,中共党政机关等迁至保安县(今陕西省志丹县)。1937年初红军接收瓦窑堡后,为纪念谢子长烈士而改名为子长县,一直沿用至今。

② 蒋永敬,当代历史学者。安徽省定远县人。毕业于东北大学教育系,获台湾政治大学教育研究所硕士学位。1949年去台,1957年入国民党"党史会"工作,累升至撰修。后曾参与《国父全集》编纂,曾在东海大学、辅仁大学、政治大学历史系任教。1966年应邀赴美国哥伦比亚大学东亚研究所从事研究工作,成为韦慕廷之门生。1979年退休后,任政治大学历史研究所专任教授兼所长。1998年任台湾"海峡两岸和平统一促进会"副会长,努力推进两岸学术文化交流工作。

③ 郭廷以,当代历史学者,台湾口述史研究的发起人。字量宇,河南省舞阳县(今舞钢市)人。1926年毕业于国立东南大学历史系,曾任教于清华大学、河南大学、南京中央政治学校、中央大学等。1949年去台湾,任教于台北师范大学。1955年主持筹备中研院近史所,后任所长。著有《中国近代史》、《近代中国史纲》、《近代中国的变局》、《近代中国史事日志》(清季)、《太平天国史事日志》、《中华民国史事日志》、《太平天国历法考订》、《台湾史事概说》等。

的《近代中国史》。"下边就是这样说的,"1936年2月,红军东入山西,张学良不仅未乘机向陕西进攻,东北军军长王以哲反于3月4日与中共代表李克农会于洛川,张亦①至西安。21日张又到上海晤潘汉年,对于陈立夫之赴欧洲,一年来中共与南京的接触,已有所闻。"5月12日,毛泽东在陕北延川贾家坪召集军事会议,讨论怎样跟您合作。5月30日上海学生救国会发表宣言,宣言上边有拥护张学良停止剿共主张。6月时,中共代表邓发②到西安。

张学良:邓发?不知道。

访　一:"同月,张与周恩来会于延安,周恩来谓中共愿意拥张领导,反蒋抗日可获苏俄的援助。张主张拥蒋抗日,要求取消红军名称,并且编为国军。中共不得在军中宣传,停止一切斗争,不再反对政府,攻击领袖。"就是说不要攻击蒋介石。"政府予中共以活动自由,待抗日胜利后,承认中共为合法政党,周恩来同意联蒋抗日,红军即向后撤,张给以接济。那么上述张学良与周恩来会晤所达成的协议,与其他一般著作都差不多,都是根据张学良的回忆录。但是,根据杨奎松"——就是他们最新发现——"的记述颇有不同,中共与张已结秘密的同盟,不是联蒋抗日,而是抗日反蒋,而且要举张为西北抗日联军总司令,并且吸收张加入共产党。"那么,书里原文是这么说的,"很快,只有一万余人的红军,同国民党张学良、杨虎城统帅下的十万余东北军、西北军之间建立了秘密的统战关系,从而迅速在陕北站稳了脚跟,中共中央甚至于与张学良结成秘密的同盟,准备在抗日反蒋的旗帜下,建立西北国防政府,打通苏联。与苏联及外蒙,订立抗日互助条约,以西北为中心,发动全国的抗日

---

①　张亦,社会活动家张申府的别名。原名崧年,河北献县人。早年参加五四运动,《新青年》编委,中国共产党的第一批党员。1921年留法勤工俭学,并在法筹建共产主义小组,先后做周恩来、朱德的入党介绍人。参加过中国共产党第四次全国代表大会。1925年退出中共。在广州大学、暨南大学、中国大学、清华大学任哲学教授。参加一二·九运动,被捕入狱,经冯玉祥保释出狱。抗战开始后,到武汉、重庆参加抗日民主运动。1946年代表民主同盟参加了旧政协。他是最早把西方的数理逻辑介绍到中国来的学者之一。

②　邓发,中共职工运动领导人之一。原名元钊,广东云浮人。1922年参加香港海员大罢工,1925年加入中国共产党,参加过省港大罢工、东征战役和广州起义。1928年后,曾任中共香港市委书记、广州市委书记、广东省委组织部长、闽粤赣边特委书记、中央工农民主政府执行委员兼政治保卫局局长等职。1938年任中共驻新疆代表、八路军驻新疆办事处主任。1940年后,任中共中央党校校长、中共中央职工运动委员会书记、民运委员会书记等职。中共"七大"当选为中央委员、中央政治局候补委员。1945年9月出席在巴黎召开的世界职工代表大会,次年1月回国。4月8日由重庆返回延安途中,因飞机失事遇难。

战争。为此中共中央明确主张,按照实力原则,推举张学良为未来西北抗日联军总司令,并应吸收张学良加入中国共产党。"上述叙述没有注明日期,但其所注的资料是1936年7月2日洛甫致王、康的电报。洛甫就是张闻天①,张闻天就是中共中央负责人,而王、康就是王明②和康生③两个人,中共驻莫斯科的国际代表。"由此文件显示,张与中共之间的秘密同盟的时间应该是1936年六七月之间,至于张与中共缔结此项秘密同盟的目的与当时的想法",据那本书的记述说……您累不累?

张学良:不累。

访　一:"张学良等与共产党人秘密结盟,及筹划实行抗日反蒋的西北大联合等等,极为重要的目的,就是力图通过共产党取得苏联和共产国际的同情和援助,以便实行其抗日救亡,收复失地的夙愿。张学良深知真正唯一的能够给予中国抗战强有力援助的国家只有苏联,而蒋介石的剿共内战政策和对日妥协的做法,也必为苏联所不满。尽管张学良因1929年的中东路事件已深深结怨于苏联,然而在中共代表的反复说明后,张已深信只要与中共同一步调,不难取得苏联的谅解。张学良与中共方面秘密同盟很快地受到共产国际的批驳,不但不同意张学良加入共产党,而且要中共和蒋委员长联合抗日,认为联合张学良去抗日反蒋是不妥当的,指示中共中央取消抗日反蒋

---

① 洛甫,即张闻天,早年参加五四运动,加入少年中国学会。1925年加入中国共产党,同年赴莫斯科中山大学、红色教授学院学习、任教,并在共产国际东方部工作。1930年底回国,任中共中央宣传部长、中央政治局常委、苏区中央局宣传部长、工农民主政府主席、中央书记处书记等职。长征途中,支持毛泽东的正确军事路线,遵义会议上当选为政治局常委,代替博古负总责。抗战时期,任中央书记处书记兼宣传部长、西北工作委员会主任、马列学院院长。1948年任东北局组织部长、东北财经委员会副主任、辽东省委书记。中华人民共和国成立后,任驻苏联大使、外交部第一副部长,1959年在庐山会议上遭到错误批判后,任中国科学院经济研究所特约研究员。长期从事理论宣传和干部教育工作,在马列主义理论研究方面作出了贡献。

② 王明,原名陈绍禹,安徽六安人。1925年加入中国共产党,同年赴莫斯科中山大学学习。1929年回国,在上海从事工运。次年9月,以反对"立三路线"、"调和路线"为名,反对六届三中全会后的中央。发表小册子《为中共更加布尔塞维克化而斗争》,提出"左"的政治纲领。1931年1月六届四中后,任中共中央政治局常委兼江苏省委书记,开始了"左"倾冒险主义的统治。同年9月赴苏联,任中共驻共产国际代表团团长。抗战爆发后回国,任中共中央长江局书记。

③ 康生,山东省胶南人。1925年加入中国共产党,曾任中共上海沪中、闸北、沪西、沪东区委书记,江苏省委组织部长、秘书长,中央审查委员,中央组织部长。1933年7月去苏联,是中共驻共产国际代表团负责人之一。次年初,在中共六届五中全会上当选为中央政治局委员。1937年冬回国,历任中共中央社会部部长、中央敌区工作委员会主任、中央书记处书记等职,七届一中全会上被选为政治局委员。

的方针和西北大联合的计划。1936年8月15日,共产国际执委会书记处给中共中央书记处的电报,尖锐地批评中共中央领导人作出了关于一切愿入党的人,不论其社会出身如何,均可接收入党和党不怕某些投机分子钻进党内的决定,打算接收张学良入党的通知,以及允许有产阶级代表参加苏区镇乡管理工作等的规定,认为这通通有损于党和红军及苏维埃政权的阶级纯洁性,不利于革命队伍的统一和团结。这里最值得注视的一点是,中共中央打算接收张学良入党的通知却被莫斯科共产国际给批驳了。从这个文件看来,张与中共的秘密同盟中也包括张学良加入中共的协议,这在过去一般研究张与中共的关系时是从未发现的事实。对中共中央来说,他们一方面为了适应共产国际的指示,同时也不愿放弃跟张学良的关系,所以就由抗日反蒋的方针转变为逼蒋抗日的方针,而张学良的西安事变就是中共逼蒋抗日下的具体工作。中共中央负责人张闻天、毛泽东、博古、周恩来等在8月25日联名给莫斯科驻共产国际代表王明说,因为陕北、甘北和苏区人口稀少,粮食困难,二、四方面军一旦加入,经济上将更加无法负担。为避免与南京冲突,便利同国民党成立反日协定;为靠近苏联反对日本截断中苏关系的企图;为保全现有的根据地,红军主力必须占领甘肃西部和宁夏绥远一带。因此中共中央除了加紧与蒋介石进行谈判,求得一般基础上要求他承认划出红军所希望的防地,还要继续占领宁夏,进入青海向甘西推进,解决粮食问题,否则红军将被迫放弃现有陕甘宁苏区。"他说无法避免,因为他们自己的生存问题,不得不这样以求妥协。"报告打过去两星期之后,共产国际执委会书记处明确的复件给中共中央,批准了中共中央夺取宁夏打通国际路线,接取苏联军事物资援助的作战计划。并且告诉中共中央,苏联要向宁夏定远营①运送二百吨左右的军事物资。"这个作者说,"在中共军队面临灭亡的时候,张学良是作如何的打算呢?是坐视中共的灭亡呢?还是要抢救中共以继续其联共、联苏的计划呢?结果他却取了后者。"依该书的记载,"共产国际指示中共中央取消与张协议的抗日反蒋方针和西北大联合计划之后,张氏鉴于迅速取得苏联谅解,和直接取得

---

① 定远营,又称定远城,俗称王爷府,即今内蒙古自治区阿拉善左旗巴彦浩特镇。

苏联援助的愿望难以实现，同时加以张之携同中共实现劝蒋停止剿共之无结果；而且秘密配合红军打通国际路线接取援助又告失利之际，眼看剿共大战在即，红军势将突围而去，彼与苏联联络则再无可能，靠蒋又绝无收复东北的希望，张只能下此破釜沉舟之决心，以求联共联苏共同抗日之计划，得有最后一线实现之可能，不惜发动西安事变了。在1936年的12月4号，蒋介石率领大批军政高级官员来到西安，亲自督战试图对红军实行剿灭性的大规模围剿。当此事关中国革命前途和命运危险的关头，早已暗中与共产党人秘密结盟的张学良和杨虎城，在万般无奈之中，在12月12日发动了震惊中外的西安事变"。还有一段，"在12月12日发动了震惊中外的西安事变，一举扣留了蒋介石及其全部随行官员，于是整个局势发生了戏剧性的改变，试图最后致共产党人于死地的蒋介石反而成为共产党人的俎上之肉。不难看出，张学良在12月2日亲至洛阳见蒋委员长，声称西安情势险恶，迫不及待，颇将有变乱发生，请亲临抚慰。显然劫蒋计划已定，但蒋到西安已难脱身"。

张学良：这胡说八道。

3. 不要钱和地盘

访 一：前头我刚才念这个，现在苏联不是开放了嘛，他们把国际共产的文件拿出来了。这本留给您看，明天我来要聊的话，您愿意说说，我就省得带回去了，好不好？我把这留给您，您若有时间看着解闷，没事我就……

张学良：蒋夫人说了几句话，我没看到报纸上说的。她说西安事变这件事，她说，[张学良发动]"西安事变不要钱，不要地盘。要什么呢？要去牺牲。"

访 一：对呀。

张学良：这是她的批评。"不要钱，不要地盘，要去牺牲。"所以蒋夫人对我很好，很了解我。她说我是 Gentleman（君子），蒋夫人没嫁蒋先生以前，我就认识了。

访 一：换句话说，不说这东西真实不真实。即或不是您而是另外一个将军，他也要为他自己的军队和为了抗日，因为要收拾失地，也可能要联系这边打不通，而找另外一条出路哇。

张学良：那是另外一个……《大公报》一个记者叫王芸生，他说一句话，他说的是"九一八"的事，他说，"换了任何人他也只有这个做法"。

访 一：我认为这事情……好，联共，我们要分析分析为什么要联共，对不对？比如说联共，您是东北军的领帅……

访 二：九点半了。

访 一：哦，我把这本书留下，礼拜一再来。

第五十八次访谈
性情　信仰

访谈者：张之丙（简称"访一"）
　　　　张之宇（简称"访二"）
被访者：张学良
同座者：赵一荻
访问日期：1993 年 7 月 27 日

1. 做人做事不容易

（赵一荻和两位访者讨论口述历史相关事宜约一个小时）

访　二： 顾维钧的口述历史做了 17 年。

张学良： 你听我讲啊，你们在这里吵了半天了。顾维钧跟我完全不同了。我们当军人的，干我们这个玩意儿的，简单明了。比方说，我父亲……我还比较有点忍耐性。差不多那个人说话像你们说那么多，他就拍桌子了。我父亲那时喜欢我，因为人家跟他说话说得啰唆，比如我和我父亲一回一答，也只有我这样的人才能做到。比如我早晨去给他办事，我就问当差的，"谁来啦？什么人跟他谈话了？"他说谁来了，那我就知道他有什么事了。比如说某人来了，我知道这个某人为什么事来的，我父亲他也不说某人，就问那件事怎么样了。那你要问那件什么事，他就不愿意了。我就回，那件事我怎么怎么给你办。我这话的主题是什么呢？干我们这种事的人，地位高的，他就要简单明了，他不愿意你跟他啰唆。你明白？

赵一荻： 你替他办事，你得聪明，你不能什么都问。我们在张群身上学会很多，几十年跟他做朋友，人家真是教训我们。你什么事情先要摸摸底牌，人家怎么想的，不要说我想怎么的。你比如说，总统交下来一个案子，你去办。他就要动脑筋想了，这么办怎么样？那么办怎么样？当中办怎么样？情形都弄清楚了，这才上条陈呢，不是张嘴就说啊。所以老总统离不开他，旁人做不到。他想得仔细，替我们想。朋友啊，比我们自己想得都周到。换句话说，人家聪明。

张学良：自己决定，主观！当头儿，那又不同。给人家当副职，我在日本时候看到，那他们想得周密呀，那他才能给人当辅佐呀。当头的人只想我就要这么办，那他想得就非常周密了。所以做事不容易！我现在已经九十多岁了，哎呀，我想我下辈子再也不想托生人了。做人不容易啊！你不跟社会接触，社会五花八门……

赵一荻：总而言之要多思考。

访　一：位置坐得越高，环境复杂得越厉害。我们关着门教书，脑袋跟您比的话，成白痴了。

张学良：那也不能这样讲。我已经不做事了。像我们答应一件事，做不做，这责任太大了。这句话下去，也许多少人就死在这里头了……我说做人不容易，我再也不想干这个玩意儿了。我年轻时候干，我现在说我再也不干这玩意儿。就玩玩乐乐算了，九十多岁了。我不谈政治，所以现在谁跟我谈政治，我都不谈。

2. 唯一的长处不作伪

访　二：我们前段时间还有一个顾虑，大陆现在对张先生简直是……

赵一荻：大陆上捧他捧得像神一样。

张学良：什么？

赵一荻：大陆捧你捧得像神一样。

访　二：还有，现在对外头有所谓的统战。把和您见过一面的人、跟您说过一句话的人都找出来，每个人都把故事写出来，写了很多……

访　一：我姐姐说，大陆现在对您非常推崇，张太太说捧成神。他们尽了所有的统战方式，把过去和您见过一面的，或在您手下做过事的都找出来，让他们把记忆中的事情都写出来了。现在苏联瓦解了，苏联过去所有极端秘密的东西都宣布出来了，公开了，谁爱去找谁去找。而且他们把这当成一种买卖，因为他们钱少，都卖出来了。苏联瓦解，这些历来极端秘密的资料就有公开的可能。中国所谓国际共产党一派，王明那一派。

张学良：王明，我知道。

访 二：现在公布的资料和大陆上给您［宣传］的，都是正面的，没有一点说您有什么地方做得不对。苏联以前这些文件公布以后，我们想大概还不会这么快就得到消息，但现在已经有人参考其中的资料，已经写了一本书，一个姓杨的（即杨奎松）。我们现在正在找这本书，里头写关于您"西安事变"这些事情，就是国际共产党和中国共产党之间的他们交往的文件，他全部公布了。他一方面公布，证明中国共产党有很多隐藏的地方。

访 一：我姐姐说，他们这个东西迟早会出来，可没想到出来得这么快……他这本书里报道的倒不一定是以您为主，但是所有关于国际共产党和中国共产党之间有一直不能公布的秘密……

访 二：主要的我是觉得，中国共产党没有公布的东西，国际共产党公布了，这两边对不到一起，其中好多牵扯到您，所以我们想他到底写了什么东西，我们正在找这本书……

张学良：我这人呢，我自己认为我唯一的长处，我不作伪。你看我说的话，没有前后矛盾的时候。我不鬼鬼祟祟，我不怕人说我对不对，怎么样……我也不在乎，我这人就这么个人，我何必把我造成个偶像？我这人就是放荡形骸的一个人，我要玩就玩，我就是我。至于人家怎么批评，那他批评。就是圣人也有人在那批评，那我不管，那是人家批评。我喜欢研究历史，历史像一座山，看的人打这面看，打那面看，在山底下看，看的是不一样的。一个人有了名，那大家看法就不同了。他说得对，说得不对，那是另外一件事，照他的观念和理解。比方说李敖，他就骂，他是我同乡，他就说了一句话，他说你对蒋先生应该大骂他一顿，你怎么还恭维他？他说我是贱骨头，那是他看的。我对日本记者说句话，他问我一件事，我说那个事我知道，但你问怎么回事我不能说，我这个人就是这样。

3. 毛泽东我们佩服得很

张学良：（吟诗）朱雀桥边野草花，
　　　　　　　乌衣巷口夕阳斜。
　　　　　　　旧时王谢堂前燕，

飞入寻常百姓家。①

访 二：您很喜欢这首诗？

张学良：这里头很有意思，现在还不是这样——"旧时王谢堂前燕，飞入寻常百姓家。"

访 一：刚才这首诗也是我们小时候背的，那时候背，并不见得体会里头的意思。

张学良：这个意思很深啊，所以中国的诗很深奥。本来我不是文学家，但是我很喜欢诗。

访 一：中国的诗歌好像是，你人生的经验越多，体会得就越深。

张学良：看着简单得很，但是里头很深奥。

赵一荻：还有一件事你们没提到，张学良是信上帝的。

访 一：我们有记录。

张学良：（吟诗）闻道长安似弈棋，
　　　　　　　百年世事不胜悲。
　　　　　　　王侯第宅皆新主，
　　　　　　　文武衣冠异昔时。

历史上事儿都是这样的，他后面又说：

　　　　　　　直北关山金鼓震，
　　　　　　　征西车马羽书迟。
　　　　　　　鱼龙寂寞秋江冷，
　　　　　　　故国平居有所思。②

赵一荻：现在人作不出这种诗，因为他没这个修养。

张学良：晚唐的诗跟早唐的诗不大一样。这是晚唐的诗了，跟早唐的诗不大一样。晚唐的诗没有那么壮、悲。

访 一：当时社会的情况如此。

张学良：但是他说出来不一样了。

赵一荻：从前人讲话也含蓄，不像现在。

访 一：抛开政治不谈，我们觉得毛泽东的词不错嘛。

---

① 唐代诗人刘禹锡组诗《金陵五题》之第二首《乌衣巷》。这首诗的后两句，千载传诵，脍炙人口。诗人通过对夕阳野草、燕子易主的描述，深刻地表现了今昔沧桑的巨变。

② 唐代诗人杜甫七律组诗《秋兴八首》之四。以近体短章抒写深沉浩茫的身世家国之悲，是杜甫晚年诗歌创作的一大特色。大历元年（766）作于夔州的《秋兴八首》就是这样的代表作。写思念京城之情，慨叹国家内部政局多变，外来威胁严重的深刻危机。最后归结出"故国有思"的主题。

张学良：不错，那什么射大雕，很有气势①。毛泽东也算是人物之一了，他能创造一番事业，毛泽东我们佩服得很。毛泽东这个人啊，我跟他没有接触，周恩来有接触，我的判断，他天生能领导。

访　一：他的心胸从诗词上看也是很大啊？

张学良：当然了，他的领导，也主要是共产党啊，没有共产党他也[不会有大成就]。那是共产党成功了。我就跟我的部下说，咱们都是带兵的，万里长征我们问问自己，我们做不到。当然说共产党了，不说毛泽东，毛泽东当然是共产党的首领了。我跟我的部下讨论，我说我要领，会领没了，他不跟你走，他跑了。他能这么样统御，他有这个力量。

赵一荻：也是那时候的环境，国家人民穷嘛，不跟他跑也没有别的。

张学良：那走到那无人的地方，挨饿，受苦。

访　一：而且据说他长征的过程中，有几段路线，那是历史上都很难过关的，他却[过关了]。

赵一荻：换句话说，他也没有第二条路走啊。你看看我们抗日的兵，你们都没看见过，吃都吃不饱，到煤坑去拉煤，偷着吃稀饭还要挨打。

访　一：吃稀饭还要挨打？为什么？

赵一荻：你不许偷锅巴煮稀饭吃。征来的新兵都不给他裤腰带，怕跑了。

张学良：自己提溜着裤子跑。

赵一荻：几个人都没有一条被子。他不当共产党他又怎么的？他也是死，管他家里要钱，拿他也不当人。

4. 跟日本打仗没有投降的

访　一：这些事我们都不知道。

访　二：不过我们那时候看见的兵，也穿得破破烂烂的。

张学良：另外一方面你要注意，中国那么苦，那么穷，跟日本打仗没有投降的。

赵一荻：投降就是死。

张学良：也不是投降怕死，他们不愿意投降，不肯投降。

---

① 指毛泽东1936年2月上旬所作《沁园春·雪》，词曰："一代天骄，成吉思汗，只识弯弓射大雕。俱往矣，数风流人物，还看今朝。"

访 二：我们就想，假如今天国家受了气，大家是怎么样？是投降啊？做汉奸呀？

赵一荻：大家都投降，给我钱就行。

访 二：呵呵，可能。

赵一荻：李总统选举时他也讲，爱你的国家，爱你的人民，你不爱人民怎么能够起来？

访 一：我记得我们小时候那种观念，瞧见日本鬼子就恨……不过咱们现在没有那种观念了。

赵一荻：教育好，没有外侮。

张学良：照着中国的旧话讲啊，我对中国的现状相当的悲观。中国的旧话讲，"无敌国外患者，国恒亡"①，国家没有"敌国外患"就奢侈啊。

赵一荻：养尊处优啊。

张学良：咱们现在就是这种情况，没有"敌国外患"。

5. 从佛教到基督教

访 一：今天给您念的这点是关于宗教的，您以前信仰佛教，怎么样转成基督教的。（以下访者念1992年1月25日访谈的记录）我们的问话就不说了。1月15号下午三点地二十，我们在张府……现在开始问您，您答的话是……我到溪口认识了最有名的和尚，太虚法师……太虚这个人是个政治和尚。……他有很大的愿望，他想用佛教来传政治。……我后来做事情了，在汉口碰见这个人，叫诺那呼图克图，就是等于活佛……西藏有两个活佛，他是西康的活佛……那时蒋总统在四川，他也在四川，在成都。张群让我去四川时把他带去。……我们北方说"京油子"、"卫嘴子"，码头开发的地方，这种就是封建社会。我们东北人非常看不起做买卖的人。说他蒙人，其实他这种环境，他做这种事情，不能不蒙人。我那时的朋友，上海人，告诉他儿子不要跟人说真话，等于犹太人一样……杜月笙的

---

① 出自《孟子》："入则无法家拂士，出则无敌国外患者，国恒亡。然后知生于忧患，而死于安乐也。"意谓：一个国家如果在国内没有懂得法度的大臣和辅佐君王的贤士，在国外没有相抗衡的国家和外在隐患的侵扰，这样的国家往往会走向灭亡。这样以后就知道忧患使人生存发展，在安逸享乐中使人萎靡死亡。

帮会是很讲义气的。他是帮会领袖，青帮。杜月笙也信佛……基督教教义比佛教高太多了。……

（被问到来到台湾是否先到高雄，在那里遇到蒋夫人）不，遇到蒋夫人是在很久以后。我们先到新竹。高雄去过两次，（民国）38年到高雄要塞，撤回新竹，再去高雄。高雄又再回来，住北投招待所。

（被问到住高雄要塞是否是躲避当时的"二二八"）不知道为什么？反正是到要塞去住。张夫人说，我们住在要塞里，总统有个别墅也在要塞里。蒋夫人来看他（指张学良），他说他研究佛学，夫人说你又走错了路。张先生说我想研究英文，夫人让我研究基督教。后来介绍曾约农，曾约农血压高不能来，董显光大使不当，刚从美国回来，要在台中办养老院。她打电话给董显光。董显光请吃饭，给他（指张学良）一本书。马丁·路德（Martin Luther）一本传，他就看那书，很感动。董先生一个礼拜来一次、两次，反正到我们那儿谈谈，念念英文。他（指董显光）太太就说，我也跟你去，她就跟她先生来了。他们俩谈话，他太太就把我们集合在一块，讲道。给我们祷告，唱诗。后来他女儿也来了。后来我们撤回来，到北投招待所。

（被问到董显光先生介绍基督教作了多久）张先生、张太太都说记不住了，可以查出来。张太太说是蒋夫人要董来高雄的，他愿意来，他就住在要塞里。

（被问《马丁·路德传》哪一点感动了张先生）张先生说，基督教改教当时是犯大罪的，改教先是另一个人，被烧死了。他在时，朋友拦他，说去是死路一条，他笑了，说为正义为道，火，我都敢走过去。用不着烧我。这是信仰的精神。（被问到为老帅打仗，为抗日不怕死，是否也是信仰）张先生说不是，不是信仰。

访 二：张先生说，我现在是基督教了，我看佛教是不对的。佛教是泥塑木雕，拜偶像的，不同之点是佛教是给自己求福。我现在活的不是自己，乃是基督活在我里面，他爱我，为我而死。宗教信仰的事，你要是研究研究，就反而没有信仰了。蒋夫人从小信基督教，她是基督教家庭出来的，她父亲是牧师，母亲很笃信，……中国的道教，没有这么回事。老子并没传教，那时是唐朝晚年，一部分人要和佛教争，制造了这个道教。老子《道德经》非常深。"道可道，非常道。"老子并没传道。冯玉祥就是拿基督教来说，唐生智就是拿佛教来传。

（被问到"基督将军"冯玉祥是否是真基督教）张先生说冯玉祥除了说假话以外没旁的。……基督教是民主的，天主教是独裁的，天主教皇说什么，你们就得听。基督教不然，各党各派的，我愿这么敬上帝，你愿那么敬上帝……张太太说，我属于美南浸信会。但我们俩都没受过浸礼，我们受过洗礼。

（访者说张先生与董显光合翻基督教书，用笔名曾显华，九十一年证道时张太公布曾显华是谁。）张先生说很多人很奇怪，问我为什么叫曾显华。中华民国八十年感恩节的礼拜，证道是吴嵩庆发起的。吴已死了。吴是老基督徒，台北很多基督教事情是由他主持的。他是联勤副总司令，很有地位。蒋总统对他很尊敬、器重。吴是南方人。在士林这边还有一位卢其沃。在卢之前的老牧师是陈维屏，我们受洗就是他。董显光去美国，我们到总统礼拜堂作礼拜，周牧师是那里的牧师。

访　二：张太说，有地位有学问的人不信（基督），因为他肚子里自己的东西太多，不能接受旁的东西了。莫德惠要拿基督教义与"四书"去比，因为他一肚子"四书"。胡适为什么不信呢，也是这样。王新衡《圣经》看了多少遍，还是不信。

访　二：……张太太说，你信了上帝，你就有喜乐平安，你不一定要好的环境。你心灵上的痛苦，物质是填不满的。我们如果不出东三省，我们就是王呀，我们就不需要上帝，我们就没有这个福了。我们经过这几十年，我们需要上帝，只有上帝与你同在。

张学良：我要洗澡去了。

赵一荻：明天再念吧。八点了，就都休息吧。

访　二：我把日子写下来。今儿是 7 月 27 日，8：00pm，在天母……

赵一荻：天母，中山北路 6 段，405 巷。

访　一：……咱们要掺和着一点，不然张先生兴趣没了，我们口述历史就中断了。

赵一荻：那也不能拖太长啊。

第五十九次访谈
英雄　书画　兰花

访谈者：张之丙（简称"访一"）
　　　　张之宇（简称"访二"）
被访者：张学良
同座者：赵一荻
访问日期：1993年8月2日

1. 英雄是人家称出来的

（录音由此开始）
访 一：……还有一些政治家，比如说我们要变法，这一变法也有好多人牺牲啊。比如说皇帝要出征，虽然他没有动刀动枪，他这一个命令也杀了人了。杀人的定义很难说了。
张学良：那不能那么讲了，这是他执行。比方说，我们那时候枪毙这个人吧，他要请来给批啊，准不准啊。我们批了，准，那就真死了。他有这个权，他才批啊，不是谁一批就枪毙了。乱七八糟就不说了，在法律上他有这个权。
访 一：那时候剿土匪啊，不是说共匪了。您忘了在黑龙江啊什么的，您去剿匪，那个就用不着批了吧？拉出去枪毙。
张学良：拉出去枪毙，法官也得问一下。有时候当场抓住就枪毙了，那就不同了。那有的抓来的，那当然也得问问啊，也得照法律。那有的人作战，不按法律随便枪毙人，那就算了，乱七八糟的。哎呀！有时候那人死的冤枉得很啊，乱七八糟抓来的。我就说……他还是我的朋友，姓阚①……这个人可奇怪了……搁火车拉回来脑袋，拉一火

---
① 此处指阚朝玺。

车回来。这个人他是文人……他去了差不多把男人都给杀了,把脑袋搁火车拉一火车来。都是搁铡刀铡的,后来他外号叫"小铡刀",我认为他有点神经。

访 一: 那会儿军事上边可能有很多这种……

张学良: 残忍。

访 一: 所以您说,您不愿意做军人。

张学良: 不是,我看他们这些人的行为,他标榜自己凶,叫人看。这种,我认为都有点神经上不正常。怎么不正常呢?这种人呐,男的女的都有,有自卑感,怕人看不起他。

访 一: 哦,对呀,您这分析有道理。

张学良: 他叫人看,要壮他的威风,你看我多凶、多厉害,实在你用不着。

访 一: 一个人做一个伟人,做一个英雄……

张学良: 得真。你是不是英雄,你自己做不出来的,是人家称出来的。

2. 张宗昌是个怪杰

访 一: 对呀,要是以您的功绩来说,是不是英雄呢?张宗昌也这样吗?

张学良: 张宗昌这个人啊……你别说张宗昌,我太太最不愿意我说。我认为张宗昌这个人并不坏,不过他这个人出身呢,没有受过教育的,还讨过饭。他是乱七八糟的这么一个人,要说他这个人,并不[坏]。

访 一: 他并不是杀人如麻?

张学良: 不是这样的。我太太最讨厌我说他,我认为他最可惜就是没念书。假如,不过他到后来也不听我话,这个人要念书,……我给你说他几段小事。那时我父亲对李景林很不高兴,李景林当过河北省主席,后来李景林下来了,不做了。我们去接我父亲的时候,我们没告诉他。这个人也是不知趣,他认为我们……我父亲由东北回来,一进关啊,那么我们都是接到山海关去。我们和张宗昌就没有告诉他,为什么呢?我们怕他……我父亲见他面,甚至把他枪毙了,他自己还不知道,自己不自在。我们就去山海关接我父亲,他后来也跟来了,他自己弄一个专车跟来了。等他一上车,我父亲一看见他,转身就进去了。

访 二: 这多尴尬呀。

张学良：张宗昌这个人，他就用手拉我一下子，让我也进去。我父亲进去后，就躺在床上了。他就摁着我脑袋，给我父亲面前跪下了。他（张宗昌）说："我呀跟您南征北战，这是您大儿子，也跟您南征北战，您看看我们的小面子，您给他打发走吧，您要办他您要怎的，交给我们俩得了。"他不是一个老粗啊。

访 一：他聪明，而且也懂得这个忠于老帅……

张学良：他人是一个粗野的人。不过，我父亲还是听他的，把李景林打发走了。

访 一：您还记得李景林为什么叫老帅这么不高兴呀？

张学良：他是河北督军，河北主席，郭松龄倒戈他参加了。不是他参加，他在后路，其实他可以出兵，而且在那……因为这个，他的主席也丢掉了。

访 一：李景林起来也是老帅拉他起来的？

张学良：张宗昌这个人呐，是个怪杰，我太太最讨厌他。他很可惜，也是不听我的话，听我的话他不会死。

访 一：从您谈话中，我们知道有两个人没有听您的话。一个是张宗昌，您跟他说找一些有思想的人帮他，然后他反倒说，"你呢？"

张学良：不是这个样子。我劝他，那时他治理两省啊，河北省主席是他部下，他是山东省主席。我说："你呀，现在拿着山东、河北，当年就是北洋大臣呐，你为什么不找几个好的人？"他说："你看看我这个脑袋。"所以自卑感哪，他怕。我说："天下有志望的有气望的，想干事的人无所不依。"他说这个意思，你那郭松龄不倒戈了吗？他说看看你。他怕呀！他自己认为他自己……只用比他低的人，比他高的人他不敢用。

访 二：恐怕自己驾驭不住。

张学良：所以他用比他低的人，他自己知道比他知识高，他不敢用。

3. 溥仪一脑袋皇帝思想

访 二：另外一个人，您说也没听您话，这个末代皇帝溥仪呀。

张学良：溥仪那是啊，我那时劝他呀！我认为他是幸运呀，共产党对他不错。要我是共产党，我把他枪毙了。我说："你呀，不要脑子里还有你那皇帝思想，不要受你那些人包围你。有一天早晨我在那儿吃点心，他出来了。我说，你自己出来走一走啊。你是中华民国的头等国民，你呀，应该把皇帝地位的思想完全抛掉。第一个，我希望你呀你要肯的话，去南开读书。将来选总统的时候，你是中华民国第一等的公民，最有希望的。你把过去的完全放弃，还有包围你的那些人，他们包围你是为吃饭，你应该放弃。如果南开你觉得不好，可以去美国念书。"他不听我的，我说你这样混啊，有一天你把自己脑袋混掉了。

访 一：您说他自己是不是也很难做主张？包围的人太多了？

张学良：不是。

访 一：您说这溥仪也怪可怜的，到最后还是想着要做……

张学良：一脑袋皇帝思想。

访 一：不过，您说他从小也没受过别的教育，包围在里头了。

张学良：也不能说包围在里头了，这是个人的。他（指溥仪）跟我一开始就打听这些。我说："你问这些话干什么？这与你毫无关系啊。"他问我的部下来了，怎么怎么样。好像他是……我说："你问这些干什么？"我劝他，我说："你呀，把你皇帝老爷的梦去掉。"我说他好幸运，要是我，早把他枪毙了。我说："你这样子，总有一天把你脑袋混掉了。"他开始还认为他自己还是皇帝，他还想做皇帝。"满洲国"是他自己愿意干的，不是人家捧他，他自己有那个思想在里面。那他弟弟很好，比他开通多了。他不是人包围他，他确是想当皇帝。我说："你最好能到南开去读书，做中国的头等国民。"换句话，这种人社会上没人需要他的，只能是毒害社会，没什么好处。

访 一：不是很多人能像您，拿得起来，放得下去。《大公报》不说嘛，您东北军搁下了，都交出去了，这是有史以来难得的。所以您有这种作风，那他都不敢想……

张学良：那不能那么讲了。他想做皇帝呀，他不明白，糊涂呀。

4. 书画收藏

访 一：您的嗜好里面，张大千的画您收藏的很多。张叔齐①的，还有谁的

---

① 张叔齐，所指不详，疑为明初浙江画家陈叔起。

画您收藏的多？

张学良：说不出来了。

访　一：那齐白石①的呢？

张学良：也不多。

访　一：您喜欢齐白石的东西吗？

张学良：好，他的东西好，可惜我收藏的还不够多。

访　一：齐白石的画您喜欢他哪一点？

张学良：他画得好，我收藏没有多少。他后来画的小虫啊，真好。

访　一：那您说他的画风……草虫是他的绝技了。

张学良：绝技，他有他的画风，他可以代表他自己一派，有独立的风格。

访　一：除去齐白石的画，还有谁的画您收藏？

张学良：当代的？

访　一：不一定是当代的，过去的呢？

张学良：过去我收藏的乱七八糟的多了。

访　一：您认为过去的人的画里，您最喜欢的是谁的？

张学良：我收藏的最厉害的东西，现在在日本呢，王献之写的字。

访　一：怎么在日本呢？

张学良："九一八"事变的时候日本拿走了。

访　一：那您现在身边没有旧的东西了？

张学良：乱七八糟的东西，我说不出来了。我丢的东西多了，原来我在北方我算第二个收藏家，多了。

访　一：据说冯玉祥在故宫拿了很多画，他也算收藏家吗？

张学良：他拿不拿我不知道。

访　一：他懂得画吗？

张学良：那我也不知道，我也没跟他谈过。

访　一：不过那您那些东西都丢了？

张学良：我丢的太多了。我两次丢，一个是在奉天，东北；一个是后来，又，又……

---

① 齐白石，湖南湘潭人，世界文化名人。我国20世纪著名的书画大师和书法篆刻巨匠。曾任北京国立艺专教授、中央美术学院名誉教授、北京画院名誉院长、中国美术家协会主席等职。曾被授予"中国人民艺术家"的称号，荣获世界和平理事会1955年度国际和平金奖。代表作品有《花卉草虫十二开册页》《白石草衣金石刻画》等。

访 一：那这些东西您自己有没有一个鉴章，还可以追回来？

张学良：有的有，有的没有。在外面，有人都看见过。有一件东西到了王世杰①手里了，他买去了，他知道是我的。他想跟我换一样东西，我没换。证明这个东西是卖出来的。我的东西很多。

访 一：那您这一丢，指不定卖到哪了。

张学良：那就不知道了。

访 一：那您的鉴证是什么样的？您自己的图章？

张学良：有的打了，有的没打。我那时是喜欢，可我忙得很，连看的工夫都没有。

访 一：那真是怪可惜的。

张学良：我那时又抽鸦片烟土，起来又很晚，办公又忙，没有时间看啊！现在闲了，当然可以。那天天办公事，你还有时间玩啊？

访 二：有人看的画呀，有您的图章，也有您小孩的图章，这是什么时候？

张学良：是，是。那我也记不得了，有的是闾瑛帮我在一块儿看的。

访 二：什么叫书生的画？什么是画家的画？这两个怎么分？

张学良：书生画是他并不是画家，不是以画为生的，他只是喜欢画。你比如张大千，他就不能说是书生画，他指着画呢。你比如说张叔齐［陈叔起］？……比如说我，我喜欢画，我就画两笔，就是书生的画。我不是画家，不是专家。

访 二：您欣赏的书生画里，除去张叔齐，还有谁？

张学良：有好多，一下子我忘了。

访 一：您自己画不画？

张学良：我会画，我现在不画了。

访 一：您以前画的还有什么留下来吗？

张学良：我没有，我跟陈半丁学画，后来他也不教我了。他说："你也不好好学。"我会画几笔，我从来没画过。

访 一：那夫人会不会画？

张学良：她不会画。我没见过，她写字写得好。

---

① 王世杰，字雪艇，湖北省崇阳县人。北洋大学毕业，曾任北京大学法律系主任和国民政府法制局长等。1928年起，历任中国驻海牙国际法庭公断员、国民政府立法委员、武汉大学校长、教育部长等职。抗战时期，任国民参政会秘书长、国民党中央宣传部长。抗战胜利后，任外交部长，曾随宋子文赴苏谈判，签订《中苏友好同盟条约》。1947年任行政院政务委员，次年夏复任外交部长。1949年去台湾。著有《立法比较法》和《不平等条约之废除》等。

访　一：我们还没欣赏过张太太的字呢。

张学良：她不会画，画不画我不知道，我没看过。

5. 养兰花

访　一：有一个银杯，您养兰花得的奖。这是您最得意的一盆兰花得奖的吗？

张学良：不是。

访　一：那您这得奖是怎么……

张学良：我都忘了……好玩儿，我也不喜欢这些，不是顶高的奖。

访　一：可是您还留着它。

张学良：银杯那我就留着。

访　一：那是在台湾，您参加什么协会，是不是？

张学良：怎么回事我都忘了，我脑子里头都没有这件事。

访　一：那您对兰花还有特别的爱好，是不是？

张学良：我还是喜欢兰花，我现在也没有工夫了，培养兰花也不是简单的事。工夫都得下进去，浇水、施肥、晒太阳、换盆，不换不行的，里头那材料……我养兰花我是用砖头养，都得换，不换不行的。没有这个工夫，交给他们那就不行了。

访　一：换句话说，换盆也有一定的时候，浇水啊，施肥啊……

张学良：也不一定，到时候就得换盆。早晨得拿山去晒，我们能晒它的底，不能晒它的花。

访　一：所以您北投有一个特别的花房是不是？

张学良：还有架子，前头在那挡着，别让晒它的花。晒它的根，晒它的盆。

访　一：盆和根，那叶子可以晒吗？

张学良：不能晒啊，一晒就会焦了。

访　一：晒多久也都……

张学良：所以干什么玩意儿，你要真喜欢，你就要把工夫加进去，不下功夫就完了。

访　一：那施肥也是……

张学良：也是一样，你不能乱施。我原来的兰花，她（指赵一荻）给我施肥，烧死了。

访　一：浇多了还不行，分量还得拿准了。跟一个小生命一样，你要特别地保护它。

张学良：你不保护，它怎能活啊？你把它栽在地下，你不管它，它也会活的，好坏是问题。你搁在盆里，你不管它，那不行。

访　一：听说这兰花的盆也有很大的讲究，那是因为质料的关系吧？

张学良：兰花的盆，要紧的是它得通气。

访　一：也就是说做盆的料有关系。

张学良：好贵啊，我那盆好贵好贵的，我在日本买来的。

访　一：最贵的要多少钱啊？最贵的也是最好的是不是？

张学良：最贵的恐怕要上万块钱一个。

访　一：那它好在什么地方？通气？

张学良：薄，做得好。在日本买来的，花好多钱，砸坏了好多。

访　一：那台湾不会做？

张学良：那不同，差得太多了。

访　一：那不用说花了。这盆就那么值钱！式样有没有关系啊？

张学良：也有关系。都卖了，半卖半送。他给我一百万块钱。我就把那些盆都给他了。

访　一：我记得您喜欢钓鱼，您有一个钓鱼的哲学，跟做人一样，您要每分每刻都聚精会神，错过了这个就没了。那么，您养兰花养了这么久，大家都知道您养兰花有很多心得，您养兰花有什么心得吗？

张学良：简单的事，你自个儿得好好照看它。它是死的玩意儿，种在地下不同了。在盆里你不照顾它……简单说，你要不浇水，它不干巴死了？所以后来我也不养了，换句话，你要想把兰花养好，你就什么事都不能干。

访　一：也是对您性情上有关系？

张学良：有关系。我后来没有这个闲的工夫干这个。

访　一：那会儿您能养的时候，大清早起来就得去弄去啊？

张学良：是啊，差不多一天百分之八十的工夫得搁它身上。太阳出来了，你得晒晒盆，你不能晒工夫太多了。你把它晒干巴了，晒的时候你还得加水啊。你得把工夫都搁它身上，我哪有这工夫？没这工夫，要做事。没事情时候可以，这都是闲人才能做的事情。

第六十次访谈
平生情志　佑国福民

访谈者：张之丙（简称"访一"）
　　　　张之宇（简称"访二"）
被访者：张学良
同座者：赵一荻
访问日期：1993 年 8 月 3 日

1. 订正口述细节

张学良：还有事吗？你说事儿吧。

访　一：今天趁着在吃饭前，有几个很小的问题，您怎么回答都可以，就把这个都补足了。明天咱们上王先生那去，后天我得打行李了。礼拜四您打牌，我礼拜五就走了。昨天那首诗……

张学良：《谒郑公祠》①？

访　一：对，您后边有一句话。"一子儒"，"一仔儒"，"一稚儒"，我查了，有三个不同的。您说哪个好一点？

张学良：稚儒。

访　一：那个"子"是儿子的"子"？

张学良：不，不，不是，"稚"就是小孩子。

访　一：禾木边，跟一个佳字。

张学良：你查查字典，大概是禾木边，跟一个佳字。

访　一：我先借您这个笔，待会儿再还给您。我等一下要跟学生见面，我忘

---

① 1958 年 2 月，张学良在台南游孔庙。在日记中写道："规模在台湾论可称不小，尤其意义宏深，其形势建筑，比之内地，小巫见大巫也。"随后拜谒郑成功祠，写下七绝两首：（一）孽子孤臣一稚儒，填膺大义抗强胡。丰功岂在尊明朔，确保台湾入版图。（二）上告素王去儒巾，国难家仇萃一身，若使苍天多假寿，管教历史另翻新。

了是不是没有带……当孩子讲的那个，幼稚园的稚吧？

张学良：是，是，是。

访 一：另外一本书写的是，立人，一个孩子的子。

张学良：那个不对。

访 一：儒也有两个：一是立人的；一个是好像子字，好像一个子字。您看……

张学良：那个不对，儒，学者，书生啊。

访 一：好。

张学良：一个年轻的书生。

访 一：我们的记录上说您开始的时候想去学医，您想第一次开始的时候，是不是沈阳的日本医学院？

张学良：是，日本南满医学院。

访 一：南满。

张学良：南满医科大学。

访 一：这个南满就是南满铁路那个是吧？那个是日本人为中国人设立的，还是为他们自己？

张学良：中国人、日本人都有。

访 一：很有名的一所医科大学，是吧？您曾经说过，兵败如山倒。说有一次奉直战争，不是直军被奉军打败了？把铁路打坏了，您说他们败退的时候兵车都翻了，有七节车都摞在一块儿了，死尸……

张学良：车没秩序走……自个儿……

访 一：车自个儿跟自个儿撞上了。那个时候，张作相捂着您的眼睛，怕您看……

张学良：撞死的人太多，死的人惨啊！

访 一：那会儿他怕您看了……

张学良：怕我看了难过。

访 一：您到天津去开会，郭松龄、李景林叛变前，您到了那儿了。您是先到医院去看郭松龄的，是不是？

张学良：那忘了。

访 一：开会的时候，郭松龄已经表示出要叛变，您都知道了，因为他跟您那么好？

张学良：不是，我看这情况。

访　一：不是他说什么。

张学良：不是。

访　一：我们录音上，您说过冯玉祥倒戈，是由一个教会的朋友，他拿了钱，是五十万块吗？

张学良：这我记不得，大概是七十万日币，大概是。

访　一：另外给您牵线的人，我记得您说是，王卓然的儿子说是Joseph Platt，您说是一个姓Green的……

张学良：嗯？

访　一：另外一个外国人姓Green？

张学良：不对。

访　一：是Dr. Young，是个大夫。跟一个中国人，那个中国人也是一个教会的，姓什么？

张学良：不知道。你说这事是怎么回事呢，你就说这是什么事，你别写……什么事儿？

访　一：他们联系的，给了冯玉祥，告诉冯玉祥……

张学良：不是，这件事不是，与那个Young也没关系。

访　一：钱是由谁告诉冯玉祥的？不是给他这七十万日币，这事是谁……

张学良：那是一个……我现在还记不得，说不出来。

访　一：不是Joseph Platt？

张学良：不是，不是，Joseph Platt跟这个毫无关系，毫无关系。

访　一：那个Young呢？

张学良：Young没关系。Joseph Platt是另外一件事，是调停直奉战争。

访　一：那件事情是不是跟兵舰上签……和谈和有关系……

张学良：是，是，是。

访　一：那个时候Dr. Young也在吗？

张学良：好像他在，记不清楚了。

2. 戏谈国民党

访　一：后来您说……大家都说冰冻三尺非一日之寒。所以有一次在党里边开会，国民党内部开会，老总统（指蒋介石）很照顾你，给你写了一个条，"汉卿啊，别说话……"

张学良：少说话！

访　一：他的意思是……

张学良：因为我，他们发言，我攻击他们。

访　一：是他们在党内部开会的时候？您说，他们很浪费时间，说一个"也"字……

张学良：那是另外一回事。另外有一个人，那个人我们起外号叫"发言虫"。他无论什么事，他都要发言。人家把发言［稿］都写好了，大家读一遍都听一听，本来这就完了。他还说，那个"矣"呀应该改个"也"！他是"发言虫"，他一定要发言，不是一定的，他总要发言，什么事他都要说话。所以说笑话。

访　一：也就是说他们开会为这一个字浪费很多时间。

张学良：那是没法子。

访　一：我们家逃难的时候，有一个人，是西北的国民党军队做事的。他说了一个笑话。他说，国民党最爱开会。我们说，怎么了？他说到一个地方已经被围了，被围了，军队退到一个小山头。这个山头枯燥得不得了，大家渴得不得了。于是呢，说怎么办呢？因为他们都是国民党党员嘛，于是大家都聚在一块儿，说我们先组织一个委员会，叫作临渴掘井小组讨论委员会。

张学良：哈哈哈！

访　一：说他们乱开会的意思，开会不做事。您说他说的是不是太离格了一点儿？还是国民党真是爱开会呀？

张学良：我们不是有副对联嘛！"大委员委小委员，中委执委监委委实无聊"。

访　一：您再说一遍。

张学良："大委员委小委员"，委员本来一样的嘛。比如蒋先生是大委员啦，"……委小委员，中委、执委，监委，委实无聊"。

访　一：还有呢？

张学良：下边不好听了。

访　一：没关系。

张学良："男干事干女干事"，这都用蒋先生的话，"死干，硬干，快干，干得有趣"。

访　一：你说这是大家伙儿……

张学良：那开会的时候，大家伙儿不知道谁作出无聊的……

访　一：他们是爱开会，是吧？

张学良：开会他们发言乱七八糟，大伙儿也不爱听，就尽在那做打油诗呀……

访　一：又一个朋友说……也是逃难的时候，他们说，你看见山头了吗？你看那边还有一个山头。这里的兵啊，从这个山头一直排到那个山头。我们说，看不见呢！他说，所以了，没有兵，只是说有兵。那意思就说他们吃空饷。这种情况也有吗？

张学良：那不能说这个情况有，大家……真是委实无聊，说的无用的话，发言……

访　一：那这样说起来，对您的脾气很不合适了？

张学良：坐那扯淡嘛，我们干我们的。

3. 大帅遇害是杨宇霆先告诉的

访　一：关于大帅被害还有不同的说法。有一个报道说，是杨宇霆跟您在一块儿，说大帅出事了。您说，"你怎么知道的？"他说，"意大利领事馆得来的消息"。

张学良：是，是，他是这样的。

访　一：是张作相还是杨宇霆啊？您想一想。

张学良：是杨宇霆。所以为这事情很……那天是我生日，他来，早晨告诉我，说大元帅回奉天出事了。我说："我怎么不知道呀！"他说，"我搁意大利……"法国，法国公使馆武官跟我们有来往，跟他也很不错。所以我认为他大概在日本……不管在哪，他先知道，我……

访　一：为什么他先知道呢？他怎么可能知道呢？

张学良：他说，他从法国公使馆听来的，因为法国武官跟我们有来往。

访　一：假如要是他是公使馆听到的，不管是日本、意大利、法国，也就是大帅出事儿的事情很快就传到他耳朵里，他的眼线很多。

张学良：因为他跟他们这些公使馆联络很多，比我联络多，那也没什么出奇。

访　一：不是张作相将军跟您说的？

张学良：不是。

访　一：您记得您说，您回去之后，您知道了老帅临死之前说，"不要告诉小六子！"有一个说法说，"快叫小六子回来！"

张学良：没有。

访 一：那个不对！是"不要告诉小六子"，怕您担心是吧！大陆做了好多好多关于您的电影，好多好多的电视剧。其中有一部是《西安事变》①，有人说您看了，有人说您没看。

张学良：我不知道！

4. 关于《答蒋公书》

访 一：您还记得，咱们说蒋先生和蒋经国先生都希望您写东西，一开始是不是蒋先生看了您那《答蒋公书》后？写得非常好。

张学良：因为……他说，"你很会写东西，你可以写过去的回忆录"。那意思……

访 二：张太太好！这屋没有冷气，我这儿直出汗！

访 一：这都不是长篇大套，这都是小节，有人这么说有人那么说，我就怕记录里头有什么出错……您知道那个《答蒋公书》，他们词儿多了，又是"自述"，又是"回忆录"，又是"忏悔录"，出了好多名词。所以咱们这儿的是《答蒋公书》啊！

张学良：经国先生起了一个名字叫什么来着？

访 一：《忏悔录》。

赵一荻：《忏悔录》。

张学良：不是。什么玩意儿我忘了，他起得很……

赵一荻：应当知道，应当查得出来，应当让之丙去查一查。既然是经国说的，你就应当查，看他说的是什么，这很有关系。

访 一：我刚才跟张先生说，我这都显得有些零七八碎，因为要把它填空。有人说王新衡先生跟周恩来先生两个人长得很像，是这么回事吗？

赵一荻：这没关系呀，问这种问题！

张学良：他们好像作风也差不多！

赵一荻：那太不一样。这种没有意义了，无聊得很！无聊得很！可以这么讲，

---

① 电影《西安事变》，1981年西安电影制片厂摄制的彩色宽银幕故事片。该片以西安事变为题材，歌颂了张学良、杨虎城将军的爱国精神和中共抗日民族统一战线策略所取得的胜利。由郑重、成荫编剧，成荫导演，主要演员有王铁成、孙飞虎、古月、金安歌、辛静、胡诗学、赵登峰等。

这是捧王新衡，那王新衡跟周恩来那差远去了，那比不上。

访　一：他也是在西安的时候，跟您在一起吗？

赵一荻：那时候王新衡在西安就是了。所以有的人就是牵强附会，乱七八糟，没意思。

张学良：不是有意思，捧王新衡。

赵一荻：不管捧不捧了，没有意义。

访　一：您大概也想象得到谁写的，那就不说了。您这个《答蒋公书》，有人说对中共的打击很大。

张学良：嗯？

访　一：不是他们把您这个《答蒋公书》发表了吗？

张学良：给谁打击很大？

访　一：中国共产党。

张学良：怎么？

访　一：不知道。说周恩来有一次在纪念"双十二"二十五周年纪念的时候，为这个哭了。知道？他们把您这封信发表了，正在纪念"双十二"的二十五周年的时候，提起这件事情周恩来哭了。

张学良：那我不知道，也许周恩来回想到我的事情。

赵一荻：那人家的事，我们不能猜想，不想随便说，不知道就是了。

张学良：不知道。

访　一：我的意思是说，后来中共就一直到现在不承认有这一封信。而国民党呢，他说，跟这个国民党不承认，蒋经国在苏联写了一封批评蒋介石的信，他们也不承认。所以就换句话说，这是历史上的实际的东西，怎么可能不承认？当然，就是说做历史的人就追，这件事你大概不知道吧？您不知道是吧？我分析不出来为什么对中共会有什么打击。所以还是没有那封信。

赵一荻：这都是猜测而已。

访　一：我们就想，要看到您的全文，也许会了解多一点。后来大家提到对西安的这件事情，说蒋纬国将军说……他叫您大哥是吧？说，"大哥，这件事情您没做错了。"

赵一荻：这种人都很无聊，蒋纬国说的话，根本就没有价值！

张学良：蒋纬国这个人实在与政治上没有关系。

赵一荻：不光是政治，他说的话根本没有价值。

张学良：蒋纬国这个人……

访　一：他也是蒋家人哪！

张学良：不能那么说，蒋家……

赵一荻：他的看法、他的作风……

张学良：他的作风，蒋纬国这个人不大……

赵一荻：不值得，好像是……

张学良：不值得注意！

赵一荻：不值得是一个大人物，不值得是蒋介石的儿子。

访　一：因为他们说蒋家人就剩蒋纬国了，那东北的同乡因为蒋纬国对您的影响，劝您回大陆……

赵一荻：无聊。

张学良：无聊，无聊。蒋纬国在政治上可以说没多大关系。

赵一荻：现在的人实在无聊，无聊而无知。

赵一荻：你想他说出这句话来，你想这个人还够有聊吗？他自己说他不是蒋介石的儿子，那你还说……这种人就不值一谈了。

访　一：他现在在台湾，在文学和文物管理上边还有点地位？

张学良：个人行动。

赵一荻：没什么价值，剩余价值！

5. 不喜欢耀武扬威

访　一：有三个事情，关于老帅的事情，我们下一次想跟您谈，一个是老帅丧礼，那个办丧事。还有一个是老帅被杀，这两件事我想在做老帅的里头，说得详细一点，您看好不好？因为各个地方的报道不一样，就代表老帅的形象。据说老帅被刺不止一次，"皇姑屯事件"以前，老帅还被暗杀过……

张学良：那好几次，他被人……

访　一：另外，那个时候……

张学良：哪个时候？

访　一：老帅在东北、北京的时候非常地威武……

张学良：什么？

访　一：非常地威武。东北的军队出来都非常地威武，所以您的座车要出来的话，大家都要"面壁"，而且车上有护卫……

张学良：那没有这样。

访 一：另外还有一个人说，他们从来没有看见那个卫队呀，服装那么整齐，军队的精神那么精神，英姿勃勃。这个您承认吧？

张学良：这个不是，你这个……

赵一荻：现在的人对过去的事根本不知道。

张学良：你这句话……我问你呀，这话是这么说，你提这精神勃勃这话是从哪来的？

访 一：两个人的报道，一个人的年纪差不多也快九十了，我们的一个老朋友。我们说："您年轻时看见过东北军吗？"他说："看见过。"我说："您给我们说说他们东北军穿的衣服。"因为有人对军装啊、佩带呀、枪支，很希望知道。他说："别的我不知道，我不懂枪，我就知道东北军特别漂亮，而且出来的时候都好像……"那是您的卫队是不是？

张学良：他这人说话很……不对，他这个人说话何所指，你不知道。他在哪儿？在上海呀？

访 一：一个在北京，一个在上海。

张学良：因为我到上海去呀，是特别地注重［仪表］。

赵一荻：仪表，带的人特别……

张学良：不是仪表，去上海是为"五卅惨案"，我带去的人不是东北军啊！

访 一：不是东北军？

张学良：是我那个……叫什么玩意儿？是我训练的学生，带着他们。所以到了上海，他们看见这个……尤其是两下比一下，那时上海是张宗昌的军队，那一比比得……

赵一荻：一个是破破烂烂的，一个是……

张学良：同时这样子，那时候上海很热的天，那个兵站在街上都是一点儿都不动，差不多……上海人看见，说这个兵怎么都这样子。

赵一荻：我说一句话，他们也不懂，也就是都胡说。你们大概都没听见，这个东北军有个口号，"头带双沿帽，腰挎盒子炮"。讲东北军啊……还有什么？

张学良："……后脑勺子是护照，他妈拉巴子是免票。"

访 一：后两句我们听过，双沿帽是怎么回事？

赵一荻：那时候他们戴的军帽是双沿儿的。

张学良：不是，他们直隶军队戴的，帽子里头一个铁丝儿的。奉天军队的帽子是双沿儿的，很好看的，不是那么包包的。

赵一荻：还有啊！他们这老百姓，看，某某人出来了，坐汽车。他们所看见的，有的时候不是他，两边跨着卫队呀，开得好快呀，他从来不……

张学良：我从来不……

赵一荻：所以我说他们胡说八道！

张学良：我告诉你一个笑话。我最恨这个，出来了，在车外头跨着两个人。后来我枪毙人，我就照这么办。

访　一：怎么办？

张学良：我枪毙人啊，汽车坐着，外边跨着两个人。后来他们出来，枪毙人了！枪毙人了！谁他们也不……

赵一荻：老军阀呀，耍谱儿嘛，摆谱嘛，就在汽车两边跨着两个卫队，就跨着，开得飞快……某某人来了，某某人来了！根本不是他的事儿，胡说八道！老百姓不知道！

访　一：这件事虽然很小，可是很有关系，您不喜欢这个……

张学良：我恨透了这个。我用什么打击他们？我就枪毙人的时候，我就用这个办法。

访　一：把犯人搁车里头。

张学良：犯人搁车里头，旁边搁两个人，后来他们说，枪毙人了！枪毙人了！

赵一荻：好多人现在你说一句，我也说一句，其实他们什么也不知道，就胡说八道，道听途说。他不要那样，他就说是威风［就是了］。

张学良：我非常反对这样的事。

访　一：所以您知道，这一段话极为可贵。因为，就拿这一个小节，就很深刻地代表了张将军的作风。那时候，大家都是……我当然没看到……耀武扬威的。但是，那时代，张将军就有一种革新的思想——我不这样做。那么您出来进去的也不带个保卫的什么的呀？

赵一荻：他是有卫士呀，他有副官啊，他穿得整整齐齐的就是了，不要……

张学良：那我车里头坐着个人啊……

赵一荻：前头坐一个副官哪，卫队呀，穿得整整齐齐的就是了，不要威风八面的。他们要写这书啊，得问我，为什么？他们不知道！谁知道？

走到街上，啊！张少帅来了，根本就不是他！就胡说八道嘛！尤其是现在，描写的一大堆……

张学良：我这个人最不喜欢这……

赵一荻：根本不是那么回事。

访　一：所以我们还是得跟您提提。假如我们不提，我们就不能知道张先生这一面……

赵一荻：他在奉天去打球儿，就穿打球儿的衣裳，跟两个外国朋友……没有说那样……当然是有警卫了，没话讲，你不能没有警卫嘛。但是，不是耀武扬威……

张学良：换句话，警卫，他们都……我并不喜欢他们派警卫，他们自个儿偷着还要派！

赵一荻：他不愿意人家看着他带警卫，不要人家看见！

张学良：负责警卫的人他要那么做，他不能……

赵一荻：他们的责任嘛，不能不那么做。你没讲你打高尔夫球那个？

访　一：您打高尔夫球？您给我们说说。

张学良：我打高尔夫球什么？

赵一荻：不是打高尔夫球嘛？一个老百姓吓得要死……

张学良：嘿！嘿！嘿！嘿！怎么回事来着？

赵一荻：打高尔夫球，头天……

张学良：是这么回事儿，那管高尔夫球场的那个人啊，跟我们那管警卫的都有联络。他忽然发现，高尔夫球场的边上有个台子，有人在那动，扒拉土。那么后来他们一看，坑里摆着一杆枪。后来我研究，这个枪怎么来的？大概是让人带那枪啊，还是要贩卖是怎么回事？他把枪埋在那地里头，因为那是在乡下的一个很边儿上。他们报告了，说这个笑话，他们就警戒，特别警戒了，那他们一警戒……怎么回事儿来着？

赵一荻：你们在那打球不是……

张学良：那球场有个规矩呀……那球场有条路，不让人走的，因为是打球的地方。在球场有条路，到那个乡下去，搁这儿抄近可以过去。球场不让他们走这路，可是老百姓他要走这路，走这路他方便嘛，他近，在旁边绕远。来了一个老百姓……

赵一荻：咱们站岗的不让他……

张学良：不是，怎么，怎么，怎么……

赵一荻：他撒腿就跑。

张学良：不是，怎么开始的，他搁那儿一走，他不知道。我那外边有……我那儿打高尔夫球呢，他们派的有警卫，他不晓得。因为这个球场呢，一挡他，这小子撒腿就跑。我们的警卫看见一个人进球场撒腿跑哇，他们就追他。追他他还跑，就开了一枪，不是打他，往天上开了一枪，开这枪好让他站住。他这小子更跑了，那边警卫看见"哪"又一枪。他这就……因为放了两枪，闹得很，闹笑话，把这个小子吓得要死，东跑，"哪"又一枪，西跑……后来抓住。怎么事儿？什么事儿没关系，真的证明人家确实好老百姓。因为他不知道旁的，他知道那球场不让他们在里去，不知道我们有警卫在那开枪打他，他不晓得。好家伙，东跑一下，"哪"又一枪，西跑一下，"哪"又一枪，把他可吓坏了，把这老百姓吓得……

访 一：四面楚歌。

赵一荻：他那时候，他那警卫他不让老百姓看见。什么我来打球了，多少个警卫，没有那威武。

张学良：什么呀？

赵一荻：我说呀，你那时候不是那威风八面，我来打球了，摆多少个卫队在那儿。

张学良：我向来不让他们露出来的，不过他们警卫得很厉害。我那球场啊，这边儿上就是日本租界……他们特别警戒的就是那边。我跟你说，我这个人不怕。

访 一：那管枪，那支枪有没有查出来是怎么回事儿呀？

张学良：不知道，后来他们研究，大概是有人想进来贩卖的，或是土匪的枪埋在那儿了，他带着枪他不能进城去玩儿去，回来再拿，不知道是怎么回事儿。

6. 与周恩来的见面

访 一：这个前后次序我们就不提了。在第一次您跟周恩来见到面的时候，就是周恩来他们自己的，共产党方面的记录，周恩来第一句话就……一开始就跟您说他是东北长大的。

张学良：我忘了，开始说什么我都记不得，我忘记了，根本［没谈］这种闲话，我都谈正经的。

赵一荻：中国人很无聊了。我跟你是同乡，我东北长大，一见面都要讲这个。哪儿长大还不是一样。

张学良：我们都谈正经事儿。

访　一：关于张伯苓对您两位师生的关系，是他提的是您提的？

张学良：谁？

访　一：张伯苓啊，他是张伯苓的学生。

张学良：不是，是南开的学生。

访　一：所以，他认为您也是张伯苓的学生。

张学良：我不是，我不是南开的学生。

访　一：您不是？您只是听过他的演讲对不对？

张学良：我跟他是朋友。

访　一：朋友。周恩来在西安事变二十周年和西安事变二十五周年时，曾经提过很多很多有感情的话。尤其是提到"千古功臣"。有一次王卓然先生也在场，说，"我们在纪念西安事变，可知道张学良将军一个人还在那边被看管？"① 结果周恩来就很激动，这个时候邓颖超赶快就说，"我们要把这种悲痛的情感做成正面的力量"。后来……邓颖超对某些事情很有这个处理的能力。您见过邓颖超吗？

张学良：没见过。

访　一：您对她有了解是不是？

张学良：是。

访　一：是天津人是不是？

张学良：她哪人我不知道。邓颖超这人，你知道她管什么的？

访　一：不知道……

张学良：共产党的执法，那这是周恩来跟我们开玩笑，他说我要是……共产党处死我就是她……

赵一荻：你得这么理解，你叛党的人……换我们也是要杀，对不对？我们叛变的人是不是应该要杀？你不能搁一般的思想来想。

---

①　说此话的是高崇民，不是王卓然。高崇民在会上即吟诗一首："兵谏成功二五年，乾坤扭转化凌烟；座中诸君都健在，一人憔悴在东南。"周恩来读罢说："憔悴二字消极，不符合张学良将军的性格，我看应改成一人奋斗在东南！"大家热烈鼓掌赞扬。

访 一：其他像康克清，朱德的太太是不是也很……

张学良：我不知道，我不知道。

访 一：只是知道邓颖超，是不是你对她很敬佩？她死的时候，有你和张夫人送的花圈是吧？

赵一荻：那是交际应酬。

张学良：不相干。

访 一：不过，您从这儿可以往北京那儿送花圈呐？

张学良：不是，他们那边替我代办的。

访 一：你是找人代办的。

张学良：这小事情，嘿！嘿！嘿！

访 一：可是她这人物很大，周恩来死了之后，大家对她的景仰……

赵一荻：现在的人呢……尽在小圈圈里看，张学良送花圈也好，不送花圈也好，有什么关系？就说他们要用他的名字宣传，他们要利用他的名字宣传，我们也就跟着宣传，对不对？所以现在的人，思考的事不是广泛的各处都想一想……

张学良：不是，不是那样讲。现在一般人呢，都在这小处看，不在大的事上看。

赵一荻：比如说，蒋纬国是蒋家人，那有什么关系？他蒋纬国就是蒋纬国。现在人看东西在台北，任何事情都在小圈里看，不往伟大的事情看。比如说你在北平的威风啊，这都是小人才觉得威风呢，搁我们想想，一点也没有什么威风。

访 一：蒋纬国自己说他不是了，那我们就不去管他了。蒋经国是他（指蒋介石）自己的儿子，他到了苏联，好像他一直不能回来。还是周恩来在西安和蒋先生见了面之后，才再安排让蒋经国回来，不是这么回事？

访 二：这共产党自个儿做的宣传，大概是。

赵一荻：所以我们这人很好骗，你说那套他就信，你怎么宣传他就信。

访 一：另外有，盛世才说他曾经代您跟斯大林联系，斯大林同意帮助东北军西北军在平凉建造兵工厂。

张学良：这是哪来的消息？

访 一：一个报道说盛世才替您做的，后来又反了。盛世才跟苏联关系是比较好，对不对？

张学良：什么也不能说好。

访 二：可能是互相利用。

访 一：还有也是西安的情况，当时是说您拥护蒋先生，因为他是唯一能统领大家抗日的，周恩来说您曾说过，"除非蒋介石投降日本，不然的话，我不能够反对蒋介石"。说是您的意思是如此。

张学良：我没说过这话，这哪儿来的我也不知道。

访 一：他们的记录上，如果您没说过就……

张学良：也许说过，我不知道，不相干的。

访 一：好，现在还有一件，还是关于西安的事情。不是，那个天主堂的事，本来周先生的意思是说，他们一直是反蒋……（录音中断）

（访者与赵一荻、张学良聊关于哥伦比亚大学珍藏室、中美文化差别等约20分钟）

7. 国家不强到哪儿都丢脸

访 一：不过，死有重于泰山，有轻于鸿毛。

赵一荻：不是死活的问题，是思想的问题。因为我们实在是受日本人压迫。现在人不知道，我们小的时候就抗日，就反日。奇怪？也是日本人欺人太甚，是不是啊？Daddy，我们年轻的时候，日本人也是欺人太甚。我们认为国家要紧，尤其我们觉得很丢脸，到欧洲去呀。

访 一：您哪次去？

赵一荻：人家看不起你，你国家不强，你到那儿也没用，你有钱也没用。

张学良：难过，真是难过。

赵一荻：我们到了菲律宾，外国人这门走，中国人那门走。

张学良：走路有一件事，我掉眼泪。人家来检查，中国人在另外一个地方，外国人在一个地方。

赵一荻：我到了菲律宾，菲律宾杨洸生，中国总领事，来接我，把我们的行李都扣下了。那么热的天，连换洗的衣服都没有，统统扣下了。让领事馆去交涉要，人家连理都不理。

访 一：那么不讲理？

赵一荻：怎么不讲理？你国家不强，人家就是那么看你。结果，我们怎么办呢？

访　一：那会儿菲律宾不是美国的殖民地？

赵一荻：不管是谁，看不起你呀。你中国人，知道你带什么？后来我们没办法呀，还得找旅行社，花钱呢，找旅行社才把行李拿出来。国家不强，你在外国也没有什么面子。你就咱们在洛杉矶、在纽约，中国人也没有多大面子。当年呢，人家英国人、美国人，那了不起。我们中国人……我们还算好的呢，不好的中国人下水牢住几天。

访　一：不过您在欧洲的时候，交往的也都是王公贵戚。

赵一荻：那是他朋友的关系。

访　一：那普通的中国人都受气，在那念书的那些人呢？也是一样？

赵一荻：换句话说，六十岁、七十岁以下的人，当年的事情都不了解，有几个人能把儿女送到外国去？

访　一：那种思想也很少。

赵一荻：没有钱呐，你送一个小孩到美国念书、到英国念书，得多少钱？你还得有办法，没办法不行。

访　一：我第一次从美国回来……

赵一荻：你们怎么去美国念书的？在这念好了去的？

访　一：我自己找奖学金，自己去的，我没接受……

赵一荻：从前上外国去，一个就是官费，一个是清华的……赔款，庚子赔款，一个是政府的交通部哇，那个叫什么？Daddy，头一批第二批派出念书的留学生，一个是交通部。

张学良：清华赔款，退回来的美国赔款。

赵一荻：像我大哥去的不是清华，是交通部派的，老留学生。

8. 知足者常乐

访　一：我们做张先生的口述历史，我们都应当说自己的事。您知道我在台湾想出国念书，他们不让，您想得出来为什么吗？那个时候派学生做代表什么的，那时候我会几句英文啦，场面也参加过，所以派我出去，我是第一个中国派出去的。

赵一荻：你父亲的背景是什么？

访　一：我父亲教书啊。您听啊，所以呀，派我到菲律宾开会，派我到日本开会。念完了，我想出去进修啊，千方百计的，您猜得出来为什么吗？张先生，您猜得出来吗？

张学良：什么玩意？千方百计？

访　一：为什么我不能出去？

赵一荻：从前上美国、上英国出去嘛，当然从台湾出去不容易嘛。

访　一：从台湾出去？

张学良：怎么不能出去？

赵一荻：要留学考试吗？

访　一：全都有。考试绝对考不倒我。我不是国民党，他非让我入国民党，你不入党，你就甭出去。

赵一荻：当然了，因为我们在台湾，你要非三民主义不可。

访　一：但是我就出去了，我就不是国民党。我到今天也不入党，哪个党也不入，连美国的 Republican（共和党）也抓我，Democrat（民主党）也抓我，我就是不入党。因为我的思想不够那么敏锐，结果还是自己出去的。

赵一荻：不一定，世界的事儿谁知道，上帝的安排。

访　一：是呀，这真是上帝安排。

赵一荻：你真是国民党也不一定会这样。

访　一：对，又是上帝安排，我们要不出来呢，在家里做大小姐，也什么全不会干了，在家里又吃又喝，又玩又乐，现在不能想那么多了。

赵一荻：所以我们就说为什么基督徒有喜乐平安，你对你现有的就应该满足。

访　一：知足常乐。

赵一荻：你要感谢上帝。

访　一：我真是，有一次我们走一个冰川，两山之间的水急流的不得了。所以要过河，骑马过河得有特别的地方。而且河里石头让水冲得圆滑。那马蹄不可以滑，头一天要钉马掌。我骑的那匹马，大概是没有钉马掌，我们骑马没有鞍子，就过去了。一下，我这个马呀，头一匹马惊了，马这么一跑，给我摔下来了。右手骨头摔断了，当晚上就接上了，我就挎着一个膀子，这手拉着缰绳骑马……那天咱们说不吃马肉。马真是有义气的。它不踩我。它是有感觉的。这个马就在水里挣巴，挣巴。就在水里不走。两岸的人想，完了，马完了，之丙也完了。马一直就挣巴过去了。谢天谢地。

赵一荻：我也摔过，马把我扔下去了……（接电话）你哪位？客厅的冷气不冷了，连转都不转，张先生卧房等等，开关热得要命。

张学良：我怕烧坏了。

赵一荻：这个开关也有毛病，接触不好。

张学良：马不踩人的，它尽量躲开人。你掉下了，它尽量不踩你。

赵一荻：它要踩我一脚，我就死掉了。

访　一：那可真凶。

张学良：它走不开了，没办法了。

访　一：马会踢人是不是？

张学良：我舅舅被马踩死了。

访　一：那是很特别了。

张学良：他是在桥上落马，在什么地方，那马蹦一下子，大概怎么踩死的。

赵一荻：我们那都是时髦儿呀。小姐们得会游泳啊、骑马呀，时髦骑马。我去，那些马都是外国马，都得穿着骑马的衣服。

张学良：她骑那马，不让马在它头里跑。

赵一荻：它不让别的马在它前头跑，它后边来个马，它不让它过来，它后头的两个腿起来了把我给扔下来。

访　二：您干嘛？赛马去了？

赵一荻：我骑马呀。

访　一：我先给您说说这个吧。没几分钟的事儿，前边写这么一个，这个是您给她的，然后让她再给我一个……这个您没看过。

赵一荻：这个我不太清楚。

访　一：这是根据上一次的报告，有几个要改的。

赵一荻：这个东西存在我这儿不妥，还是拿回去，尤其台湾这个情形。

访　一：您那边不是有个保险箱吗？您要不要搁您保险箱里？

赵一荻：还是原来那个地方。

访　一：不是您跟张太太，搁那里好了。

赵一荻：这是指着哪个？第一页，照你的建议，我都不知道了。

访　一：建议都在这里了，都写在这儿了，oral report 的 base（即口述报告的基础）我的建议您记得吧？我说不现在给他写信，把他那儿的信拿来参考。第二个建议，就是说我们不决定哪一部分什么时候公开，哪一部分不公开，或全部公开，或暂时不公开。还有一个建议，是我们这东西怎么给他们，他们在哪儿收？这些个。

赵一荻：那本书，我没有找来给你们。

访 一：我现在先别拿，我看咱们还是一块拿，因为这样……

赵一荻：我交给你呀，那个曾显华的那个书还没找出来，昨天我说要找。

访 一：昨天说要找没？这边好像只有。

赵一荻：……我找不到了。

访 一：您看这样好不好？您把您这里边所开出的东西慢慢找，找出来，搁一个地方。要我带一本走，两本走，我就怕太零乱。

访 二：我想整个的……

赵一荻：这些东西将来找得到找不到的问题，换句话，我有没有这个精神？有没有那个时间？找到多少算多少。

访 二：您尽量给我们留意就好了。

赵一荻：不是留意呀，时不予我。

访 二：您别那么说呀。

赵一荻：将来谈好了再说吧，你现在就要给他呀？

访 一：这个是我给他作 oral report 的基础，还有商量的事儿。

赵一荻：你现在就给他一个？

访 一：我不给他。

赵一荻：什么都不给？

访 一：我就作 oral report。

赵一荻：待会儿给他讲讲吧，咱们先吃饭去吧！你六点钟要走了，一边吃一边说。今天还有五花肉。五花肉闻着香得要命。

访 一：原来您写的那个……

赵一荻：我说这个机器呀，那么小，印得那么清楚。

访 一：唯一的就是它不能放大。

赵一荻：上次我买的，她带来的复印机呀，那么小，印得那么清楚。

张学良：哪机器？

赵一荻：就是上次他们从美国带来的……之丙，今天几号？明天还见面呢。

访 一：明天我们来接还是您直接去？我们来接吧，好不好？

张学良：时间的问题，她是六点半。

赵一荻：您用不着，她要代表张之宇呀到纽约去。

张学良：干什么？

赵一荻：就是因为珍藏室的事儿。

访　一：因为我姐姐这次回去呀，没有时间到纽约。那么所以呢，我就代表她上哥伦比亚大学，但是呢，我不作正式的报告，做一个口头的报告……

张学良：给哥伦比亚大学呀？

访　一：对，我想口头的报告，因为咱们这个这个事儿是很隆重的事情。我也不要随随便便的，所以我作一个草稿。这个草稿呢，我就是［让］您两位看一看。要是许可呢，我就照这个草稿作口头报告。

张学良：好，好。

访　一：万一他要说您报告不错，您把这个给我翻译翻译，那我可以给他翻成英文，慢慢地……

附：

张学良生平大事年表*
（1901～2001）

1901年（清光绪二十七年）诞生

■ 6月3日（农历四月十七日）①，出生在逃难途中，养育在奉天府广宁县詹家窝堡屯（今辽宁省台安县九间乡鄂家村张家窝堡屯）。②

---

* 本大事年表主要引自张友坤编著的《张学良世纪风采》（华文出版社，2010年10月第二版），并参考了陆军、杜连庆著的《张学良与东北军》（辽宁人民出版社，1991年9月第一版），以及李新总主编的《中华民国大事记》（中华书局，2011年7月第一版）。

① 因其父张作霖的遇难（1928年的6月4日）也是农历四月十七日，故张学良从1929年起，不在6月3日过生日。

② 张学良出生地说法不一，主要有三种：其一"诞生于辽宁省广宁县桑林子镇詹家窝堡屯"（《张学良年谱》）；其二，"在辽宁省台安县张家窝赵明德家中出生"（《张学良旧居》）；其三，"生于奉天省八角台（今辽宁台安县城）西北20公里处的张家窝堡。"（《张学良赵一荻合集》）。上述三种说法的省、县、村各不相同。关于县名有二说，"广宁"说，"台安"说。"台安"说不成立，据《台安县志》载："1913年设治，定名台安县。"即张学良出生后12年才有台安县。"广宁"说，据《广宁县志》卷一载："康熙三年设广宁府，四年设锦州府，改广宁为县。"又据《广宁县乡土志》记载，"金代开始改为广宁，沿用至清末。民国二年（1913年）全国统一县名，因与湖南广宁县重名而改称北镇县。"《盛京通志》记载广宁的疆域为："东至蛤蜊河80里辽阳州界，南至杜家台（今盘山县西北杜家台）90里海界，北至罗家台70里边界，东南至三岔河（今铁岭县鸡冠山乡业尔兴村）190里海城县界。"依据上述记载可知：（1）张学良出生时广宁县存在；（2）原广宁县所辖区域东至蛤蜊河，东南至三岔河，蛤蜊河和三岔河属大辽河水系，三岔河、蛤蜊河和大辽河基本上是今台安县与辽中县的界河。从地图上看，今台安县80%的面积都属于原广宁县，只有东南一小角不在原广宁县境内，而桑林子乡詹家窝堡在今台安县境中心，当时当属广宁县。关于张学良出生时的省是叫奉天省还是辽宁省，这两说都不准确。据记载，清光绪三十三年（1907）始设奉天省，此时张学良已经6岁。奉天省改称辽宁省，则是张学良主政东北时1929年所改。清朝继承元明以来的分省建制，以省（直隶）、府（直隶州、直隶厅）、县（州、厅），构成地方上的三级基本行政系统组织。据《奉天通志》和《盛京通志》记载，顺治十四年（1657）"罢辽阳府，改置奉天府。"奉天府管辖二州、六县、三城，即辽阳州、复州、承德县、海城县、盖平县、开原县、铁岭县、宁海县、凤凰城、岫岩城、熊岳城。在辽西地区，康熙三年（1664）设置锦州府，辖锦县、宁远县、广宁县、义州。按清政府规定，锦州府仍隶于奉天府。由上可知，张学良的出生地，当时应该是：奉天府广宁县詹家窝堡屯（桑林子镇显然是今天的说法，当时无镇之说），即今辽宁省台安县张家窝堡。

1907 年（光绪三十三年）7 岁
- 从师名儒，读四书五经。胞弟学铭出生。

1911 年（清宣统三年）11 岁
- 4 月，生母赵氏（名春桂）病故，年仅 38 岁。是年，与姐、弟随张作霖的二夫人卢氏到奉天（今沈阳市）居住。

1913 年（民国二年）13 岁
- 10 月，祖母王氏病故。

1914 年（民国三年）14 岁
- 由张作霖做主，与于凤至订婚。

1915 年（民国四年）15 岁
- 步入社会。参加反对袁世凯勾结日本帝国主义签订卖国的"二十一条"游行示威活动。

1916 年（民国五年）16 岁
- 奉父命与于凤至结婚。
- 春，经周大文介绍参加奉天基督教青年会，经常由阎宝航陪同参加活动。拜奉天督军署英文科科长徐启东为师学习英文。结识了普赖德等一批外国朋友。

1919 年（民国八年）19 岁
- 3 月，入东三省陆军讲武堂学习炮科，结识教官郭松龄。

1920 年（民国九年）20 岁
- 4 月，以优异的成绩于东三省陆军讲武堂毕业，授陆军炮兵上校军衔。
- 6 月 2 日，任奉天暂编陆军第三混成旅旅长（东三省巡阅使署卫队旅旅长）。
- 11 月，晋升陆军少将军衔。
- 12 月 17 日，任奉天陆军第三混成旅第二团团长。是年秋，率军赴吉林剿匪。

1921 年（民国十年）21 岁
- 由本庄繁陪同，与张作相赴日本参观秋操。归国后，建议其父改革军制、整顿纪律、严格训练，张作霖采纳了他的建议。

1922 年（民国十一年）22 岁
- 4 月，第一次直奉战争爆发后，任"镇威军"东路军第二梯队司令。
- 6 月中旬，在山海关一线组织败兵迎击直军主力，阻止了直军进攻。
- 6 月 17 日，奉直签约议和，第一次直奉战争结束。
- 7 月，张作霖宣布东三省独立，设立"东三省陆军整理处"，进行"整军经武"。
- 7 月 24 日，任东三省陆军整理处参谋长。

1923 年（民国十二年）23 岁
- 4 月，协助张作霖创办东北大学。
- 9 月，奉军成立航空处及航空学校，出任督办和校长。

1924 年（民国十三年）24 岁
- 4 月 28 日，任奉天陆军第二十七师师长。
- 9 月 15 日，第二次直奉战争爆发。出任"镇威军"第三军军长，与第一军组成"一、三联军"，担任山海关一线的主攻任务。
- 11 月，冯玉祥发动"北京政变"。奉军入关，任津榆驻军司令。

1925 年（民国十四年）25 岁
- 4 月，授陆军中将军衔。
- 5 月，任东三省陆军训练处副监。
- 8 月，任东北航空学校监督和东北航空处飞鹏队队长。
- 10 月，任"镇威军"第三集团军军团长；赴秦皇岛收编渤海舰队。
- 11 月 22 日，郭松龄在滦州发表反奉通电。张学良三次要求见郭松龄，被郭拒绝，但郭松龄写信向张学良表白忠心：起兵倒戈，"成则公之事业，败则龄之末局"。
- 11 月 30 日，张作霖发布讨郭令。张学良被委任为前线总指挥，在巨流河与郭松龄展开激战。

- 12月24日，郭松龄反奉失败。翌日，郭氏夫妇被害。

1926年（民国十五年）26岁
- 3月，张作霖与吴佩孚联合，进攻国民军。
- 6月，任"安国军"陆军第三方面军军团长。
- 8月，任东三省陆军讲武堂监督。
- 12月，张作霖在天津就任"安国军"总司令，命令张学良负责京、津地区的警备任务。

1927年（民国十六年）27岁
- 3月，率三、四方面军到河南与北伐军对抗。
- 3月22日，与韩麟春联名在郑州通电，主张"停止内战，促进和平，一致对外。"
- 5月，在河南和北伐军作战失败，率军北撤。
- 6月18日，张作霖在北京成立"中华民国军政府"，自任"陆海军大元帅"。张学良晋升陆军上将军衔。
- 10月，奉命与向北平进军的阎锡山晋军会战于京汉铁路以西地区，击败晋军。

1928年（民国十七年）28岁
- 4月，劝张作霖息兵罢战，撤军关外，并致电阎锡山："实不忍奉晋相见以兵，糜烂地方"。
- 6月3日，张作霖下令息兵出关。撤兵之事由张学良负责，张作霖先行返奉。
- 6月4日，张作霖所乘专列在沈阳附近的皇姑屯被日本关东军炸毁。张作霖负重伤，傍晚在大帅府去世。
- 6月18日，微服返抵奉天。
- 6月19日，任奉天军务督办。
- 6月21日，公布张作霖死讯，开始发丧。
- 7月1日，通电全国，谓"学良爱乡爱国不敢后人，决无妨碍统一之意。"
- 7月4日，被东三省议会联合会一致推举为东三省保安总司令兼奉天省保安司令。

- 7月23日，被推为东北临时保安委员会委员长。
- 7月底，东北海军总司令部成立。任东北海军总司令。
- 8月3日，接见蒋介石代表方本仁、白崇禧代表何千里，表示只要南京政府能对东北的外交有转圜办法，东北易帜不成问题。
- 8月8日，日本特使来访，威胁说："东省不宜与南京妥协之态度，否则将出以强国之行动，或将发生重大之事情。"
- 8月9日，到日本驻奉天总领事馆答访林权助，表示"余之思想自以中国为本位"，"盖欲完成中国统一，……以实现东三省一般人民所渴望"。
- 8月16日，兼任东北大学校长，捐出张作霖留下的大部分遗产扩建东北大学。
- 10月8日，被国民党中央常委通过为国民政府委员。
- 11月1日，在奉召开整军会议，缩编东北军队，取消军、师名称，改编为国防军和省防军。
- 12月29日，宣布东三省易帜，与南京政府实行统一合作。
- 12月31日，被国民政府任命为东北边防军司令长官，奉军改名东北军。

1929年（民国十八年）29岁

- 1月7日，东北政务委员会在沈阳成立，出任主任委员。
- 1月10日，"以防碍统一，阻挠新政"的罪名处决了杨宇霆和常荫槐。
- 1月12日，就任东北边防军司令长官职。
- 2月1日，国民党中央发表张任国民政府财政委员会委员。
- 3月4日，国民党中央发表张兼任国防委员会委员。
- 4月2日，发表各电，谴责桂系将领发动战争，破坏统一。召集张作相等人讨论中东路问题。
- 5月16日，国民党中常会议决，派张等七人为辽宁省党务指导员。
- 5月23日，发表漾电，谴责西北军将领刘郁芬等，谓国内统一不容破坏。
- 5月27日，密饬哈尔滨当局搜查苏联驻哈尔滨领事馆，并拘捕苏方39人。
- 7月7日，抵北平，与蒋介石、阎锡山会晤，密商有关中东路对策。
- 7月11日，挑起"中东路事件"。要求在哈尔滨及中东路沿线的苏联人12小时内离境。尔后苏联宣布对华绝交。
- 8月31日，派王树常为防俄军第一军军长，胡毓坤为第二军军长，赴满洲里、绥芬与苏军作战。

- 11月，苏军向东北军发起进攻，东北军战败，双方派代表和谈。
- 12月22日，签订《伯力议定书》，"中东路事件"得到解决。

1930年（民国十九年）30岁
- 1月1日，国民政府明令荣褒张学良，授青天白日章及一等宝鼎章。
- 7月2日，去葫芦岛主持筑港开工典礼。
- 9月18日，发表巧电，拥护中央，倡导和平。要求各方"即日罢兵，以纾民困"。
- 9月19日，命令东北军将领于学忠、王树常率二十万大军入关，武装调停中原大战，反蒋联军失败。
- 10月9日，在沈阳就任中华民国陆海空军副司令。
- 11月7日，赴南京列席国民党三届四中全会，受到隆重欢迎。
- 11月24日，任国民政府委员和中央政治会议委员。

1931年（民国二十年）31岁
- 3月26日，任国民党东北党务指导委员会主任委员。
- 4月18日，由沈阳移至北平顺承王府办公。
- 4月19日，正式成立陆海空军副司令行营，节制冀、晋、察、绥、辽、吉、黑、热八省军务。
- 5月2日，赴南京参加国民会议，任主席团成员。
- 5月28日，因患重伤寒住进北平协和医院调养。
- 7月21日，任"剿赤"军北路集团军总司令官。
- 7月23日，通电讨伐石友三，调东北军主力入关。
- 9月18日夜，日本关东军制造"柳条湖事件"，以此为借口，炮击东北军北大营。东北军奉命不抵抗，此为"九一八"事变。
- 9月21日，召集北平名流，讨论对东北问题的对策，决定依赖"国联"，听命中央。
- 9月23日，通电宣布东北边防军司令长官公署及辽宁省政府暂移锦州办公。并派万福麟、鲍文樾向蒋请示。
- 9月28日，接见北平市各界抗日救国大会代表称，欲抵制日本中国必须统一。
- 10月10日，委任马占山代理黑龙江省政府主席，兼东北边防军驻黑副司令。

- 10月12日，日军驻津武官永津少佐受本庄繁派遣，转告张，称张之私物不久即可送至北平。为张拒绝。
- 11月15日，发删电，请辞陆海空军副司令之职，以谢国人。
- 11月16日，被国民政府解除陆海空军副司令一职，改任北平绥靖公署主任。
- 12月27日，电告南京国民政府，日军长驱直入，锦州危急。

1932年（民国二十一年）32岁

- 1月2日，日军侵占锦州。
- 1月，东北政务委员会改为北平政务委员会，任常务委员。
- 2月29日，章太炎抵北平劝说张学良武装抗日，张学良有口难言。
- 4月9日，会见并宴请国联调查团代表李顿及其随员，申明东三省历来为中国之一部，日本诋毁中国非统一国家，乃故意混淆视听，思将东三省攫为己有。
- 5月7日，日军要求在九门口驻军，张指示何柱国拒绝。
- 5月13日，电告蒋，榆关事件极为严重。
- 6月19日，在顺承王府宴请来北平会见国联调查团的汪精卫、宋子文等。
- 7月，资助东北大学学生刘长春、教授宋君复（教练兼翻译）赴美洛杉矶参加第十届奥运会。刘长春成为中国首次参加奥运会的运动员。
- 7月14日，接见蒋介石代表张群，张群转送蒋如何应付时局旨意。
- 8月6日，汪精卫突辞行政院长职，并致电张，谓"今兄未闻出一兵，放一矢，乃欲借抵抗之名以事聚敛，……"望张辞职以谢国人。是日深夜，张邀集记者谈话，意为：得汪院长鱼电极为痛心。值此外辱日及千钧一发之际，原应共赴国难，私人之间讵容再生意见？
- 8月8日，电国民政府、军委会、行政院，请辞北平绥靖主任职。同日，招待记者，谓自"九一八"以来，余公开辞职屡蒙不准。余未决然引退者，总想将公案作一结束。否则，东北由我失去，我未收回，终觉余之责任未尽，良心不安，而况祖宗庐墓均在东北。
- 8月10日，招待记者，辩汪精卫齐电。
- 8月13日，召集各将领训话，嘱其安心供职，维持地方万不可因其个人去留引起阋墙之争。
- 8月16日，国民政府明令："张学良呈请辞职，情辞恳切，准免本职。"
- 8月20日，蒋介石电令张学良，以军事委员会委员资格代理北平军分会委员长职务。
- 8月22日，向北平政务委员会请辞常委职务，未获准。
- 9月1日，军事委员会北平分会正式成立。
- 10月6日，召集中外记者，谈对国联调查团报告书的观感。谓报告书大体尚属周到。
- 10月24日，国民政府令张全权调处韩复榘和刘珍年的冲突。

1933年（民国二十二年）33岁

- 1月1日，日军制造榆关（山海关）事件。
- 1月3日，日军攻陷山海关。
- 1月7日，派代表鲍文樾抵南京，向蒋报告榆变经过。
- 1月9日，于北平招待中外记者，驳斥日方关于榆关事件系中国方面调动军队所致的谬论。
- 1月16日，派代表慰劳由吉林退入热河开鲁的抗日义勇军冯占海部。
- 1月20日，任华北集团军总司令兼第一方面军总指挥，率军进行长城抗战。
- 2月11日，与到热河的宋子文商讨保卫热河问题。出任北平军事整理委员会理事长。
- 2月12日，制定以"确保冀热并巩固平津为目的"的防御方针，成立华北军总司令部，任副总司令，蒋介石兼任总司令。
- 2月13日，招待记者，称热河地势重要为华北门户，日军如来侵，我决以全力应付。
- 2月17日，与宋子文、张作相共抵热河，敦促汤玉麟，坚守热河，绝不退让。
- 2月18日，与张作相、汤玉麟、冯占海等20余名将领自承德发出抗日通电。
- 2月19日，任保卫热河第一集团军总司令。
- 3月4日，承德失陷，汤玉麟弃职潜逃。
- 3月5日，何应钦抵平晤张。张电前方将士继续抗战。电请国民党中央将热河不战而退的将领予以惩处，并下令通缉汤玉麟。
- 3月7日，致电国民党中央引咎辞职。
- 3月9日，与蒋介石在保定车站会晤，蒋暗示其下野。

■3月10日，将东北军改编为五个军，分由于学忠、万福麟、何柱国、王以哲、冯占海为军长。

■3月11日，发表辞职通电："此次蒋公北来，会商之下，益觉余今日之引咎辞职，即所以效忠党国，巩固中央之最善方法，故毅然下野，以谢国人。"

■3月12日，蒋介石致电张学良、何应钦称："汉兄离平时，代委员长职务准交敬之兄接代，以免职务中断也。"张遵电正式将军事委员会北平军分会代理委员长职务交给何应钦。是日，偕夫人于凤至及赵一荻、端纳等从北平清河机场离平，当天下午抵达上海。出国前决心戒毒，闭门谢客。

■4月11日，由上海携眷属乘意大利邮轮启程出国。

■4月上旬，致书东北军将领及东北名流，勉励他们要亲如手足，患难与共，准备收复东北为最大责任。"武要保存东北军实力，文要发展东北大学。"

■5月4日，到达意大利布林迪西港。当晚乘特别快车到达罗马，投宿于"古兰特"宾馆。

■5月8日，得知马占山、李杜、苏炳文由苏经欧洲回国，便邀其到罗马会晤。马、李、苏于是日抵罗马谒张。张赞扬马等奋力抗日之精神，鼓励他们回国后不忘国耻，继续抗日斗争。

■5月12日，自意大利致书王树翰称："现虽寄身海外，但有三事尚不敢忘：一曰国难，二曰家患，三曰家仇。"

■5月26日，由罗马致电万福麟，劝告东北军各将领，宜一致团结，服从蒋介石指挥，坚决抗日。

■6月上旬，在罗马期间，专心研究法西斯党运动及组织，曾与意皇及首相墨索里尼晤谈数次。还多次访问意空军司令部，察其航空事业。

■6月20日前后，由罗马经巴黎去伦敦。然后又飞回罗马。

■7月11日，在罗马会见出席国际经济会议后回国途中的中国代表宋子文，交换对国内局势意见。同日，东北军将领电请张学良回国，张复电称："最近有令张学良回国之风说，但目下余正视察欧洲各地，至少三个月内，绝不能回国。"

■7月14日，出席墨索里尼欢迎宋子文的宴会。

■7月22日，从意大利米兰飞抵巴黎，法国总理达拉迪派代表欢迎。顾维钧亦到机场欢迎。在巴黎会晤法国航空部长柯特，参观法国航空业。

■7月30日，偕家属再次飞抵伦敦。

- 7月31日，赴金斯顿奥克尔飞机制造所参观，还参观了当地的军需品制造工厂。
- 8月10日，赴朴资茅斯参观朴资茅斯造船厂。海军司令在官舍设宴款待。在航空母舰上详细参观海军每周之操演，至晚始返伦敦。
- 8月下旬，在伦敦对路透社记者谈话："此行颇有利，现时余体重较离中国时增重28磅，且身体较前健壮。"在此期间，蒋介石致电张学良，请张统率东北军移驻新疆。张回电称：移驻新疆，虽无异议，但需查后再作答，于是致电罗文干赴新疆实地考察。此计划后因汪精卫、胡汉民等反对，加之此时张学良回国会对已见"好转"之中日关系不利，故蒋又拒绝张回国。
- 9月10日，赴德国柏林考察访问。
- 9月下旬，与中国军事代表团团长陈策赴德国德尼司登陆军学校参观，并检阅该校学员。
- 10月1日，抵达瑞典首都斯德哥尔摩，谒见古斯达阿克五世皇帝，并出席阿德夫殿下之午宴。
- 10月2日，考察博福斯兵工厂、芬斯欧克造纸厂，同日飞伦敦。
- 10月14日，飞芬兰访问。访问芬兰后本拟访问苏联。经联系，因苏不予接待而作罢。在结束对芬兰访问后，仍飞回伦敦。
- 11月28日，在伦敦对新闻记者谈话：余之归国全因个人私事。原本拟访问苏俄后南西伯利亚归国，现已终止此议，改南法、意各国直达上海。
- 11月下旬，"福建事变"发生后，有人劝东北军加入反蒋斗争，而蒋介石又想调东北军入闽"平乱"，于是东北军将领致电张学良，报告闽变后的国内形势，"务必立即返回"。
- 12月1日，由伦敦飞巴黎。他对人说，余此次抵巴黎，只是经过，无访问巴黎以外地方之计划。
- 12月7日，由巴黎抵罗马，会见由欧洲回国之莫德惠，告以已奉蒋介石电召回国，何时离境，视船期而定。
- 12月8日，谒见墨索里尼辞行。墨索里尼亲自授予张学良意皇之大十字勋章。
- 12月9日，预定15日乘由威尼斯起航之昆特帕尔特号轮船回国，并电告万福麟等东北军将领及在香港的胡汉民。
- 12月15日，偕秘书沈同祖及翻译等由意大利威尼斯乘船回国。
- 12月23日，欢迎张学良委员会在上海成立。高纪毅、荣臻、富双英等人

24日经津赴沪。万福麟、王以哲、王树常等东北军将领25日聚议于万家，先谋东北军之团结，向中央请愿，请必命张学良为东北军统帅。

1934年（民国二十三年）34岁

- 1月8日，由海外返抵上海。
- 3月1日，在武汉就任"豫鄂皖三省剿匪总司令部"副总司令，驻节武昌，代行总司令职责。

1935年（民国二十四年）35岁

- 2月5日，赴庐山见蒋介石。蒋介石限期三个月肃清豫鄂皖三省境内的红军。
- 3月1日，"豫鄂皖三省剿匪总司令部"撤销，改任军事委员会委员长武昌行营主任。
- 4月2日，国民政府授予陆军一级上将军衔。
- 5月1日，偕顾问端纳由汉口飞抵贵阳，向蒋介石报告在开封、西安检阅豫、陕驻军情况。
- 9月21日，飞西安，与阎锡山代表张维清商讨围攻陕北红军。
- 9月24日，偕杨虎城、邓宝珊飞兰州与朱绍良会商防共。
- 10月2日，就任"西北剿匪总司令部"副总司令，代行总司令职务。设总司令部于西安。
- 10月29日，去南京参加国民党五中全会，临行前叮嘱部下，没有他的命令不许轻举妄动。
- 11月22日，任中国国民党第五次全国代表大会中央执行委员、监察委员。
- 12月，赴南京参加国民党五届一中全会；会后赴上海会见杜仲（重）远、李杜，坚定了抗日决心。
- 12月底，派专人携款千元到北平慰问参加"一二九"爱国运动的东北大学学生。

1936年（民国二十五年）36岁

- 1月初，在洛川前线指挥所会见了在榆林桥战役中被红军俘虏的原东北军第一〇七师六一九团团长高福源。高福源介绍了共产党的主张。
- 1月6日，会见中共人士潘汉年。
- 3月4日，飞洛川与中共代表李克农会谈。

- 4月9日，到肤施（今延安）与周恩来会谈，双方达成"停止内战，一致抗日"协议。
- 6月15日，任长安王曲军官训练团副团长、代团长。
- 6月18日，出资创办《西京民报》，宣传东北军复土还乡、团结抗日思想。
- 6月22日，发表《中国的出路唯有抗日》演讲，表明抗日决心。
- 8月29日，艳晚事件发生，派兵查抄了陕西省国民党党部。
- 9月，任"抗日同志会中央委员会主席"（这是由张学良直接领导的宣传、鼓动抗日的政治性秘密组织）。
- 10月5日，毛泽东、周恩来致函张学良，再次申明"停止内战，一致抗日"的主张，并请他转告蒋介石。
- 10月29日，借赴洛阳为蒋介石祝寿之机会，继续劝蒋抗日，遭蒋怒斥。
- 11月27日，上书蒋介石，请缨抗战，遭蒋严词拒绝。
- 12月3日，去洛阳见蒋介石，请求率部赴绥远前线抗日，要求释放抗日救国会"七君子"，蒋拒不采纳。
- 12月4日，蒋介石抵西安，调几十万大军"进剿"红军。张学良与杨虎城再次向蒋铮谏，又遭训斥。
- 12月8日，与杨虎城秘密商议，劝谏不通，只能"兵谏"。
- 12月9日，西安数千名学生为纪念"一二九"一周年举行游行示威，前往临潼向蒋介石请愿抗日。蒋下令"格杀勿论"。张学良亲自追到东郊十里铺劝阻学生，表示："保证一星期内用事实来答复他们"。
- 12月10日，蒋介石召集军事会议，决定12日发布第六次"围剿"红军命令。张、杨决心不再与红军作战，要抢先打乱蒋的计划。
- 12月11日晚，到华清池向蒋苦谏，毫无结果。蒋决定把东北军调到福建，张、杨决定"兵谏"，并进行具体部署。
- 12月12日，与杨虎城发动"西安事变"，在华清池扣押蒋介石。张、杨发表通电："（一）改组南京政府，容纳各党派共同负责救国；（二）停止一切内战；（三）立即释放上海被捕爱国领袖；（四）释放全国一切政治犯；（五）开放民众爱国运动；（六）保障人民集会结社一切之政治自由；（七）确实遵守孙总理遗嘱；（八）立即召开救国会议。"并致电中共中央，要求派代表团到西安，共商救国大计。
- 12月14日，在西安电台向全国发表广播讲话。取消"西北剿总"，组织"抗日联军临时西北军事委员会"，任主任委员。

- 12月17日，与中共代表周恩来会谈。
- 12月20日，与端纳、宋子文会谈。与杨虎城共同发表《告东北军、十七路军将士书》，号召两军将士不惜一切，争取中华民族解放。
- 12月22日，宋美龄到西安。晚上和杨虎城、周恩来一起与宋子文、宋美龄举行会谈。
- 12月23日，会谈达成六项协议。蒋介石口头答应，但不签字，以领袖"人格"作保证。
- 12月24日，陪同周恩来会见蒋介石。
- 12月25日，会见杨虎城和东北、西北军高级将领，向他们表示，要释放蒋介石。下午3时，亲自送蒋乘飞机返回南京，当日，飞抵洛阳。
- 12月26日，与蒋介石各乘飞机先后飞抵南京。暂住南京宋子文公馆。
- 12月30日，南京政府任命李烈钧为审判长，对张学良进行军法会审。
- 12月31日，军法会审结果，张学良被判处十年有期徒刑，剥夺公民权5年。从宋子文公馆移住南中山门外孔祥熙公馆。

1937年（民国二十六年）37岁

- 1月1日，发表《告东北军将士军》，勉励东北军精诚团结，加紧训练，待命杀敌，收复东北。
- 1月4日，国民政府发布"特赦令"，赦免张学良，但交军事委员会严加管束。张学良从此开始幽居生涯。
- 1月13日，迁移浙江奉化溪口镇雪窦山中国旅行社。
- 2月7日，"二二事件"发生后，写信给于学忠称："话不知从何说，泪不知从何流"。
- 2月17日，致函于学忠，希望维护东北军团结。
- 3月30日，于学忠到溪口见张学良。
- 7月7日，"卢沟桥事变"爆发，全面抗战实现。
- 9月中秋节，向蒋介石提出参加抗战，蒋要他"好好读书"。是年冬，迁移安徽黄山"听涛居"。十天后迁移江西萍乡"绛园"。

1938年（民国二十七年）38岁

- 1月，迁移湖南郴州苏仙岭。
- 2月，迁移湘西沅陵凤凰山。

■ 9月,湖南省主席张治中到凤凰山看望张学良。写信请张治中代转蒋介石,再次提出参加抗战,结果石沉大海。

1939年(民国二十八年)39岁
■ 11月下旬。日军进犯湖南,迁移贵州修文县阳明洞。

1940年(民国二十九年)40岁
■ 2月,于凤至赴美就医,赵一荻由香港到阳明洞陪张幽居。

1941年(民国三十年)41岁
■ 5月,因盲肠炎到贵州中央医院做手术,出院后移住贵阳黔灵山麒麟洞。

1942年(民国三十一年)42岁
■ 2月,迁住贵州开阳县刘育乡。

1944年(民国三十三年)44岁
■ 春,移居离息烽15华里的阳朗坝。
■ 初冬,日军进犯湘南,贵阳告急,迁住黔北桐梓县天门洞。

1945年(民国三十四年)45岁
■ 春,东北籍国民党中央委员莫德惠到桐梓天门洞访张。

1946年(民国三十五年)46岁
■ 11月2日,由重庆乘C59运输机,抵台北松山机场。陈仪派周一鹗处长、刘启光县长、调查科长陈大元到机场迎接。夜住新竹招待所。
■ 11月13日,9点左右,由刘启光县长夫妇陪同经竹东,下午1点抵五峰乡清泉疗养所,此地为日本时代井上温泉,乃台湾高山族"鹿蕃地"。

1947年(民国三十六年)47岁
■ 3月7日,托前来看望的莫德惠给大姐首芳带信,求其买大字版《明史》一部。
■ 10月,保密局设计委员会主任张严佛奉命陪张居住数月。是月,托前来看望的张治中夫妇向蒋介石提两点要求:(一)恢复自由;(二)希望刘乙光搬出本该由他居住的房子。张治中的此次探访，引起蒋介石的不快。蒋介石手谕："以后非经他批准，任何人不得见张学良"。

1948 年（民国三十七年）48 岁

■ 1 月 1 日，写新诗，抒发无奈与悲伤。诗曰："大众那块，冰天雪地，我这里风暖花开；大众那块，饥寒交迫，我这里丰衣足食；大众那块，炮火连天，我这里悠然高卧；两相对照，心情交织，我也不知，是悲是喜。"他称，来一首臭倒墙的诗，权当我的新近试笔。

■ 1 月 10 日，刘乙光从台北带回宋美龄、莫德惠的信件及女儿张闾瑛的来信，还带回了宋美龄送的圣诞蛋糕一块。因为刘乙光讲述了见宋美龄的经过，张学良夜不能寐，作对联："爱护相殷，关切至深；主见之分，国事之争。"

1949 年 49 岁

■ 1 月 24 日，李宗仁以"代电"和亲笔信指饬参谋总长顾祝同负责释放张学良、杨虎城两人。顾将此事推给陈诚、张群，因此李宗仁再电陈、张，请他们负责办理。

■ 2 月 2 日，陈诚致电李宗仁，邀程思远到台湾一谈。蒋介石为了不让李宗仁知晓张学良住处，是夜三点，张被迫由井上温泉出发，因天气原因，11 点由新竹机场起飞，12 点 10 分抵冈山，乘车至高雄寿山要塞。

■ 2 月 4 日，程思远抵台北。

■ 2 月 5 日，陈诚对程思远说："……蒋先生的事你是了解的，像囚禁张学良这类事件，他从来不要别人过问；但是，如果你要到新竹去看张，我就派人派车护送你去。"程明知释张无望，认为不必有此一行，当即婉辞，李宗仁释放张、杨之举，成为泡影。

1950 年 50 岁

■ 1 月 28 日，与赵一荻从高雄搬回井上温泉。从此，外界再无张学良的音讯，直到 1960 年。

■ 4 月 16 日，致函宋美龄，担心路途困顿，请她不要前来探视。

■ 4 月 24 日，刘乙光从台北带来宋美龄函及食品多件。

■ 4 月 30 日，上午 11 点，到大溪蒋家别墅与宋美龄会面，求宋美龄两件事："1. 在私情上想望一望蒋先生；2. 请代家中索几个钱用。"宋美龄答应了，并说写给家中的信，由她转。是年中秋节，宋美龄送给张学良月饼、茶叶、水果、杂志等。

- 8月23日，在日记中写道："老刘（即刘乙光）交来伊雅格由美来函附美金支票3000元，我给毛局长一函托其代取，言美金最好，市上卖价好一些，并将伊雅格原信附去，以便查对提款"。是年夏天，蒋经国到阳明山首次正式会晤张学良。

1951 年 51 岁

- 11月，伊雅格再次赴台，带来一台英文打字机，请宋美龄转交张学良。
- 12月29日，致函宋美龄："……承蒙优厚，感激莫名，……前贺寿之柬，得蒙总座垂青，良闻之何胜欣幸，此种温情亦夫人所赐也。风至等函件附照片四十张，又需上扰俯乞赐寄为叩。……"

1952 年 52 岁

- 3月30日，宋美龄致函张学良。
- 4月21日，张记：蒋夫人来信，言前函冈欠安，所以现在才复，又言欲观石田、石涛作品。
- 5月1日，张记：蒋夫人信并附有手画一幅，杂志一束，罐头两打半。即复函谢。

1953 年 53 岁

- 2月12日，张记：台北送来年礼四包，云系蒋夫人所送。
- 5月6日，张记：复家信照片12张，伊雅格信，孔庸之（孔祥熙）信，致蒋夫人一函，将上函附去请转。

1954 年 54 岁

- 5月下旬，移居阳明山。有一天，被送到士林蒋介石官邸，这是张和蒋介石贵阳会晤后八年的再次重晤。他们的谈话内容，外人不得而知。

1955 年 55 岁

- 蒋介石要写《苏俄在中国》，因对"西安事变"不了解，请张学良写出来。张乃写一长信给蒋，说此事本至死不写的，今你鞠躬下问，我就鞠躬以告，乃至详述经过。此信长达 20 万字（蒋介石看后，叹服其文笔，要张学良多写些北洋时代的事），蒋介石将此信交给蒋经国，蒋经国又批交军中当教材，因而发表在《希望》杂志上。张学良得知后，写信给蒋介石，提出不同意见。蒋介石接信后，责怪下来，《希望》杂志就此停刊。

■ 除夕之夜，台北市彻夜的喜庆爆竹声，让张学良无法成眠。在日记本上记诗一首："万姓不减故乡心，除夕来个爆竹声。村佬入城眠不稳，梦中疑觉成金门。"（当时人民解放军炮轰金门，海峡两岸炮声隆隆，竟让张学良疑为身在金门。）

1956 年 56 岁

■ 在蒋介石的英文老师董显光、东海大学校长曾约农的引领下，皈依基督教，从此不再治史，也不再写文章。

1957 年 57 岁

■ 9 月，托人送给蒋介石一块金表，以示祝贺蒋介石 70 寿辰。蒋介石回赠一根拐杖，表示谢意。

■ 9 月 27 日，致函蒋经国："经国秘书长仁兄惠鉴：贱眼疾承关怀选聘医诸多分神令人感愧，尚无缘致谢，适又承节赐……张学良再拜。"

1958 年 58 岁

■ 2 月，在台南游孔庙，并拜谒郑成功祠，有感而发写吊诗两首：（一）孽子孤臣一稚儒，填膺大义抗强胡。丰功岂在尊明朔，确保台湾入版图。（二）上告素王去儒巾，国难家仇萃一身。若是苍天多假寿，管教历史另翻新。

■ 10 月 17 日，蒋经国在北头幽雅招待所召见张学良。张向蒋经国表示："富贵于我如浮云，唯一想再践故土耳！"

■ 11 月 23 日，蒋介石在大溪召见张学良。对于这次会见，张记："老先生亲自出来，相见之下，不觉得泪从眼出。敬礼之后，老先生让我进入他的书斋，我说总统你老了！总统也说：你头秃了！老先生的眼圈也湿润了。相对小为沉默。"

1959 年 59 岁

■ 蒋介石下令解除对张学良的管束。张提出在台北市郊自己建房，蒋经国表示赞成，并亲自在台北市郊北投复兴岗给张学良选择地皮。

1960 年 60 岁

- 4 月 8 日，从高雄动身，下午抵北投，仍住幽雅招待所。在即将 60 岁之际，终于搬到了台北。
- 6 月 28 日，与蒋经国共餐，商量关于盖房之事。
- 12 月 31 日，与赵一荻、董显光夫妇、刘乙光一家一同到建房地山上野餐。

1961 年 60 岁

- 8 月初，新居落成，蒋经国送一套客房用的家具。
- 8 月 30 日傍晚，在寓所会见长女张闾瑛及丈夫陶鹏飞教授。这是 25 年来首次见到女儿和迄未谋面的女婿。托女儿代转给于凤至的信，为皈依基督，受洗之事，向于提出离婚。

1962 年 62 岁

- 住进北投新居。居住美国的幼子张闾琳每年都带孩子到台湾探望。

1963 年 63 岁

- 10 月，于凤至致函赵一荻，称："……你早已成了汉卿最真挚的知己和伴侣了，我对你的忠贞表示敬佩……现在我正式提出：为了尊重你和汉卿多年的患难真情，我同意与张学良解除婚姻关系，并且真诚的祝你们知己缔盟，偕老百年！"

1964 年 64 岁

- 7 月 4 日，与 53 岁的赵一荻结婚。在台北杭州南路美国人吉米·爱尔窦（爱尔窦是张学良的老朋友）的家中举行婚礼。男方证婚人是年已百岁的陈维屏牧师，女方证婚人是黄仁霖。13 人来宾中有宋美龄、张群、王新衡、莫德惠、何世礼、冯庸等。

1966 年 66 岁

- 7 月，周鲸文又一次到台探访张学良。这时张学良正在参加美国一家神学院的圣经函授学习，并着手翻译一本有关基督教的书，精神更集中宗教了。

1970年 70岁

■ 9月,挥毫书录唐代诗人李商隐的无题诗作,赠给台湾《自立晚报》副社长罗祖光,以寄情怀:"来是空言去绝踪,月斜楼上五更钟。梦为远别啼难唤,书被催成墨未浓。蜡照半笼金翡翠,麝熏微度绣芙蓉。刘郎已恨蓬山远,更隔蓬山一万重。"

1971年 71岁

■ 周鲸文再次访张学良,被警察人员挡驾,说张学良先生旅游去了。

1972年 72岁

■ 蒋经国任台湾当局"行政院长"。专程到蒋经国官邸当面表示祝贺后,明确表示:鉴于蒋经国现在的身份,和工作的繁忙希望日后减少彼此间的往来,若蒋经国不接受这个意见,他将考虑拒绝蒋经国的拜访与邀请。蒋经国苦笑着说:"那好,我每个季节去看看你总可以了吧?"最后达成"君子协定"每半年会会。

1973年 73岁

■ 5月19日,因老友伊雅格在美病逝,赵一荻欲去美而致函蒋经国。蒋经国接到信后立即批示,使赵一荻顺利离台赴美。

1974年 74岁

■ 10月7日,致函蒋经国夫妇:"承赐鲜美硕大酥梨,肃此申谢,屡蒙赏赐,无任愧感,……当前世俗薄瘠,而院长温暖厚情,被及各方,使良等感佩鼓舞者,非仅限于自身也……"

1975年 75岁

■ 4月5日,蒋介石在台北士林官邸去世。次日,张群电话告诉张学良。

■ 4月8日,和赵一荻前去吊唁,并送去挽联:"关怀之殷,情同骨肉;政见之争,宛若仇雠"。

1976年 76岁

■ 张大千从巴西回台定居,在台北市郊外双溪自建摩耶精舍。张学良与这位老朋友经常相晤。后来在张大千的提议下，张学良、张群、王新衡，每月在摩耶精舍欢聚一次，人称"三张一王团团会"。

1978 年 78 岁
- 打电话祝贺蒋经国被选为台湾当局"总统"。

1979 年 79 岁
- 10月5日（中秋节）下午，应邀到蒋经国官邸参加蒋经国夫妇举行的中秋节茶话会。这是张学良在台北第一次公开露面。前去参加的还有张群、何应钦和张大千等。
- 10月10日，参加"双十节"庆祝大会，就座中央观礼台上。

1980 年 80 岁
- 春，好友、前东北冯庸大学校长冯庸去世，与赵一荻参加追思礼拜。
- 9月，四子张闾琳到台北看望父母亲张学良和赵一荻。
- 10月20日，偕夫人由"总统府"副秘书长张祖诒和副参谋长马安澜陪同，访问金门，眺望大陆。

1981 年 81 岁
- 9月18日，到台北荣民总医院看望齐世英。

1983 年 83 岁
- 4月2日，任张大千治丧委员会委员。

1984 年 84 岁
- 6月，托五弟张学森之女张闾蘅从香港到北京谈商务时，看望吕正操。张闾蘅介绍了张学良在台北的情况。

1985 年 85 岁
- 12月25日，看"西安事变"影片时，因心情激动没看完就离去。

1986 年 86 岁
- 3月13日，与赵一荻陪同张群游览桃园龙潭小人国。

1987 年 87 岁
- 又托张闾蘅带给吕正操诗作:"采菊东篱下,悠然见南山;此中有真意,欲辩已无言。"

1988 年 88 岁
- 1月14日,到台北荣军总医院怀远堂吊唁蒋经国,向这位老朋友深鞠躬。
- 3月4日,东北大学在美校友会邀张学良赴美参加4月16日在美举行的东北学大学建校65周年和张学良兼任校长60周年纪念会,由于台湾当局未予允准,未能成行。会后50多位学者和热心人士联署签名,成立了"争取张学良将军全面自由"执行委员会,并致函继任"总统"李登辉,要求李明确答复。当局迫于无奈,让有关人士"同张学良进行商讨",决定以发表公开信的方式处理这件事。
- 3月26日,台湾各大报纸都在显著位置登载了以张学良名义写的公开信。
- 3月27日,李登辉主动邀请张学良夫妇到他的官邸作客。台湾报纸登载了李登辉会见张学良夫妇的照片。

1989 年 89 岁
- 5月31日,复函日本人池宫成晃:"华函奉悉,老朽林下寒居,素不见来客,敬请原宥。老朽年岁衰迈,目矇手软,又乏记室,对于一般信件素不作复。感先生素昧平生,远邦厚谊,破例勉为动笔,字迹草率,文句粗陋,先生当可见及矣。愿上帝祝福!"
- 11月26日,给居住上海的杜仲(重)远夫人侯御之复信:"御之夫人惠鉴:11月10日来信及照片8张俱已收到,我十分欣慰。你辛苦扶养子女成人,仲(重)远有知,当已含笑地下也。我也为你骄傲。我目力衰退,书写费力,恕不多写,愿上帝祝福你!"

1990 年 90 岁
- 1月30日,于凤至在美逝世,享年92岁。
- 5月末,书寄吕正操《谒延平祠旧作》。吕正操和诗一首作答。
- 5月30日,邓颖超特电祝贺张学良90华诞。
- 6月1日,台湾各界人士庆祝张学良90华诞。
- 6月6日,东北大学校友会等八团体在沈阳庆祝张学良将军90华诞。

■ 6月17日和8月3日，日本NHK电视台采访组三次访问张学良。

1991年91岁

■ 1月5日，为纽约东北同乡会年刊题词："读物思乡。"

■ 2月7日，给东北军史研究会会长、秘书长、辽宁大学历史系教授张德良和周毅复信："德良、毅二乡弟：来信寄来的《东北军史》和《张学良将军诗词注释》已收到，谢谢。余老矣，恕目不佳，不能多写，写字相当困难，请原宥。愿上帝祝福！"

■ 2月16日，复函沈阳张学良陈列馆："敬启者：兹收到《张学良将军》共五册，十分感谢，专此，万事如意。"

■ 3月10日，与赵一荻赴美探亲。

■ 3月14日，赵一荻去儿子张闾琳居住的洛杉矶。

■ 3月24日，第七届全国人民代表大会第四次会议新闻发言人姚广宣布：张学良将军是中国现代史上一位杰出人物，是中华民族的千古功臣。现在他和他的夫人到了美国，从有关报道上得知，他身体健朗，我们对此感到高兴。如果他本人愿意回大陆看一看，我们当然非常欢迎。我们尊重他本人的意愿。

■ 3月29日，原东北大学秘书长、代校长宁恩承从美国给阎宝航女儿、上海申大集团董事长阎明光传来信息："汉公亟愿见见你和明复，谈玉衡（阎宝航，字玉衡）基金会和祖国统一问题，请办理来美手续，早日相晤。"

■ 4月17日，在纽约公开露面。

■ 5月3日，接受纽约华文报纸《世界日报》记者魏碧洲采访。

■ 5月11日，在纽约接受"美国之音记者"访问。

■ 5月18日，接受美国之音"新闻广角镜"节目记者采访。

■ 5月25日，吕正操一行在旧金山参加为赵一荻举办的80寿辰家庭宴会。

■ 5月29日，在纽约贝祖诒太太家中与吕正操会面。

■ 5月30日，与吕正操在曼哈顿一家新开业的瑞士银行总经理办公室会面。

■ 6月4日，在我驻联合国大使李道豫的别墅会见吕正操。张表示愿为祖国的和平统一尽点力。他说："我不是为国民党，也不是为共产党。我是一个在野人，作为一个中国人愿为中国出力。"

■ 6月5日，为辽宁人民出版社出版的《九·一八事变丛书》题："历史伤痕，痛苦回忆"。

- 6月25日，结束了在美国105天的探亲访友和旅游，从旧金山返回台北。
- 6月底，在台北寓所收到江苏江阴一个叫张静华的17岁的农家少女的来信："张爷爷，你一直是我最敬佩的人。从小到现在，哪怕到将来，当我刚懂事的时候，我爸爸便给我讲你的故事。说你是一个真正的东北汉子。想当年，你爱国忧民，为抗战的胜利立下了不朽的功勋……爷爷，你什么时候能回来看一看，聚一聚，让我们举杯同庆？我想，大概不会太远了吧？"掩不住激动，提笔复信张静华："静华小妹妹：你的信和相片我全收到了。你很关心我们，谢谢你。随信附上近照一张，以慰情怀。愿上帝祝福您！"
- 12月21日，为"中国同泽书画研究院"题写院名。

1992年92岁

- 7月11日，邓颖超在北京逝世。委托张闾蘅向设在中南海西花厅的邓颖超灵堂敬献花篮。花篮的缎带上写着："邓大姐颖超千古 张学良、赵一荻敬挽"。
- 9月11日，在台北北投寓所首次接受大陆记者采访。他说："只要时机成熟，国家一定能统一，希望国共两党第三次谈判早日实现。"
- 10月，收到中国同泽书画研究院院长王盛烈教授题赠的"关东秋爽，故乡明月"字幅和几位著名画家合作的"青竹梅鹤图"，赞赏不已。接受了担任中国同泽书画研究院名誉院长的聘书并留影。
- 11月30日，应东北大学原秘书长、代理校长宁恩承的请求，在台北题写"东北大学"校名，促成东北大学复名。

1993年93岁

- 3月8日，国家教育委员会正式批准东北大学复校。张学良题写新的东北大学校名。
- 4月13日，张捷迁教授受东北大学委托到台北拜会老校长张学良，代表蒋仲乐校长聘请张学良出任东北大学名誉校长和校董会名誉主席。张欣然接受，并为东北大学复名典礼题词"教育英才"，为东北大学建校七十周年题写"东北大学七十周年纪念。"
- 7月，著名京剧演员耿其昌、李维康夫妇等赴台演出，与张学良欢聚达八次之多。

1995 年 95 岁

- 3月26日,张学良暨东北军史研究会的领导周毅、连军、常景兴、赵双城到夏威夷拜访张学良。
- 6月,日本大阪外国语大学教授西村成雄到夏威夷拜访了张学良。
- 6月1日,东北大学党委书记蒋仲乐和校长赫冀成到夏威夷拜访张学良。

1996 年 96 岁

- 6月,著名京剧演员于魁智夫妇等到夏威夷为张学良祝贺96岁华诞。给张带去了一份特殊寿礼——京剧。使张学良过了有生以来最痛快的生日。

1997 年 97 岁

- 6月1日晚,在夏威夷希尔顿酒店再次接见东北大学校长赫冀成以及副校长王启义。这是张学良第四次接见东北大学校长。

1998 年 98 岁

- 1月,张学良研究会副会长张友坤教授赴美拜会了张学良,赠送《张学良年谱》,转交了亲属、故旧托带的信件和新年贺卡。
- 6月,《开国领袖毛泽东》作者王朝柱、张学良的侄子张鹏举和外甥女王秦等到夏威夷给张学良庆贺98岁华诞。

1999 年 99 岁

- 5月15日,东北大学校友会在北京政协礼堂庆贺张学良百岁(即虚岁)华诞。
- 5月28日,张学良暨东北军史研究会等单位在沈阳同泽中学礼堂庆贺张学良99岁华诞。
- 6月,沈阳电视台采访组赵杰等赴美采访张学良。
- 12月25日,张学良暨东北军史研究会副会长赵双城赴美拜访张学良,并赠送"中华世纪宝鼎"。

2000 年 100 岁

- 6月1日,中国驻洛杉矶总领事馆副总领事许士国和夏威夷中华总商会执行副会长林文中夫妇,专程到张学良寓所拜望。许士国代呈江泽民给张学良生日的贺电。

- 6月2日，故乡——海城人民举办规模宏大的祝贺张学良百岁华诞活动。
- 6月3日，张友坤、徐文惠在夏威夷张学良住处，转呈全国政协主席李瑞环和吕正操将军写给张学良的庆贺百岁华诞的亲笔信，并代李主席向张将军敬献祝寿花篮。
- 6月22日，与张学良患难与共的赵一荻病故夏威夷。
- 6月30日，在檀香山举行赵一荻的移灵仪式。赵一荻的灵柩安放在该市北郊的"神殿之谷"墓穴中。
- 9月26日，正在美国访问的中国残疾人联合会主席邓朴方，专程到夏威夷拜访张学良。

2001 年 101 岁

- 9月28日，因感染肺炎住进夏威夷史特老比医院。
- 10月6日，中国驻洛杉矶总领事馆副总领事许士国和领事薛冰专程到夏威夷代表中国政府看望张学良，赠送花篮，并代表中国政府向他表示慰问，祝他早日康复。
- 10月12日，中国驻洛杉矶总领事馆领事薛冰再次到史特劳比医院探望张学良。
- 10月14日，晚8时50分（夏威夷时间）在夏威夷史特老比医院平静地走完了坎坷、曲折而又极富传奇的一生，享年101岁。
- 10月22日，晚18时30分，阎明光、阎明复姐弟和专程到夏威夷参加张学良葬礼仪式的东北大学代表赫冀成、王宛山，在夏威夷 ALAMOANA 酒店，举办"张学良老校长追思会"。张闾瑛、张闾琳与夫人陈素贞及其两个儿子儿媳、张学良的六妹张怀敏、张学思夫人谢雪萍、张学良五弟夫人王美茜及女儿张闾蘅与张闾芝等亲属出席。
- 10月23日，张学良的公祭活动在夏威夷博思威克殡仪馆举行。"魂归九天悲月夜，芳流神州动伤情"，海峡两岸及当地华人华侨都以不同形式悼念和追思张学良。